20세기 한국민중의 구술자서전 4. 노동자편

박현수 엮음

굽은 어깨, 거칠어진 손

“이 책은 한국학술진흥재단 2002년도 기초학문육성지원
사업으로부터 지원을 받고 출판되었습니다”

20세기 한국민중의 구술자서전 4. 노동자편

박현수 엮음

굽은 어깨, 거칠어진 손

한미옥 · 정형호 · 박경용 · 유경순

小花

일러두기

1. 책은 다음 순서로 구성되었다. 1) 책머리 2) 서론 3) 개인 생애사 구술 (①개인 약사 ②개인 가계도 ③개인 연보 ④개인 구술) 4) 생애사 좌담회 5) 20인 연보. 단, 좌담회의 경우, 본 생애사 시리즈 제5편 '고향이 어디신지요?' 에만 실었다.
2. 생애사 좌담회는 생애사 구술 텍스트 작업에 참여한 20명의 연구자들이 구술 생애사에 관해 논의한 내용을 정리한 것이다.
3. 20인 연보는 생애사 구술에 참여한 구술자 20인의 연보를 하나의 연대기 속에 묶어 대비(對比)한 것이다.
4. 개인 생애사 구술 부분은 구술자의 구술을 중심으로 구성하였다. 그리고 독자의 이해를 돕기 위해 연구자 영역을 두어 용어나 자료 해설 및 핵심 구술 등을 첨가하였다.
5. 개인 가계도는 구술자의 상황에 따라 생략하기도 했다.
6. 구술은 최대한 구술자의 발음을 그대로 살렸으며 부분적으로 잘못된 사실관계나 이해불가능한 내용은 연구자가 바로잡았다.
7. 개인 구술 중 (   )는 구술자의 몸짓이나 표정 묘사, 사투리 해제 및 설명을 위한 부호이며 [ ]은 구술에서 생략된 말이나 이해를 돕기 위해 연구자가 첨가한 말의 부호이다.
8. 전문 용어나 부연설명이 필요한 단어들은 각주처리하였다.

20세기 한국민중의 구술자서전 4. 노동자편 **목차**

굽은 어깨, 거칠어진 손

| 책머리에 |

지금 아니면 안 되는 일: 民衆生活史의 記錄과 解釋

遠近法의 必然性

한국의 인문학도들이 몇 해 전에 가까운 옛날의 民衆生活을 記錄하고 解釋하자고 모여들게 된 것은 사회나 문화 變動의 過速에 대한 현기증을 참을 수 없었기 때문이다. 물론 어느 시대에나 사람들은 자기네 시대가 급속히 변하고 있다고 생각했다. 공자는 급변하는 시간이 사람을 타락시키고 있다고 하여 걸핏하면 "古之君子는…" 하였다. 인류 역사에서 변화를 심각하게 느낀 것은 19세기의 서구인들이었을 것이다. 우리의 선조들이 변화하는 것을 '세상' 또는 '風俗'으로 파악할 때 서구인들은 그것을 '社會' 또는 '文化'라고 하였다.

그러나 오늘날의 변화는 어느 시대, 어느 사회에서나 느꼈던 그러한 변화가 아니다. 변화는 사회나 문화에 그치지 않고 자연에서도 일어나고 있다. 인류의 역사와 비교할 수 없을 만큼 유구한 역사를 가진 까치나 감나무를 보라. 해류나 기후를 보자. 자연이나 생태의 변화도 결국은 인간의 문화변동의 결과에 지나지 않는다.

碧初의 『林巨正』을 처음 읽은 1970년대에, 나는 30년대의 그 벽초가 1970년대보다 1500년대에 더 가까운 사람이 아닌가 생각하였다. 그러나 지금은 그 70년대조차 16세기에 더 가까웠던 것이 아닌가 생각하게 된다. 우리가 살아온 이 시대는 그만큼 중요하다. 변화의 주체였던 우리와 우리 부모도 그렇다.

그러나 우리와 우리 시대는 합당한 대우를 받지 못하였다. 공간적으로나 시간적으로나 사회적으로나 가까운 것은 별로 관심을 끌지 못하였다. 원래 가까운 것이 크게 보이게 마련이다. 원근법 없이는 살 수도 없다. 遠近法은 회화의 表現技法일 뿐만 아니라 우리의 事物認識 方法이기도 하다. 그것은 공간에만 적용되는 것이 아니다.

단위시간당 역사교과서에서 차지하는 페이지 숫자는 확실히 가까운 시대가 많다. 그렇다고 해서 우리의 시대, 20세기가 제대로 대접받고 있는 것은 아니다. 현대사의 중요성을 주장하는 것은 일반 원근법 때문만이 아니다. 20세기의 특수한 의미가 이런 주장을 강요하는 것이다.

시간적, 사회적, 문화적 원근법은 우리에게 現代 生活歷

史 작업을 요구한다. 홉스봄에 의하면 진정한 역사는 사회역사(history of society)여야 하며 그것은 역사의 하위 부분 또는 특수 분야로서의 사회사(social history)이기를 거부해야 한다. 이러한 명제는 우리가 구체적으로 추진해야 할 역사 연구에도 그대로 적용되어야 할 것이다. 역사란 생활역사(history of life)일 수밖에 없으며 그것은 결코 기존 역사(학)의 部分(學問)일 수 없을 것이다.

우리가 지향하여야 할 생활역사라는 거창한 개념은 오늘날의 긴박한 상황에 구체적으로 적용되어야 한다. 그렇다면 현 시점에서 우리가 현재의 사회와 문화를 이해하고 기존 역사학이 채 수행하지 못한 현대사 연구에 기여하기 위해 해야 할 일은 무엇인가 생각해 보자. 가까운 것에 대한 경시와 아울러 개발의 열기 및 세대간의 傳承空間 축소가 植民地時代와 6 · 25 시대의 자료를 말살하고 있다. 모든 학문이 경계를 넘어 해야 할 중요한 것은 이 시대를 위해 앞선 시대의 자료를 남기고 다음에 올 시대를 위해 이 시대를 증언하는 일이다.

過去事와 歷史談論

최근 한국에서 일어난 현대사에 대한 관심은 歷史라는 말과 過去事라는 말을 구분시켜 주고 있다. 또한 역사를 역사학의 학문영역에서 시민사회의 영역으로 풀어 주고 있다. 이제 차츰 역사란 특정계급만의 것이 아니라는 생각이 대중화되고 있다. 人類學은 이른바 역사 없는 사람

들에 대한 연구에서 출발하였지만, 자의식적인 자기 성찰로 역사에 접근토록 하였다. 인류학의 역사 연구는 특히 한국 생활역사 연구에 많은 것을 보여 준다.

역사가들이 역사를 서술(historiography)할 때 인류학자들은 문화를 서술(ethnography)하였다. 역사가들이 他時代의 무한한 事象에서 취사선택하여 역사를 구성한다면 인류학자는 他文化 또는 他民族의 무수한 사상을 취사선택하여 에스노그라피를 작성한다. 그런데 두 가지 작업은 독립된 별개의 작업일 수 없다. 역사는 여러 사회에서 나름대로 문화적으로(문화에 의해) 짜여진다. 그 逆의 명제도 타당하여 문화의 틀은 역사적으로 짜여진다. 문화란 본질적으로 과거의 소산이며 과거에 대한 담론은 문화 속의 중요한 부분이다. 그것은 거기에 그냥 있는 것이 아니라 여기서 엮어 내는 것이다. 역사 연구는 문화 연구일 수밖에 없으며 문화 연구와 역사 연구를 구별하는 것은 무의미하다.

문화 연구를 위해서나 역사 연구를 위해서나 우리가 우선적으로 연구하지 않을 수 없는 것은 한국 현대 생활역사다. 한국 인류학의 경우 긴급한 것은 가까운 과거에 관한 연구다. 한두 세대 전의 사회와 문화에 대한 연구의 경우에도 역사학은 문헌을 중요시하는 나머지 유물과 유적, 그리고 구전 자료 발굴에 소홀하였다. 이러한 작업이야말로 인류학이 주도적으로 수행할 과제다. 여기서 중요한 당면 연구과제로 등장하는 역사란 過去之事 그 자체를 말한다.

누구나 땅 자체와 이를 묘사한 地圖를 별개의 것으로 인식하고 있으며 文化 자체와 그것에 대한 敍述인 에스노그라피를 구별한다. 하지만 過去之事 그 자체와 이에 대한 서술을 歷史 또는 history 등의 이름으로 同一視하거나 혼동하는 일은 흔한 일이다. 공간이 극복될 수 있는 데 반하여 시간은 극복될 수 없으므로, 땅이나 문화는 지도나 에스노그라피 없이도 확인할 수 있지만 과거지사는 이에 대한 서술 없이 확인하기 어렵기 때문일 것이다. 그러나 적어도 개념상 양자는 구별되어야 한다. 역사라는 말로 표현되는 두 가지 개념, 즉 존재로서의 역사(Geschichte), 즉 과거지사와 인식으로서의 역사, 즉 역사담론(History)이 동일시 될 경우에는 역사가의 책임회피가 쉬워지기 때문이다.

흔히 역사는 언제나 새로 써야 한다고 주장한다. 그러나 역사 서술이 一回用이라면 이와 과거사의 관계는 어떻게 되는 것일까. 역사허무주의를 최소화하자면 "써야 한다"를 "쓸 수밖에 없다"라고 수정하여 M. 블록이나 E. H. 카를 수용해야 할 것이다. 불가능한 줄 알더라도 과거의 실체에 도달하려 노력하는 것이 필요하다. 우리는 어떠한 에스노그라피도 한 문화의 실체에 이르지 못한다는 것을 알면서도 이에 접근하려 노력하는 것이다. "모든 역사는 동시대의 역사"라고 한다면 모든 에스노그라피는 자기 민족, 자기 문화의 에스노그라피일 것이다. 그것은 "자기 문화와 타문화의 대화"일 것이다. 모든 대화가 상대방에 대한 실체 확인을 바탕으로 하듯, 역사와 민족지는 대상 시대와 대상 문화에 대한 정확한 인식 없이 성공할 수 없다.

실증주의 사학의 보수성에 대한 역사학계의 반발은 근래에 과거가 '어떠하였는가' 라는 문제보다 '어떻게 보고 있는가' 라는 문제에 비중을 두게 하였다. 이러한 경향과 무관하지 않겠지만 인류학에서도 사람들은 세상과 옛날을 '어떻게 이야기하는지' 밝히려 애쓰고 있다. 과거사에 대한 인식과 이의 서술은 문화의 중요한 항목인 만큼 이러한 노력은 한국 문화 연구의 중요한 공백을 채우는 작업이다.

그러나 한국 인류학의 현 단계에서 기대되는 것은 (타자로서의) 원주민들의 신화나 민중의 역사 인식을 찾는 에스노히스토리(ethnohistory)의 전통을 극복하여 과거사 규명에까지 나아가는 것이다. 현장의 자료를 중시하는 인류학은 스스로 역사를 기록하지 못하고 기록되지도 못한 '역사없는 사람들' 의 역사 담론은 에스노히스토리라는 이름으로 연구하여 왔다. 그러나 이제는 이들의 역사를 ethno～가 아닌 진짜 history로 복권시키는 일이다. 자신들의 역사는 과학적이고 믿음직하지만 문자 기록이 없는 연구 대상자의 그것은 신화적이며 믿음직하지 못하다는 생각에서 딴 이름을 붙이는 것이야말로 에스노센트리즘의 노출이다.

조금 떨어져 바라보기

지난 2년 반 동안 연구단은 결코 적지 않은 일을 하였

다. 시민사회와 인문학의 발전을 위한 이 유례없는 작업은 장시간에 걸친 기획을 요구하였다. 그러나 시대의 증인과 물증의 취약성 때문에 현장출동이 더 강조되었다. 엄밀한 준비를 위한 지연은 자체모순일 수밖에 없기 때문이었다.

작업 자체도 실험적이었지만 연구 작업의 진행과 연구단 운영 방법도 실험적일 수밖에 없었다. 컨소시엄의 규모도 컸지만 이를 구성하는 단위의 숫자도 많았던 것이다. 서울에서 후쿠오카에 이르는 넓은 분포지역도 여러 가지로 실험적 조건이 되었다.

음성 영상 아카이브를 지향하는 이 작업은 조사지역에 대한 공간 파악으로 시작되었으며 차츰 각종 생업군에 대한 조사로 전개되었다. 여러 성격을 지닌 대표성 있는 증인들의 생애사 조사 작업은 차츰 작업의 중심 영역이 되었다.

그 동안에도 쉬지 않고 20세기 민중생활사를 보여 주는 물증들은 사라져 갔으며 증인들은 세상을 떠났다. 가까운 옛날의 사실들은 여전히 왜곡되거나 외면당했다. 복원이라는 이름으로 청계천이 파괴되었다.

오래 된 역사 연구와 가까운 시대의 역사를 연구하는 데에는 방법상의 차이만 있는 것이 아니다. 우선 고대의 역사에 비하여 가까운 과거의 역사는 직접적인 이해 당사자가 많아 연구에 어려움이 생긴다. 예컨대 친일 문제라든가 양민 학살 문제 또는 광주사건 연구가 어려운 것은 사료의 부족뿐만 아니라 관계자들의 압력 때문이기도 하다. 잠재적으로 많은 증인이 있더라도 이들의 작용은 부정적일 수 있는 것이다.

눈앞에서 벌어지고 있는 역사왜곡과 그에 대한 외면은 20세기 역사에 대한 또 다른 필요성을 깨우쳐 준다. 역사왜곡뿐만 아니라 20세기 역사 자료, 특히 민중생활을 보여 주는 자료의 급격한 소멸은 우리에게 위기를 느끼게 한다. 이런 위기감은 정체감의 상실을 불러온다. 정체감이란 나의 경험을 사회와 시대의 역사 속에 자리잡게 하는 것이기 때문이다.

지난 2년 반 동안에 20세기민중생활사연구단은 시민들과 지식인들의 관심 속에 실험적 작업을 해 왔다. 이제 작은 매듭을 지어야 할 때다. 이제 스스로를 돌아보고 자기를 성찰함으로써 학계로부터 주어진 일, 시민사회로부터 맡았던 일들이 보람되도록 해야 할 것이다.

이에 우리는 이번 심포지엄을 연구단의 협력기관이 있는 후쿠오카에서 개최하게 되었다.

우리는 20세기와 한국과 민중과 생활로부터 조금 떨어져 그 대상을 원경으로서 살펴보고 또 우리 자신의 모습을 돌아보려 하는 것이다. 이러한 疏隔은 조금이나마 觀照(theoria)를 가능케 해 줄 것이다. 볼리바르는 가까이서 관찰하고 떨어져서 판단하자고 했다. 우리의 소견은 어디까지나 密着觀察을 위한 것이다. 어려운 시대가 왔다고들 이야기한다. 가까운 관찰은 어려운 때일수록 필요하고 힘

든 때일수록 성공한다.

현대 생활역사의 物證

우리가 현대 생활역사, 특히 민중의 생활역사를 구성하는 데에 있어서 가장 기본적인 자료는 물적 증거일 것이다. 현대생활에 관한 문자기록이나 서술이 기본적으로 심증적인 언증(증언)일 수밖에 없는 데 비해, 유물이나 유적은 일단 物證이기 때문이다. 물증도 잘못 해석될 수 있지만 그 자체로서는 거짓이 없기 때문에, 보수적인 많은 역사학자들이 보조적 사료로서 평가 절하함에도 불구하고 중요하다.

문헌사료보다 더욱 가치 있는 것이 물증적 사료이지만 그것은 한국 역사학으로부터 제대로 이용되지 못하고 있다. 따라서 이런 증거들은 인멸되기 일쑤다. 더군다나 개항기 이후 일제 강점기에 이르는 유물, 유적은 순수성을 인정받지 못하여 제대로 그 가치를 인정받지 못하고 있다. 이들이 제대로 보존되지 못하는 것도 이 때문이다. 식민지 시대의 체험을 떠나 오늘의 한국을 설명한다는 것은 어불성설이다. 식민지 시대를 부정한다는 것은 역사 왜곡이며 과거 은폐다.

물증에 의해 과거의 사회와 문화를 복원한다는 고고학도 요즈음 개발의 치닥거리에 바쁜 데다가 오래 된 것일수록 중요하게 다루는 전통에 빠져 있어 가까운 과거에는 눈 돌릴 겨를이 없다. 뒷날에 이 시대는 고고학 자료의 공백기로서 기록될 것이다. 어차피 전해 오는 삼국시대, 고려시대, 조선시대의 물증은 앞으로도 보존되겠지만 인멸되어 버린 이 시대의 물증은 어떻게 할 것인가. 골동 애호가는 물론 학계로부터도 아무런 대접도 받지 못한 채 사라져 가는 한두 세대 전의 유물 유적은 영화나 방송 드라마 제작자들의 관심밖에 끌지 못하고 있는 것이 사실이다.

현대 한국의 생활역사에 대한 본격적 관심은 한국보다 외국 인류학자나 박물관에서 잘 나타난다. 한국 농가 한 채를 완벽하게 실어간 외국 인류학자나 현대 한국의 일상적 물질 자료를 체계적으로 수집, 정리한 외국 박물관은 우리들로 하여금 식민지적 상처를 재발시키게 한다.

현대 생활역사의 물증에 대한 우리의 천대는 민중 계급에 관한 경우에 더욱 심하게 나타난다. 예컨대 서적의 경우를 보자. 서정주의 시집은 보존되지만 유행가 책은 보존되지 않는다. 『사상계』나 『현대문학』등은 전질이 보존되어 있지만 『아리랑』이나 『야담과 실화』 같은 책을 누가 보존하고 있는가. 당시 민중의 정서에 미친 영향력을 볼 때 미당의 시집과 세로보다 가로 길이가 길었던 삽화가 실렸던 유행가 책, 어떤 쪽이 보존 가치가 더 큰지는 쉽게 말할 수가 없다.

우선 개괄적인 유물 · 유적 종합조사부터 실시되어 인멸과 파괴로부터 보존해야 한다. 도시 개발을 위한 환경평가의 일환으로 이루어지는 고고학적 조사에 당연히 현대 생활역사를 대상에 포함시키거나 별도의 조사 작업을

설정해야 한다. 개발을 위한 파괴가 불가피한 경우, 지역 주민들의 생활에 관한 조사가 선행되는 것은 너무나 당연한 일이다. 그것은 사라져 가는 것에 대한 예절일 뿐만 아니라 우리와 부모에 대한 자존심이기도 하다.

서울의 경우, 6 · 25 이후에 형성된 판자촌이나 청계천의 영세 봉제 공장은 물론 신문로의 호화 주택도 보존되어야 하였다. 가회동이 어느 정도 보존되는 것은 그것이 조선시대의 주택을 보여 준다고 생각되기 때문이다. 군산의 일제 건물은 물론 서울 보문동의 과도기 한옥도 조사, 연구되어야 한다. 한국의 초기 산업혁명을 상징하며 농촌의 공업을 대표하는 정미소, 식민지 지배자로 군림하던 일본인들의 주택들도 보존되어야 한다. 이들이 사라지고 나면 가까운 장래에 없어진 이것들을 복원한다고 막대한 자원과 인력이 허비될 것이다.

복원이라는 이름의 공사는 역사복원을 방해한다. 그것은 가벼운 구경거리를 제공하는 데 그쳐야 한다. 진짜 복원은 무형의 복원이어야 한다. 복원은 필요 충분한 근거를 전제로 한다. 그것들을 결여한 유형의 복원은 날조일 수밖에 없다. 황룡사 복원 논의는 많은 것을 시사한다. 보존 없는 복원이란 난센스다.

고고학이 선사고고학과 고대사, 역사고고학에 머문다면 이러한 現代生活에 대한 '歷史考古學' 또는 '考現學'的 작업들은 연구 대상의 성격과 방법론적 특징 때문에 인류학이 단독으로 감당할 수밖에 없을 것이다. 그러나

한국의 인류학도들은 인류학의 한 분야인 물질문화 연구에 별로 관심이 없다. 이 분야에 대한 연구는 시급한 과제인 만큼 연구인력의 양성도 집중적으로 추진되어야 할 것이다.

사진은 책과 마찬가지로 정보를 담고 있지만 시각적 매체다. 시각적 정보를 담고 있는 사진은 사라진 사물에 대한 물증이 된다. 한 장의 사진에서 읽어 낼 수 있는 정보의 양은 피사체와 그 배경에 대한 지식에 따라 달라진다. 지난 백년간 한국인들은 공적으로나 사적으로나 적지 않은 사진을 찍히고 찍었으며, 이를 보존하고 있다. 그러나 세월이 지나면서 이를 제대로 판독하고 해석할 능력을 갖춘 사람들은 사라지고 있다. 개인적으로 간직하고 있는 사진들을 발굴해 내고 이를 수집, 정리하여 치밀하게 판독, 해석하고 과학적으로 보존하는 일은 현대 생활역사 연구를 위한 필수적 작업이다. 봉투에 담아 장롱 속에 넣어 둔 사진, 액자에 담아 안방 입구 높은 곳에 걸어 둔 사진, 그리고 인쇄된 학교 졸업 앨범은 그냥 추억거리로 남겨 두기에 너무 아까운 것들이다.

歷史小說과 現在小說

일찍이 洪以燮은 소설이 갖는 사료로서의 가치를 높이 평가한 바 있다. 그 가치는 현대 생활역사 연구의 경우에 특히 강조될 만하다. 우리는 소설의 작자가 자기 시대를 직접 다루었을 때 그 작품을 현재소설이라 하며 동시대가 아닌 과거를 다루었을 때 역사소설이라 부른다. 그러나 문화와 역사가 양립할 수 없고 과거와 현재가 二分法的으로 구분될 수 없다면 역사소설과 현재소설도 단절되는 것이 아니다. 역사기록이나 민족지는 사실 서술을 지향하는 데 반하여 敍事文學 작품은 사실주의적 소설을 표방하는 경우에도 픽션이라는 울타리 안으로 피신할 수 있어, 양자의 자료적 가치는 일단 구분된다. 하지만 역사 기록에도 史料批判이 필요한 것은 신뢰도에 문제가 있기 때문이다. 기록과 소설의 사료적 가치는 연속선을 이룬다. 역사기록의 사료비판이 참되지 못한 부분을 가려내는 작업이라면 문학 자료의 사료비판은 참된 자료를 골라내는 작업이 되어야 할 것이다.

현대 생활역사를 총체적으로 구성하는 데에 나타나는 자료의 공백을 채우고 그 시대의 전체적 에토스를 이해하는 데에 소설은 중요한 자료가 된다. '典型性' 을 추구하는 문학작품들은 다른 자료들에 비하여 문화적, 사회적 事象을 밀도 높게 정제하고 있는 경우가 많다. 특히 자료의 原初性이라는 시각에서 볼 때 역사소설보다 중요한 것은 작가 자신이 살았던 사회와 시대를 배경으로 하여 집필한 현재소설 작품이다. 追體驗보다는 直接體驗이 진짜에 가까운 자료를 제공하기 때문이다.

1930년대 지방도시 소시민을 그린 蔡萬植의 "濁流"를 분석한 洪以燮은 자신이 '조선 사회를 역사적으로 보는 의식의 한 소재로서 채만식의 문학' 을 보았지만, '역사 증거로 채만식의 현실인식을 추구' 했어야 했을 것이라고 말하여 Lukacs의 "역사소설론"에 접근하고 있다. 역사학자 홍이섭조차도 작가정신이라든가 역사인식, 현실인식을 중요시했으나 지금 우리에게 소설 자료가 중요한 것은 그러한 인식 자체보다 인식의 대상이 된 역사적 사실과 현실에 대한 자료다.

6 · 25를 전후한 시대에 대한 증언으로서 권정생, 하근찬, 박경리, 박완서, 박정요 등의 작품과 이보다 앞선 일제강점기를 그린 이기영, 채만식, 염상섭, 박태원, 최서해 등의 작품을 이용하기에 앞서 우리는 자료적 부분과 허구적 부분을 구분해 놓아야 한다. 그러나 이러한 작업은 동시대 사람이 아니면 어려운 일이다. 작가 자신의 설명과 同時代에 同社會를 살아온 사람들의 텍스트 분석이 필요하다. 이러한 작업이 시급한 것은 이러한 사람들도 생명에 한계가 있기 때문이다.

口述史의 중요성과 인류학적 방법

애당초 지배계급의 전유물이었던 문자는 나아가 물신화되었으며 문자 자료는 구술자료보다 진정한(authentic) 것으로 평가받게 되었다. 따라서 기록되지 않은 사회의 역사는 Geschichte건 Historie건 이를 ethnohistory라 하게 되었으며 문자 아닌 구술 전기는 biography라는 말 대신에 생애사 또는 생애담(life history)이라는 말로서 차별해 왔다. 역사 기록이 없는 사람들의 역사를 구성하자면 구

전자료를 문자자료와 동등한 가치를 가진 것으로 인정해야 하며 생애담은 문자로 정착된 전기와 동등한 대우를 받아야 한다. 자료의 원초성이라는 관점에서 보자면 꾸밈없는 이야기로 된 구전 자료의 가치는 작위적인 문자 자료의 가치보다 앞설 수도 있다. 우리는 5 · 18 당시의 '유비통신' 이나 '카더라 통신' 과 제도권 언론의 보도 내용의 차이를 통해 이러한 사실을 확인할 수 있었다. 더군다나 역사상 중요한 결정이나 명령은 문서보다 말로 이루어지는 경우가 많다. 예컨대 일제시대와 6 · 25 전쟁이 한국 민중에게 무엇이었으며 그것은 현대 생활에 어떠한 조건으로서 작용하였는가. 역사문헌은 이러한 생활역사 구성에 별로 도움이 되지 않는다. '노근리 사건' 같은 事件史조차 전쟁 기록을 통해 밝힌다는 것은 불가능하거나 아니면 터무니없이 답답하고 힘든 일이다.

歷史라는 두 글자의 단어에는 원래 문자 기록이라는 의미가 강하게 내포되어 있었다. 그러나 이 말은 이제 '히스토리' 의 번역어로 쓰이고 있으며 이 단어의 뿌리인 historia라는 그리스 말은 원래 이야기라는 뜻이니까 구술자료일 수밖에 없었다. prehistory니 protohistory니 하여 히스토리를 문자 기록에 국한시킨 것은 근래의 일이다. 원래의 뜻에 따른다면 구술된 역사를 그냥 history라 해야 하고 기록된 역사를 written history라 해야 할 것이다. 그렇다면 구술사라는 말이 없어지고 기록사라는 말이 생겼어야 할 것이다.

기록된 역사에서 가장 많은 부분을 차지하는 것이 개인의 전기인 만큼, 앞으로 수집되길 기대되는 구술사 자료도 대부분이 구술 전기(라이프 히스토리)가 될 것이다. 구술된 개인의 역사 또는 전기들은 제각기 하나의 과거사를 여러 관점에서 보여 주어, 이야기가 "羅生門"식으로 전개될 수밖에 없지만 이 점은 구술된 전기만의 문제가 아니다. 문자로 기록된 전기도 다를 것이 없다. 또한 구술 역사나 구술 전기에는 과거의 사실과 현재의 관점이 어울려 과거사가 그것 자체로서 서술되지 못하는 경우도 많다. 하지만 이 점도 기록된 역사와 다를 바가 없을 것이다. 문자 기록과 구술 사이의 차이는 본질적인 것이 아니다.

우리는 기록되지 않은 부분을 찾아내어 이를 구술사 자료로써 채워야 할 뿐만 아니라 구술사 자료를 주된 자료로 삼아 역사를 다시 인식하고 서술해야 한다. 이를 위해 시급한 작업은 직접 생활 터전에 나아가 자료를 수집하는 일일 것이다. 현대사의 중요한 사건들과 그런 사건 속에서 개인이 겪은 외상들은 자료 수집에 좋은 조건이 된다. 더군다나 책 한 권으로는 어림도 없다고 생각하는 할머니들의 '신세타령'은, 그것이 '자서전'으로서 복권되는 한, 한국 현대 생활역사 자료의 무한한 재고목록을 이룰 수 있을 뿐만 아니라, 歷史의 民主化에도 크게 기여할 것이다. 현재 전국에 무수한 잠재적 구술사 자료가 있듯이 인류학을 비롯한 인문, 사회과학계에는 적지 않은 학문 예비군이 있다. 위기에 처한 기초학문을 살리고 한국의 인

문 사회과학을 독자적인 것으로 발전시키는 길의 하나가 현대 생활역사의 발굴과 그 결과물의 연구에 있을 것이다.

현대 생활역사의 물증들이 인멸되고 있듯이 증인들도 사라지고 있다. 일본의 岩波書店이 "私の昭和史"라는 제목으로 개인사 자료를 공모한 것은 소화시대가 끝난 직후였으며 S. Terkel은 대공황 40년 뒤에 이에 관한 구술자료 *Hard Times*를 엮어 냈지만 6 · 25는 50년이 되었으며 일제강점기가 끝난 시점도 60년 전이다. 우리가 수집할 수 있는 직접체험 자료의 上限은 기껏해야 70년 정도다.

이제까지 적지 않은 회고록과 전기류가 간행되었고 '논픽션' 이라는 사건 기록들도 나왔다. 그러나 대부분이 자기의 처지를 변호하는 명사들의 것이거나 큰 사건의 뒤안길을 이야기하는 데에 그치고 있다. 일단 문자로써 스스로를 표현할 수 있는 계급의 기록이라는 데서 한계가 주어진다. 민중 생활의 역사를 내세우는 "~어떻게 살았을까" 류도 총체적 접근과 거리가 멀고, 문헌주의를 벗어나지 못했다. 이런 문제를 극복하여 사람들의 생활 모습을 빠짐없이 겹침 없이 밝히자면 조직적으로 상당히 많은 수의 증인을 채택하여 각 증인의 전기를 체계적으로 채록하여야 한다. 우선 순위는 자료수집에 있다. 자료의 비판과 해석, 그리고 편집과 텍스트의 문자화 작업은 자료 수집을 바탕으로 하기 때문이다. 소수의 대상에 대한 집중적 자료 발굴은 결코 안전한 방법이 아니어서 O. Lewis의 *Five Families*에서 보이는 바와 같은 조사 방법은 일단 유보할 수밖에 없다. 시급한 상황에서 그런 방법에는 너무 큰 위험이 따르기 때문이다.

이 과정에서 필요한 것은 그 내용의 콘텍스트에 대한 이해다. 이런 이해를 위해서는 문헌사학의 성과에 의존하지 않을 수 없을 것이다. 문헌주의 역사학과 마찬가지로 경계해야 할 것이 문헌을 무시한 채 유물, 유적과 구술 자료에만 의존하는 에스노히스토리의 전통이다. 적지 않은 문헌이 이용 가능한 만큼 한국의 현대사 규명을 위해서는 이의 이용이 필요하다. 구전자료 이용에는 철저한 준비 작업이 필요하다.

結語

바야흐로 세기가 바뀌었다. 세월이 비연속적으로 진행할 수 없다면 세기의 전환이란 별 의미가 없는 것이다. 그러나 시간의 매듭은 우리가 못 다한 일을 마무리할 기회를 준다. 한 시대를 정리하지 않고 다음 시대를 준비한다는 것은 있을 수 없는 일이다. 새로운 세기에 들어서는 이 시점은 늦었지만 더 늦기 전에 우리가 살아온 시대를 증언하고 그 시대의 증거를 지킬 것을 요구한다. 볼테르는 18세기에 역사가 손가락으로 꼽을 수 있는 소수에 관한 기록에 머무는 것을 개탄했다. 20세기에 들어와 역사학은 보통 사람들의 일상생활에 주목할 것을 주장하였다. 그러나 대다수 민중들의 비근한 생활 모습은 여전히 역사에서 물러나 있다.

어느 시대에나 사람들은 자기 시대가 가장 급변한다고 보았지만 우리가 겪은 백년 세월은 진정 미증유의 세기였다. 이 시대의 자취를 보전하고 역사에서 소외된 보통 사람들의 역사를 그들의 입을 통해 받아 내는 일이야말로 오늘의 우리가 피할 수 없는 무겁지만 영광된 사명이다. 역사학과 달리 인류학은 발생 초기부터 역사 없는 사람들을 다루어 왔다. 역사 있는 민족이 역사 없는 민족을 연구하고 역사 있는 계급이 역사 없는 계급을 조사했다. 그러나 이제는 역사 없는 민족이란 허구이며 그들은 제국주의에 의해 역사를 빼앗긴 것이라고 생각하게 되었다. 역사로부터 소외되어 온 계급의 역사를 새로 구성하려 하고 있다. 그러나 역사를 빼앗긴 채 살아온 사람들의 역사를 대신 기록한다는 자세에는 문제가 있다. 우리는 그들이 스스로의 역사를 표현할 기회를 마련하여 주고 이를 정리할 각오를 해야 할 것이다.

현대 생활역사를 연구하거나 이를 위해 자료를 수집 보존하는 일에는 엄격한 방법론적 준비가 선행되어야 한다. 그러나 대상은 방법에 선행한다. 방법은 목적 또는 대상에 의해 결정된다. 목적지가 길을 규정하는 것이지 길이 목적지를 정해 주는 것은 아니다. 매일 없어지는 물증과 증인은 우리에게 탁상의 논의를 허용하지 않는다.

엮은이 20세기민중생활사연구단장

박현수(영남대학교 문화인류학과)

| 노동자편 서문 |

20세기를 산 민중들의 구술생애사: 그 의미와 특징

구술생애사의 의미

20세기민중생활사연구단은 한국학술진흥재단의 2002년도 기초학문육성사업의 지원을 받고 지난 2년 동안 민중들의 이야기를 모아 왔다. 출범 당시 연구단이 내건 기치는 지난 세기를 살면서 격동의 역사 속에 묻혀 있었던 사람들에게 역사를 돌려주고자 하는 시대적인 소명의식이었다. 세계사에서도 유례를 찾기 힘들 만큼 변화를 겪으면서 살아온 우리 민중들의 삶을 되돌아보는 중요하고도 의미 있는 기회였다.

민중생활사연구단에서 중점적으로 모아 온 자료는 구술생애사이다. 구술생애사란 사람들이 자신들의 생애를

이야기하는 것을 말한다. 왜 이 방법이 민중생활사연구의 중심에 서게 되었을까. 첫째는 민중을 행위의 주체로, 나아가서 역사의 주체로 이끌기 위해서는 스스로의 이야기를 통해서 가능하기 때문이다. 지금까지 역사의 객체로만 머물러 있던 한국의 민중들을 역사의 주체로 바라보는 연구단의 시각은 역사학의 입장에서 보아도 일보 전진된 것이다. 이러한 시각을 대안적 역사라고 부르기보다는 올바른 역사 연구의 실천이라고 보아야 한다. 그러므로 민중이 스스로 하는 이야기는 그 자체가 역사로 기록되는 과정이다.

둘째는 20세기 초반에 태어나서 그 이후의 역사를 증언할 수 있는 사람들이 벌써 풍전등화 같은 존재가 되어 버렸다. 고령이나 질병 등으로 곧 역사의 무대에서 사라질 날이 얼마 남지 않았기 때문이다. 한시라도 빨리 만나서 이들의 경험담을 듣는 일이 시급하다.

셋째는 새로운 역사 연구 방법의 창안이라는 점에서 의미가 있다. 기존의 역사 연구에 있어서 구술사 채록은 보조적인 자료수집의 한 방법이었을 뿐이었다. 그러나 민중들이 경험한 기억을 구술한 내용을 하나의 사료로서 끌어올리는 작업은 기록의 역사 못지않게 필요한 영역이다. 그래서 연구단에서는 구술사를 긍정적으로 인식하면서 구술자료의 신뢰도와 타당도를 높이는 일에 힘을 기울이고 있다. 예를 들면, 구술된 내용의 사실 여부를 확인하는 작업을 충실히 하고 있다.

넷째는 구술생애사는 구체적이고 상세한 내용을 놓치지 않음으로써 다른 자료에서 구할 수 없는 사실을 밝힐 수 있다는 장점이 있다. 더욱이 전체사의 흐름 속에서 한 개인이 겪은 미시적인 생애사는 역사의 실제를 만나도록 해 준다. 경험과 기억의 장치를 통과하여 나오는 구술생애사는 특정한 정치적 이념에 의해서 기록된 역사도 아니고, 이론적 틀에 맞게 쓰여지는 역사는 더 더욱 아니다. 단지 한 개인의 삶 전체를 통해서 역사적 실재를 만나게 될 뿐이다. 때로는 치열하게 부딪치면서, 때로는 초월자처럼 담담하게 살아온 한국 민중들의 삶을 있는 그대로 그릴 뿐이다. 이것이야말로 이론, 논리, 그리고 이념을 뛰어넘어 조우할 수 있는 역사적 진리가 아닐까 하고 생각한다.

마지막으로 구술생애사는 일방통행식의 연구가 아니라 상호교류가 강한 공동작업이라는 점에서 민중생활사 연구에서 꼭 필요한 방법이다. 민중을 이해하기 위해서는 연구자가 정해 놓은 틀이나 작업가설 등에서 벗어나야 한다. 다시 말해서 구술자와 면담자가 만나서 함께 말하고 듣고 기록하는 공동작업을 통해서 역사를 새로 기록하는 일이다. 이 작업에서는 구술자는 되도록 자신을 객관화시키면서 신뢰성이 높은 이야기를 하는 자세가 필요하다. 면담자도 개인적인 욕심을 줄이고 상대편의 입장에 서야 한다. 면담자들이 원하는 방향으로 질문을 유도해서도 안 된다. 한편으로 면담자는 직업적인 감수성을 총동

원해서 구술의 상황—목소리, 눈빛, 손짓, 몸짓 등—을 빠뜨리지 않고 구술사 채록 속에 넣어 두는 일도 중요하다. 이야기의 컨텍스트가 그 내용이 제대로 전달되도록 돕기 때문이다.

연구단의 구술생애사 채록 작업은 한국 민중들의 실제 경험을 역사화하는 일이다. 이 방법은 면담자 혹은 연구자의 입장에서는 쉽지 않은 작업이다. 구술자들을 만나야 하고, 함께 이야기를 끌어내고, 기록하는 등의 어려운 과정을 거쳐야만 한다. 그럼에도 불구하고, 민중들의 구술생애사는 지금까지 소홀히 다루어져 온 민중들의 삶을 조망하면서 새로운 역사쓰기로 나아가기 위한 초석이 될 것이다.

구술생애사 내용의 특징

스무 명의 연구자들이 만난 스무 명의 민중들의 삶의 모습은 그야말로 각양각색이다. 결국 마흔 명의 작업이기에 일사불란하게 구분을 지워서 통일된 내용과 형식을 갖추어서 낱권으로 만들어 내기는 어려웠다. 각 화자와 청자의 입장이 다르다는 점을 존중해 주어야만 구술생애사의 진면목이 살아난다. 또 한 개인의 생애가 마치 파노라마처럼 펼쳐지기 일쑤여서 이들을 특정한 집단에 분류하는 것도 어렵다. 예를 들면, 농사를 지으면서 이십 년, 장사를 몇 년 하다가 품팔이 노동을 하면서 이십여 년, 그 후 다시 농촌으로 돌아가서 농사를 짓는 일도 드물지 않다. 이러한 민중들의 생애를 어떤 기준을 가지고 분류할 수 있을까? 이들을 직업별 또는 계층별로 나눌 때 농민에 속할까, 상인에 속할까 아니면 노동자에 속할까?

구술자들의 이야기를 명쾌하게 구분짓기는 어렵지만 이들의 생업활동 가운데에서 공통점을 찾아서 묶어 주기로 하였다. 마침 연구자들이 2차 연도 작업의 일환으로 민중들의 생업활동에 주목하면서 구술을 받았다. 조사를 위해서 사용된 생업활동의 분류는 농업, 어업, 노동, 그리고 상업이었다. 이러한 기준을 가지고 만난 사람들의 구술이기에 이 책에서도 우선적으로 유사한 생업활동을 기준으로 내용을 묶어 보았다. 그러나 한 동아리로 묶어 놓기는 했어도 그들의 생애가 유사하다고 보기에는 어색한 경우도 많다. 이 점을 미리 알려서 독자들에게 양해를 구하고자 한다.

20인의 이야기를 크게 다섯 권으로 묶어 보았다. 첫 번째 권 『짠물, 단물』에서는 바다에 기대어서 한평생을 살아온 네 사람의 이야기가 들어 있고, 두 번째 권 『흙과 사람』에서는 땀 흘리며 정직하게 땅을 일구며 살아온 네 사람의 시골농사꾼의 기나긴 인생여정이 펼쳐진다. 세 번째 권인 『장삿길, 인생길』에서는 사회적으로 합당한 대우를 받지는 못했지만, 부지런히 그리고 최선을 다하며 산 상인 또는 가내수공업자의 이야기를 담았다. 네 번째 권이 바로, 『굽은 어깨, 거칠어진 손』 이 책이다. 여기에서는 막노동꾼으로부터 전문직 노동자에 이르기까지 모두가 힘을 다해서 산 네 명의 노동자들의 생애이야기이다. 다섯

번째, 『고향이 어디신지요?』에서는 태어나서 살던 곳을 떠나 낯선 곳으로 옮겨 살게 된 이주민들의 애달픈 이야기가 실려 있다.

20세기 한국민중의 구술자서전 『굽은 어깨, 거칠어진 손』에서는 군산의 서동호, 서울의 운수노동자 이태철, 대구의 이종철 그리고 구로공단 대우어패럴에서 여직공으로 일했던 강명자의 이야기가 들어 있다. 강명자를 제외하고는 서동호, 이태철, 이종철은 거의 동년배들이다. 이제 모두 칠순을 넘겼다. 어느 새 어깨는 굽고 손은 거칠어졌지만, 이들이 젊은 시절 흘린 땀과 눈물로 한국의 산업화가 이루어졌다. 있는 힘을 다해서 산 네 분의 생애이야기를 읽는 우리들은 스스로 고개가 숙여진다.

서동호와 이종철의 경우는 닥치는 대로 장삿일, 노동일을 하면서 한평생 살아왔다. 노동일이 없을 때는 리어카를 끌고 행상을 해야 했고, 행상이 여의치 않을 때는 다시 막노동판에 뛰어들어야 했다. 전문 기술을 가진 노동자가 아니라면 대부분의 막노동자들의 삶은 서동호와 이종철의 생애를 닮았다. 이것이 우리나라의 하급 노동직의 현실이었다. 강명자의 경우도 마찬가지다. 초등학교를 졸업하자마자 어린 나이에 농장일, 애보기일을 하다가, 17살에 서울의 섬유회사에 시다로 취직했다. 첫 직장생활을 하다가 '검정고시 야학' 을 다니면서 그녀는 노동자 의식에 눈뜨기 시작한다. 그러나 노동조건을 개선해 보고자 하는 노조운동에 가담하면서부터 그녀 자신은 되려, 그나마 작업환경이 나은 공장에서는 더 이상 일할 수 없었다. 강명자의 구술 속에는 한국의 산업화 시대를 몸으로 부딪치면서 살아온 일선 여성 노동자의 힘겨운 삶이 잘 드러나 있다. 이태철은 운수노동자라는 전문직에 종사하기는 했지만, 그의 삶도 파란만장하기는 마찬가지다. 철도에서부터 시발택시, 버스 그리고 병원 응급차에 이르기까지 그가 운전한 탈것들이 바로 한국의 교통수단 발달사의 축소판이다.

독자들은 이들의 이야기뿐만 아니라 이야기와 관련된 사진들까지 곁들여서 볼 수 있으며 때로 구술자들이 소장한 사진이 없을 때는 직접 손으로 그려서까지 자신들이 걸어온 삶의 작은 부분을 드러내 주는 정성과 수고로움까지도 느껴 볼 수 있다. 그래서 이 책 속의 네 분이 자신의 생애이야기를 언어로만 들려 준다기보다는 온몸으로 보여 주고 있다는 것을 독자들은 깨닫게 된다.

구술생애사 구성 방식

구술생애사 채록작업이 화자와 청자 두 사람의 공동작업임을 보여 주기 위해서 이 책에서는 시각적으로 각각의 공간을 분리하였다. 화자가 말하는 부분과 청자가 들으면서 해설하고 해석하는 부분이 바로 그것이다. 민중생활단 연구단에서는 이곳을 구술자의 공간과 연구자의 공간으로 부른다. 구술자의 공간에서는 말하는 사람의 이야기를 될 수 있는 대로 그대로 드러나도록 하였다. 구술자의 사투리, 어눌한 말솜씨, 반복적인 내용 등도 독자들에게 그대로 전달될 수 있도록 하였다. 이러한 의도는 구술된 내용이 일차 자료로서의 기능을 유지하도록 하는 데 있다. 연구자의 개입을 자제하면서 구술자의 이야기가 잘 전달될 수 있도록 하는 것이다.

그러나 구술자의 이야기가 문자로 옮겨지면 대부분의 경우 가독성이 떨어진다. 구술이 문자로 바뀌는 순간 연구자들은 독자들의 입장에서 가독성을 생각지 않을 수 없다. 그리하여 이 책에서는 연구자들에게도 공간을 할애하였다. 연구자들이 독자들을 위하여 해설을 하기도 하고 주요한 내용을 뽑아서 간추리기도 하였다. 때로는 독자들이 이해할 수 없는 내용은 주를 달아서 친절하게 설명을 붙이기도 하였다.

이러한 구성상의 세심한 배려는 구술생애사가 단지 흥미로운 이야기의 차원을 넘어서 당대의 사회적, 경제적, 정치적 상황과 민중들의 인식세계를 알아볼 수 있는 사료가 된다는 점을 나타내기 위함이다. 이 구술생애사집은 각 개인들의 사적인 기억 속에 들어 있던 이야기들을 꺼내서 구술케 하고, 그것을 공적인 자료로 만들어 내는 데 그 목적을 두었다. 민중들의 구술이 개인적인 경험담의 범위를 넘어서서 당대의 문화를 보여 주는 자료집으로서도 기여할 것으로 본다.

이 책을 돋보이게 하는 생애사 연표와 좌담회 회의록에 대해 덧붙여서 설명하고자 한다. 생애사 연표를 작성한 이유는 두 가지이다. 하나는 국가적으로 중요한 일이 일어난 시점에 민중들은 어디에서 무엇을 하고 있었는가를 생각해 보도록 하는 것이다. 두 번째로는 각 구술자의 행적을 추적하면서 비교해 볼 수 있는 이점이 있다. 이 연표를 통해서 20여 명의 구술자들이 언제 어디에서 무엇을 하고 있었는가를 서로 대조하여 볼 수 있다. 이 책이 아니었더라면 한 장소에서 모두 만나 보기 힘든 사람들을 모아서 독자들에게 한꺼번에 만나 볼 수 있도록 한 것이 우리들의 임무이다.

이 책의 장점은 구술생애사를 표방하면서도 구술자료에만 치중한 것이 아니라 사진, 기록 및 물증 자료를 최대한 많이 수집하였다. 그 결과, 책에서도 다양한 볼거리를 제시하고 있다. 이 자료들은 구술자의 이야기를 보충하는 자료로 제공되고 있다. 물증자료 그 자체가 말해 주고 있는 나름대로의 이야기도 있다. 또 독자들은 사진이나, 그림, 가계도 속에 들어 있는 인물, 옷차림, 거리풍경, 건물, 집안의 물건 등을 통해서 구술자가 살아온 시대의 사회적, 경제적 상황을 알게 된다.

또 연구자들이 좌담회를 개최하면서 그 동안 생애사를 수집하는 과정에서 경험한 문제들을 허심탄회하게 논의하였다. 그 좌담회의 내용을 여과 없이 실었다. 연구자들이 현지조사를 나가서 구술자를 선정하고 그들의 이야기를 듣게 되는 과정을 진지하게 논의하였다. 뿐만 아니라 생애사 수집이 끝나고 연구실로 돌아와서는 녹음을 풀어

야 하는 어려움도 맞닥뜨리게 된다고 고백하였다. 그리고 연구자들이 집필하면서 느꼈던 문제점 가운데 특히 구술생애사가 자료로서 또 민중들의 진정한 역사서로 거듭나기 위해서 짚어야 할 점들을 지적하였다. 이와 같은 연구자들의 성찰적 자세가 구술생애사 연구를 발전시킬 수 있을 것으로 기대된다.

이 책이 기획되면서부터 출판되기까지는 예상보다 많은 시간과 노력이 들었다. 우선은 20명 개개인의 작업을 하나의 시리즈로 묶기 위해서는 크고 작은 문제를 해결해야 했기 때문이다. 일의 성격상 일사불란하게 움직여지는 작업이 아니었다. 그러나 이 작업이 책으로 나올 수 있었던 것은 전적으로 박현수 교수님의 지도 아래 지난 2년 동안 동고동락하며 다져 온 연구교수들의 끈끈한 동지애와 팀워크의 결과였다. 또한 뒤에서 묵묵히 이 작업을 도와주었던 많은 연구원들의 노고도 빠뜨릴 수 없다. 그리고 마지막 공은 역시 출판팀에게 돌아가야 한다. 어렵고도 고된 작업인 줄 알면서도 선뜻 승낙하며 꼼꼼히 교열을 봐 주시고, 참하게 정성껏 꾸며 주신 소화가족들에게 감사드린다.

그리고 이 책을 만드는 데 가장 큰 공로를 세운 사람들은 바로 구술자 자신들이다. 연구자들이 수 차례 방문하면서 귀찮게 구는 것을 마다하지 않고, 자신들의 이야기를 진솔하게 해 준 구술자들에게 이 자리를 빌려서 다시 한 번 감사를 드리는 바이다. 지금까지 누구도 돌아보지 않았던 힘없는 민중들의 이야기를 듣는다는 것은 새로운 역사의 시작을 예고한다. 다시 말해서 역사의 민주화를 향한 노정이 시작되었음을 의미한다. 20세기민중생활사연구단의 이러한 역사적 사명감에 동조해 주신 구술자분들과 가족들에게 감사의 마음을 전하는 바이다.

20세기민중생활사연구단 공동연구원
함한희(전북대학교 고고문화인류학과)

농부의 아들에서 부두 노동자로 살아온 한평생

—서동호의 일과 삶

한미옥(전북대학교 전라문화연구소)

구술자 서동호(남, 72세)는 1933년, 척박한 땅 전남 화순의 가난한 시골 마을 '고산리' 에서 태어났다. 그러나 일제 강점기 한가운데에서 생을 시작한 그의 유년시절은 결코 아름답지만은 않았다. 5살 때 친어머니를 잃고, 이후 2명의 새어머니와 그 과정에서 태어난 4명의 동생들로 그의 유년은 거친 돌맹이처럼 뾰족하기만 하였다. 초등학교 시절, 운동화는커녕 지푸라기로 얽어 만든 '소리신' 조차 제대로 신어 보지 못한 채 늘 맨발로 살아야 했을 정도로 가난했던 그는, 이후 가난과 새어머니와의 갈등에서 벗어나고자 19살 때 이웃마을 처녀와 결혼을 하게 된다. 그러나 고향에서의 결혼생활은 그가 짊어진 생의 무게를 결코 가볍게 해 주지는 못했다. 결국 그는 새어머니의 구박으로부터, 그리고 지독한 가난으로부터 탈출하기 위해 군산 가는 버스에 몸을 싣게 된다. 당시 고향을 떠나는 버스에 오르려는 아들을 차마 보지 못하고 벽만 바라보고 서 계셨던 아버지를, 서동호는 지금도 선명히 기억하고 있다.

그는 고향을 떠난 후 잠시 전북의 '김만경' 에서 1년 정도 남의 집 농삿일을 거들며 살다가, 이후 친구의 소개로 군산으로 이주하게 되면서 본격적인 노동자 생활을 시작한다. 서동호의 이러한 삶의 형태는 당시 군산지역 대다수 노동자들의 모습이기도 하다. 군산은 과거 일제에 의해 강제 개항된 뒤, 인근 평야 지대인 김제 · 옥구 등지에서 농토를 버리고 도시로 들어와 노동자로 살아가는 사람들로 북적이던 도시였다. 그리고 이렇게 군산으로 모여든 노동자들은 주로 흥남동과 창성 · 선양동 일대에 모여 살게 된다. 당시 '흙 구더기' 라고 불렸던 흥남동 일대와, '콩나물 고개' 라는 지명으로 더 익숙한 창성 · 선양동 일대에는 일제 강점기부터 현재까지 도시 노동자들이 가장 많이 모여 사는 곳으로, 서동호도 이곳 선양동에서 군산 생활을 처음 시작하였다. 그는 지금도 선양동을 떠나지 않고 살고 있다. 그곳은 비록 외형적으로는 가난한 동네이지만, 고향에서의 지독한 가난을 면케 해 준 곳이었고, 자식들을 공부시킨 곳이며, 그리고 무엇보다도 비록 작은 텃밭이지만 그에게 다시 흙을 만지며 노년의 삶을 정리할 수 있도록 해 준 정 깊은 동네였기 때문이다.

가난한 시골 농부에서 거친 부두 노동자로, 그리고 다

시 땅을 만지며 사는 순박한 삶으로 돌아간 인간 서동호의 모습에서, 어쩌면 60년대 이후 조국 근대화를 위해, 지독한 가난을 떨쳐 버리기 위해 몸부림쳤던 우리네 아버지들의 모습을 볼 수 있다.

서동호의 가계도

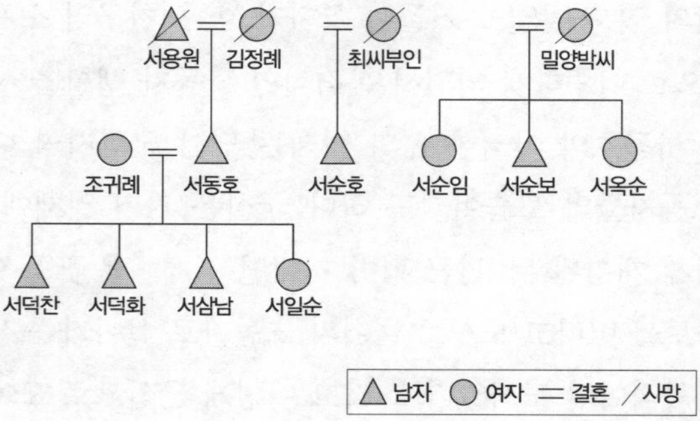

서동호의 연보

1933년(1세) 전남 화순군 이서면 고산리에서 아버지 서용원과 어머니 김정례 사이에서 장남으로 출생.
1938년(6세) 친어머니인 김정례 사망(당시 25세).
1945년(13세) 초등학교 5학년 때 해방을 맞음.
1950년(18세) 한국전쟁 발발.
1951년(19세) 음력 4월 15일, 19세의 나이로 화순군 북면의 18세 처녀 조귀례와 결혼.
1953년(21세)~1958년(26세) 군 입대. 이후 기록이 잘못돼서 5년 동안이나 군 복무.
1963년(31세) 군산으로 이주. 개정면 옥정리 836번지에 정착하다. 이후, 남의 집 농삿일을 거들면서 생활.
1978년(46세) 군산 내항의 부두 노동일과 청과 시장 노동일 시작.
1980년(48세) 셋째 어머니인 밀양 박씨 사망, 이후 6개월 뒤 아버지 서용원 사망(당시 77세)
1982년(50세) 항만 노동자들 이중 직업 금지조치로, 청과 시장 일을 그만둠.
1992년(60세) 항만 노동일을 그만둠.
1993년(61세)~1995년(63세) 경성고무(선화고무)에 일용직 근로자(용역)로 근무.
2004년(72세) 현재, 군산에서 부인과 함께 소일거리로 텃밭을 일구면서 생활.

수몰된 고향마을 화순군 이서면 고산리

[고향이] 화순군 이서면 고산리. 고산이라는 데가 있어요. 지금 수원지가 되어 버렸어요. 산소만 남고 싹 물에 들어가 버렸어요. 완전히 없어졌어요. 적벽 때문에.[1] [적벽] 높이가 한 50메타(50m), 100메타(100m)나 되는디. 그 놈이 묻힐 정도가 되었으니 그 근방 3개 면이 다 묻혀 버렸어. 완전히 수몰되어 버렸어. [산소는] 지금 거기 가 있어. [다행히 산소는] 안 묻혔어, 높은 데다 했어.

"화순군 이서면 고산리. 고산이라는 데가 있어요. 지금 수원지가 되어 버렸어요. 산소만 남고 싹 물에 들어가 버렸어요. 완전히 없어졌어요."

[성묘는] 시사(시제)를 모실 때는 4월 첫 주. 그러면 거기 가는 사람이 수도 없이 많어. 박씨 집안 사람들이 많아서. 4월 첫 주에는 시사를 모신다고 해서 청명, 한식 날짜에 비슷해서 그때 싹 모여. 서울이건 부산이건. [우리는] 달성 서씨. 대구 달성이라고 있는데 대구가 있어요. (종손이 화순에 있나요?) 거기는 없어요. 거기는 없고 원래가 대구…[에 종손이 있어]. 우리가 14대 손이 그리 혼자 내려오셔 가지고 퍼뜨린 손이여. 대구에서 혼자 와서.

[지금 선산이] 화순군 이서면 동북리[에 있어요]. 예전엔 [그] 밑에가 150호 사는 동넨데 다 수원지로 들어가 버렸어. 그러니까 산은 돈이 안 나와요. 그 높은 데가 있으니까. 그러니까 [산소 갈려면] 차도 못 들어가고 걸어서 가야 혀. 거기따 그렇게 [산소를 썼어]. 우리 집안이 서씨들 집안이 약속을 했어. 4월 첫째 주는 시제 날. 9월 첫째 주는 벌초 날여.

(그때 시제 모실 때는 형제분들 다 모이시는가요?) 다 모이죠. 그런게, 1년에 2번씩은 만나요. 전부 다 모여. (거

1 전남 화순군 이서면 일부 지역이 1969년에 1차 동복 수원지 공사 때 수몰되었다. 이 중 화순의 적벽은 깎아지른 절벽의 풍광이 아름답기로 유명하다.

▲ 아버님 산소 앞에서.
사진 뒤로 수몰된 고향 마을 전경이 내려다보인다.

기가 명당자린가요?) 명당이 아니라 거기가 인자 동네 사람이 있을 때는 못 들어가게 하는데. 지금도 못 들어가게 해요 선산 안에는. 근데 바깥에는 묘가 수십 동 되니까 아무나 파고 쓰는 거지, 써도 말할 사람도 없어요. 욕심이 많아 갖고 판판한 데는 이렇게 전부 가묘를 썼어.

감나무 한 그루만 있어도 살았을 고향

[화순서는 먹고 살 땅덩이가] 없죠, 별로 없어요. 힘들었죠. 인자 내가 장개[를] 가 갖고 다른 데 적당하게 너무[없어서]. 그것이 또 우리 집이서 나무 갖다가 아까 시골 방 2개짜리하고 부엌하고 대밭을 사 갖고 대밭에 했는디(집을 지었는데). 그 놈 풀을 발라 놨더니 방에서 대나무가 나요. 그리서 그때 아버지 보고 한 마디 했지. 나는 장손이라고 하고 뭐라고 이렇게 해 놓고 감나무 하나만 있어도 감 한 3, 4쪽만 해도[먹고 사는데], [감을] 따면은 광주에서 와서 실어 가는데 그 놈(감을 판 돈) 가지고 김장을 [할 때] 소금만 사면 돼요.[2] 아버지게는(아버지에게는) 감나무도 있고 배나무도 있고 고놈 팔아서 사는데, 우리는 (그마저도 없어

2 감나무 1그루라도 있으면, 거기서 열린 감을 팔아서 먹고 살 소금은 살 수 있었다. 즉, 말로만 장남이지 아버지가 장남에게 해 준 것이 하나도 없다는 의미.

▶ 고향 마을이 수몰되기 직전에 동생 부부와 함께 찍은 사진. 양복을 입은 서동호의 왼편으로 그의 고향집이 보인다.

"소금만 사고 성냥만 사면 산데여. 소금하고 성냥만 있으면 하다못해 콩 잎싹이라도 뜯어먹고 살면 되니까."

서 어디서) 돈 10원짜리 구할 데가 없어요. 그니까 소금만 사고 성냥만 사면 산데여 [고향이]. 소금하고 성냥만 있으면 하다못해 콩 잎싹이라도 뜯어먹고 살면 되니까. 그랬더니. 그러는데 집을, 큰 집을 진다고 그러더라구요. 인자 내가 [고향을] 떠분다고(떠난다고) 하니까. 그러면서 할아버지 할머니 어머니 제사를 나한테 인계를 해 주는 거여 [고향 뜨지 말라고]. (제사를?) 예. 그때는 친척이 많기 때문에 제사 한 번 지낼라면 돈 많이 들어가요. 해장을 한다고 해도 막걸리 1말씩은 갖다 놔야 해장 한 잔씩 하고, 그러다가 들어가다 밥 멕이고 그러니께. 인자 그것까지는 좋았는데. 그 집을 내가 지어 놓은 집을. 그 값이나 또 큰 집 값이나 큰 놈은 집을 살 사람이 없어요, 별로. 그런데 우리는 째깐한(작은) 집이라 고놈 살 사람이 많아요. 긍게 누구 아들이나 여워서 내보낼라면 고놈 째깐한 데 살다가 내보내야지 큰 집을 사서. 얼마나 가난하게 산디 그러겄어요. 그래 가지고…[고향을 떠났지요]. 살기 힘들었죠.

조선말 하면 벌 섰던 초등학교 시절

(초등학교 때 일본 사람들이랑 같이 다니셨어요?) 그렇죠. 일본 선생한테 배웠죠. '아오모리' 라고 동네 선생인디. 송가여. 우리 5학년 때 담임인디. 한국 사람이 아니라… [일본 사람인데 이름이] 아오모리라고 [했어]. 그 말이 우리말로 솔 송(松)자 송가여. 우리는 학교 댕길 때 조선말이라는 거는 이만큼도 못했어. 조선말 하면 나중에 남으라고 혀. 그러믄 책상을 들고 1시간씩 섰어. '뻴슨다(벌을 서다)' 고 했어, 그때. (일제 때 한 반에 일본 학생하고 한국 학생하고 비율이 어느 정도 돼요?) 그때 존인게, 없다고 봐야지. 전부 조선 사람들만 댕겼어. (그러면 선생님은 일본 사람인데 조선말은 한 마디도 못하게 했나요?) 예. 못혀.

"학교 댕길 때
조선말이라는 거는
이만큼도 못했어.
조선말 하면
나중에 남으라고 혀.
그러믄 책상을 들고
1시간씩 섰어.
'뻴슨다' 고 했어."

초등학교……[다닐 때] 일정 때, 왜정시대…[때 내가] 초등학교 5학년, 예전에는 보통학교 5학년 때 해방이 되었거든요. 해방이 되었는데. 그렇게 해 가지고 학교가 무산이 되야 부렀어. 그때가 언제였냐믄 [해방 후] 그 이듬해 46년도죠. 그때 일본 놈은 싹 [일본으로] 들어가 불고 없어. 그런디 보통학교를 거치야(열어야) 하겄는디 교사는 없고 거시기 하니까. 해방이 8월 달에 되고 그 다음 해 3월이 되니까 말하자면 교사가 거시기가(충원이) 되어 가지고 [학생들을] 델로(데리러) 댕겨요. 그리 가지고 5학년 댕기던 사람, 4학년 댕기던 사람, 3학년 댕기던 사람 전~부 다 학교에 나오라고 델로 댕기드라구요, 3월 달부터. 그래서 6학년부터 다시 댕겼어. 5학년은 8월 달이 되었으니까 배우도 못허고. [초등학교 졸업은] 인자 그 이듬해 했지요.

[초등학교] 거그가 이서, 그때가 이서 국민학교, 그때 국민학교였을 거네요. 거기가 전라남도 화순군 이서[면].

(중학교는 다니기 힘들었나요?) 힘든 것이 아니라 돈이 없어서 못 갔어. 배운 것이 아니라 그때 초등학교 나왔으면요, 면서기 같은디, 학교 선생까지도 다 했는데 그 때에는 그것이 [그랬어]. (초등학교 동창 모임은 없나요?) 모임은 없었는디, [내가] 지들(자기들) 동창인지는 알고 있어. 근디 보통 문제가 아녀. 왜 그냐면 그것이 왜정시대 어려울 때 해방되었으니까 1년 동안 공부한 것이, 그놈 갖고 써 먹고 살았어. 왜 그냐면 우리가 볼 때 구구단이라는 거 있죠? 그걸 전부 일본 걸로 다 써먹었어. 해방되고도.

"(중학교는) 돈이 없어서 못 갔어. 배운 것이 아니라 그때 초등학교 나왔으면요, 면서기 같은디, 학교 선생까지도 다 했는데 그때에는."

"그때 국어(일본어), 또 수신(修身). 수신이라는 것은 나라에 충성하고 몸가짐을… 그런 거 배웠어. 또 여러 가지 산수, 국사, 일본 역사도 배우고 한국 역사도 배워요. 6학년 때 배웠죠."

(그때 배웠던 과목이 무엇인가요?) 그때 국어, (국어면 일본어죠?) 으응. 또 수신(修身). 수신이라는 것은 나라에 충성하고 몸가짐을 [가지는 방법 같은] 그런 거 배웠어. 또 여러 가지 [배웠는데]. 산수, 국사, [국사는] 일본 역사도 배우고 한국 역사도 배워요. [한국 역사는] 6학년 때 배웠죠 [해방 후에 6학년 다녔으니까]. 그리고 지리, 미술, 음악, 뭐 여러 가지, 체육 [같은 거 배웠죠].

콩 깻묵도 달아서 배급받던 일제 시기

(일제 때 일본 사람들이 곡식은 어떻게 가져갔나요?) 거의 강제요. 그때는 논이 전부 다 일본 놈들 땅이요. [곡식은] 일본 사람들이 다 빼앗아 갔다고 봐야지. 강제성으로 해서 전부가 일본 놈 땅이여 여기 개정 땅도. 도곡답. 운동답. 그래 가지고서 거그서 그 사람들이 개량을 할 때에, 운

동답이라는 것은 천 평으로 만들고, 운봉답[3]이라는 것은 땅을 천 5백 평으로 한 필지를 만들고, 도곡답[4]이라는 것은 94평으로 만들고. 긍게 넘이 적고 크고 한 것을 일본 놈들이 다 가지고 있는디. 일본 놈들이 다 [일본으로] 들어갈 때에 다 팔아먹었지. 논도 뺏기고 하는 사람들 많고.

(옥구에서 쌀 많이 나왔잖아요?) 쌀 많이 나왔죠. 그것이 쉽게 말하자믄. 도곡답은 일본 놈 땅인데 홋감이라고 혀. 홋감이 뭐냐믄, 싹 돌아다녀 돌아다니다가 나락을 보고 이거는 몇 섬, 그것을 재어 갔고 올라가요 땅주인이. 그러면 [그대로] 다 내야 해요. 한껏 재서 훌터서(한껏 잡아 훑어서). 홋감이라는 게 뭣이냐믄… [그것이 홋감이라는 것이여]. 나락 잘되고 못 되냐믄은 나락 10가마니 낼 사람이 1가마니라도 깍아 볼려고, 새끼들 먹이려고, [마지막에 다 거둬 가고 난 뒤에] 나락을 손으로 훑어서 떨어지는 것이 남는 거여. 고곳을(그것을) 갈퀴로 긁어 내잖여. 그것이 나 [내가] 가져가는 거여.

(당시 농사짓기가 너무 힘들어서 도시로 온 것 아닌가요?) 그렇다고 봐야지요. 그러고 빽 쓰고 일본 놈들한테 얻어먹으려고 보리 갈아먹으려고. 보리도 먹으려고 할라믄 딴 사람 줘 버리고. [그래서] 아양도 [떨어야 하고]. 한 놈이 없는 사람꺼 빼앗어 해먹고. 노예 중에서 보통 노예가 아니라. 아무튼 일본 놈 노예가 뭐 시방 젊은 사람들은 [잘 모르지]. 노예 중에 그런 [경우]가 있덜 안 혀. (갑자기 기억이 난다는 듯) 콩 깻묵을 요, 식구 하나당 얼마 달아 줘요. 그걸 먹고. 조그만 해서 한… 초등학교 다닐 때 저울로 달아서 주는데. 썩어서 벌레가 돌아다녀. 깻묵이. (깻묵 썩은 것은 못 먹잖아요?) 안 썩은 것이라고 그놈을 붙어다녀. 썩

*"콩 깻묵을 요,
식구 하나당 얼마 달아 줘요.
그걸 먹고. 조그만 해서 한…
초등학교 다닐 때
저울로 달아서 주는데.
썩어서 벌레가 돌아다녀.
깻묵이."*

3 과거 옥구군 회현면 구복리의 북쪽에 있는 논을 이르는 말.
4 현재 옥구군 대야면 산월리 동오산 남쪽에 있는 논.

어야만 덩어리가 생겨. 근디 가만히 하나 받고 도망가서 먹는 거여. 배고플 때 먹으면은 절대 [탈이 안나]. 6 · 25 후에 세상에 나온 사람들은 [고생을 몰라]. 일정 때 말기 생각하면 말도 못혀. 지금은 좋은 세상이여.

6 · 25에 대한 기억

"[마을에] 미군이나 한국군이 들어왔다가 나가면은, [다시]반란군이라고 인민군이 아니고 [마을로] 나와서 여그 사람들(을) 그 사람들이 쳐다보고 있다가 아무개가 군인이 들어와서 그런지 그러고 그 후에 쳐다보면 [그 집이] 제삿날이여."

(화순에서 6 · 25 지나고 군산으로 오신 거죠?) 그러죠. [화순은 빨치산이] 심했죠. 그 이야기를 하려면 어려운 이야기인데. 내가 6 · 25 때에 19살 18살 먹었는데 그때가. 그때가 17살이나 18살이나 되었어. 나 장가가기 전이니까. 그것이 인민군이 들어올 때는 뭐인지 몰랐어. 쳐들어오고 인민군들이. ○○위원장이니 ○○위원장이니, 똑똑한 사람들이 한자리 했어. 근데 그 사람들이 인공 시절에 한 3개월인가 있다가 거시기, 인민군들이 들어왔을 때는 그렇게 살았단 말이여. 인천 상륙 작전 해 갖고는 미군들이 막 쳐들어오니까, 아군이 들어왔다가, 미군이나 한국군이 [마을에] 들어왔다가 나가면은, [다시] 반란군이라고 인민군이 아니고 [산에서 마을로] 나와서 여그 [마을] 사람들(을) 그 사람들이 쳐다보고 있다가 아무개가 군인이 들어와서 그런지 그러고 그 후에 쳐다보면 [그 집이] 제삿날이여.

(그 집안 전체가 제삿날이에요? 아니면?) 그러지. 그것을 그러고 보통으로 사람을 죽이는 것이 아니라, 그때가 언제나면 아군이 상륙 작전을 할 때 [그때 사람들을 많이 죽였어]. 근디 사람을 갖다가 집에다 갖다 놓고 뚜드러 패

놨다가 낮에고 불을 지펴 보더만 사람이 거기서 타 죽어 버려. (집에 불을 질러요?) 아니 사람만. 반란군들. 그놈들이 도망갈라고 하니까 [도망 못 가게 불에 태워 죽여]. [그] 이야기 할라믄 한이 없어.

(어르신 집안에서는 6 · 25 때 죽은 사람들은 없었나요?) 우리 집안에는 그런 일이 없었어요. [그런디] 한동네에서는 있어. 왜 그러냐믄 그 이장 그 사람이 인자 아군이 쳐들어오니까, 국군이 쳐들어오니까 막 철수를 했다 이 말이여. 근데 아 이 사람들이 군인이 쳐들어오면 대항을 못하고 낮에는 국군이 들어오고, 저녁에는 [군인들이 마을에서] 나가 버려. 저녁에는 나가 버리니까 또 빨치산들이 와갔고. 그러고 또 인자 [빨치산들이 마을에] 들어오면은 그 사람들 한 달포를 [마을에 있어]. (그때 밥 안 해 주면 죽이잖아요?) 그렇지. 그러는디. 그러면 [나중에 국군 들어와서 빨치산들한테] 밥해 줬다고 [또] 죽이지. 살라고 하니까 밥 먹고 살라고 하니까 [밥을 해 준 건데]. (직접 보셨나요?) 보던 안 했지만 그랬다고는 하지. 동네 아이들이 그랬어. (반란군이 언제 마을에서 나갔어요?) 김장이 끝났을 때가 되었으니까. (음력 11월 무렵인가요?) 음 그렇죠. 1~2달 내지 3달. 산에 가서 깜깜할 때 걸리믄 죽은께. 그냥 이런 나무에다 [사람을] 달아 놓고 눈이 펄펄 내리면 그냥 가 버리는 거여. 영리하면 살고 멍청하면 죽고.

(갑자기 하고 싶은 이야기가 떠올랐다는 표정으로) 나는 그 이야기를 하고 싶은데. 저 인민군 쪼께 들어가고(인민군들이 잠시 들어가고) 반란군들[이] 대나무로 이런 대나무 갔다가 이렇게 해서 해 버려. 울타리처럼 이렇게 엮어서 그때 경찰 하나 군인 하나 경찰 둘 있고, 민간인 둘 있고 군인

둘 있고 엮어서 있는데. 어떻게 그 대나무를 뚫고 들어왔는가 뚫고 들어왔는데[5] 인민군이 들어와서 인민군은 얌전해요. 그 사람들이 물어보는데 검은 개새끼들 여기가 많냐고 [물어요]. 검은 개새끼가 뭣이냐믄 순경들 보고 말하는 거예요. 그리고 노란 개새끼들 얼마나 많이 있냐구 물어보고. 그렇게 말하믄 우리는 모른다고 하지. 모른다고, 아면서도(알면서도) 모른 척혀. 어디가 뭣 있고 이런 거 물어본다고 그럼 난 모른다고. 모른다고. 근데 그날은 어디냐고 물어보더라고. [그래서 모른다고 했더니] 나도 똑같은 인간이라고 발길로 확 하더라고(차더라고). 지서를 찾아가더라고. 지서를 습격할라고 찾아 가는 거여. 인민군들이 한 2, 30명들이. 나는 모른당께. 전부 이야기를 하는데 전부 암호여. 그것이 암호여 암호. 인민군들이. 그리고 뭐 보인다든지 그러면 다 암호로 혀. 그러고 나서 [내가 지서를 가르쳐 주지 않으려고 인민군 앞에서] 배 아프다고 둥글러 버렸지. 그러고 나서 도망치는디 총을 쏘면 즈그들 다 죽은 게 [총을 못 쏘니까]. 그렇게 [도망쳐서] 살았어. 그렇게 살아가지고 왔어. 그리 안하면 지서가 습격을 당할 판인디. 그러나 저러나 나는 죽을 판이여.[6] (그럼 앞장섰던 사람은 어떻게 됐나요?) 앞장서서 죽었다니까요. 나하고 같이 갔던[그 사람은 앞장서서 죽고]. 그러고 나는 특혜를 줘. 지서장이 큰일날 뻔했다고 해서 멍청한 듯이 살아야지 똑똑한 듯이 살면[다 죽어]. 한두 번이 아니여.

"그 사람들이 물어보는데 검은 개새끼들 여기가 많냐고 [물어요]. 검은 개새끼가 뭣이냐믄 순경들 보고 말하는 거예요."

5 마을 입구에 대나무를 울타리처럼 엮어서 봉쇄하고 그 앞을 군인, 경찰, 민간인들이 지키고 서 있었는데, 어떻게 했는지 그 대나무 울타리를 뚫고 마을 안으로 인민군이 들어왔다는 뜻.

6 인민군에게 지서를 가르쳐 주면 나중에 군인이나 경찰에게 잡혀 죽을 것이고, 또 지서를 가르쳐 주지 않으면 어차피 인민군 손에 죽을 것이라는 뜻.

혼인 첫날 밤에 인민군이 들어오다

내가 그 이야기를 해야겠는데, 우리 안식구하고 만난 게 19살 때 첫날 저녁에요. 첫날 밤에 인민군들이 들어와 가지고. 그때 음력으로 4월 15일. 그때 인민군들이 들어와 가지고 우리 집 살림을 완전히 몽땅 가져가 버렸어. 뭐 쌀이 4가마니 넣놨다가. 그때는 그거면 잘 살았는디, 그놈을 어따가 놨냐믄(어디다 놓아 두었냐 하면). 그런데가 파 가니까(땅에다 묻으면 파 가니까) 화장실에다 놔두고 화장실에다 가려 놨는데 그걸 파 가지고, 그걸 봐 가지고 거그다 가려 놓고 [그랬는데]. [그것을 어떻게 찾아서] 싹 파 갔어. 그렇게 고생해 놓으니까 응, 그래 갖고 밥이라도 먹고 살았는데 그래 갖고 그렇게 하니까.

[결혼할 때] 나는 그것이 요만한 성냥통 있잖아 성냥통. 그거 선물로 했잖아요. 그니까 시집온 첫날밤 집안이 그 난리가 났으니 [며느리] 미운털이 싹 박히죠. 세상 이런 꼴을 봤다고. 그래 가지고 쌀이 1가마니나 남았는데 그놈들이(인민군들이) 아버지 지게에다 [그 쌀을] 짊어 가지고 나보고 가지고 가래요. 그런 일 있어 안 갈 수도 없고 갈 수도 없고. 그니까 [아버지가] '야이 쳐죽일 놈들아. 생각해 봐라. 첫날 밤에 이놈을 짊어지고 어디를 갈라고 하냐? 내가 간다' 고 아버지가 그걸 짊어지고 나섰어요. 그랬는데. 그때를 생각하면 말도 못해. 고생을 한 사람들이.

"첫날밤에 인민군들이
들어와 가지고.
그때 음력으로 4월 15일…
우리 집 살림을
완전히 몽땅 가져가 버렸어."

"쌀이 한 가마니나 남았는데
그놈들이(인민군들이)
아버지 지게에다
[그 쌀을] 짊어 가지고
나보고 가지고 가래요.
그런 일 있어 안 갈 수도 없고
갈 수도 없고.
그니까 [아버지가]
'야이 쳐 죽일 놈들아.
생각해 봐라.
첫날밤에 이놈을 짊어지고
어디를 갈라고 하냐?
내가 간다' 고 아버지가
그걸 짊어지고 나섰어요.
그랬는데. 그때를 생각하면
말도 못해."

세 분의 어머니

"[우리 친어머니는 나] 1명만 낳고, 스물다섯엔가 돌아가신 해에 [애기] 하나 낳았는디 같이 죽었어요. [아버지 결혼이] 3번이죠. 그게 결혼이 아니고, 그냥 들어와 살다가 나가고."

[우리 친어머니는 나] 1명만 낳고, 스물다섯엔가 돌아가신 해에 [애기] 하나 낳았는디 같이 죽었어요. [애기] 낳아 놓고 아파서. 긍게 낳은 애기는 엄마[가] [방에]들어오기 전에 죽어 불고. 내가 5살 먹어 갖고 어머니를 봤는데….

(그러면 전에 말씀하셨듯이 아버님이 결혼을 3번 하신 건가요?) 그렇죠, 3번이죠. 그게 결혼이 아니고. 그냥 들어와 살다가 나가고 [그랬죠]. 그니까 6살 먹어서 가운데 어머니를 들어왔는데 그래 갖고 1년이나, 1년 반쯤 살았는가 그렇게 살았어요. 그래 갖고 우리 집이서 들어와서 시방 수원서 살고 있는 내 둘째 동생이 [그 동생이여]. 내가 알기로 마루 우게서(위에서) 어린애를 낳았어. 마루 우서. 촌에 가면요, 요만허니 마루 있어요. 낳아 가지고는 사람이 어떻게 해서 조금 멍청하다고 할까. 그러니까 그냥… [방도 아니고 마루 위에서 아이를 낳아 버렸지]. 작은 어머니가, 두 번째 들어온 분이. 여리니까. [그래서 아버지가 둘째 어머니를] 쫓아내 버렸지, 말하자면. 촌에서. 일도 못허고 뭣도 못허고 인자 머슴아만 하나 낳았는디. 그것도 상관 있지. (애기는 어떻게 했어요?) 애기까지 데꼬(데리고) 나갔지, 엄마가. 그때는 애기 엄마 없으믄 크덜 못허고, 쌀을 삭혀 가지고 체에다 쳐서 뜨건 물에 타서 멕이고 그렇게 키우고. [그렇게 나갔다가 아이가] 돌이 넘어가 가지고 [집으로] 데꼬왔지. 우리, 우리 집에서(집으로) 데꼬 왔어, 애기를. 애기만 데꼬 와서…[집에서 키웠지]. 우리 아버지는 인자 그대로 일하러 가 버렸는디 그냥 [둘째 어머니가

아이만] 거기다 놓고 우게(윗) 사람들보고 애기만 데리다 달라고 하고 가 버렸어.[7]

근데. 셋째 어머니가, 나 7살 8살, 인자, 초등학교 댕길 땐디. 그때쯤 되야서 셋째 어머니가 [우리 집에] 들어왔어요. 긍게 셋째 어머니가 애기를 하나 배가꼬(임신해서) 들어왔어, 넘의 집이서. 넘의 집이서 배가꼬 와서 낳은 것이 [둘째 어머니가 낳은 동생이랑 셋째 어머니가 낳은 동생은 서로] 나이가 비슷혀. 내 동생 낳은 놈(둘째 어머니가 낳은 남동생)이나 또 저기서 와 갖고 낳은 놈(셋째 어머니가 낳은 여동생)이나 똑같혀. 그래서 또 우리 집이서 길렀지. 인자 또. 긍게 둘이 쌍둥이 맹이로 손잡고 다니면서 키웠어요, 우리 집이서. (둘이) 나이가 비슷혀요. 긍게 인자 또 하나 디꼬 왔지. 딸 하나 데꼬 왔는디 딸은 나보다 1살 덜 먹었어요. 우리 셋째 어머니가 데꼬(데리고) 온 사람이. 그래 가지고 집안이 걍 식구가 아홉인가 열인가 되어 갖고 막 먹고 살기 곤란헌게 골치 아프지. 니 새끼 내 새끼 헐 것이 아니라 세 아버지로, 아버지로 하면 세 각시한테서 다 애를 데꼬 온 놈 있지, 또 집에서 낳은 놈 있지. 그래 갖고 [힘들었지]. 긍게 그게 뭐냐믄 내가 [집에서] 왕따 당하다시피 했죠.

"니 새끼 내 새끼 헐 것이 아니라 세 아버지로, 아버지로 하면 세 각시한테서 다 애를 데꼬 온 놈 있지, 또 집에서 낳은 놈 있지. … 그게 뭐냐믄 내가 [집에서] 왕따 당하다시피 했죠."

근데 지금 현재도 어머니 세 분하고 아버지하고 묘가 4봉 한데 해 놨어요.[8] 그것도 형제간에 우애가 좋잖아요? 내가 안 히줄라다가(안 해 줄려다가) 원래 아버지하고 [친] 어머니하고만 2봉만 있었는데 지들이(동생들이) [아버지 어머니 묘에다] 같이 옆에다 써야 한대. 근디 그걸 내가 '옆에다가 써라' 그렇게 됐어요. 그 어머니도 셋째 어머니도 나 갈치니라고 욕봤지.

7 아버지에 의해 갓난아이와 함께 집에서 내쫓겨진 둘째 어머니가, 아이가 돌이 넘고 젖을 떼게 된 1년 후 어느 날 아버지가 논에서 일하고 있는 틈을 타서 몰래 집에 와서 아이를 맡기고 갔다는 의미.

8 아버지 묘 옆으로 친어머니부터 셋째 어머니까지 같이 묘를 써 놓았다는 의미.

셋째 어머니와 소리신

왜 욕봤냐면 지금은 알고 본께 그려. 그때 쌀 있어요? 방아 찧어 가지고. 그때 흉년이니까 보리 문댕이 한 놈 그놈 비어다가 솥에다가 쪄 갖고는 그놈하고 하지감자 해 갖고는 먹고 살았으니까. 학교 간디 그거. [학교가] 6km인가, 7km나 될꺼여. 그걸 갔다 올려면, 학교를 갔다 올려면, 눈 올 때는 발 시려니까 빨리 가야 하고. 부모가 돼 갖고, 아버지가 돼 갖고 처음에는 했지만은 3학년, 초등학교 3학년 정도면 내가, 짚새기로 '소리신'[9]이라고 있어요. 소리. 일본 놈들 발꾸락(발가락) 끼어 가지고 지푸락으로 쓰는 신 있어. 소리신같이 생긴 거 있어. 짚신은 아니고 소리신이라고 있어요. 소리. 일본 말로 소리신이라고 '게다' 하고 똑같이 생겼어. 근디 지푸락(지푸라기)으로 만든다고. 그 놈만 갖고. [하루는] 무슨 일이 있었냐면……(잠시 생각) 보신(보선)이라고 있어요. 여자들 신는 보신. 그땍에는(그때에는) 양말이라는 건 일절 없고. 그 보신을 언제 해 주냐면 설에나 하나 해 줘요. 그런디 소리신을 신으면 보신을 못 신잖여. 소리신을 신고 댕기면 뒤에가 철떡철떡(흙이 튀어서) 해 갖고 옷을 다 버리네요. 그때는 이런 나이롱 옷도 아니고 무명 거시긴디. [학교] 갔다 오면 [셋째 어머니한테] 뚜드러 맞죠, 인자. 옷 더러워져서 뒤에 [맞지요]. 다 눈이랑 녹고 비나 오고 신고, 그러면 뒤에가 철떡철떡해 갖고 뛰어댕기면 [다 흙탕물이 옷에 튀어서 더럽게 되지요]. 그것은 그냥 빨아 입는 옷도 아니고 다 풀이 있어 막.[풀을 해서 입어야 하는데 더럽혔다고] 뚜드러 맞고 근

"소리신을 신고 댕기면 뒤에가 철떡철떡(흙이 튀어서) 해 갖고 옷을 다 버리네요. 그때는 이런 나이롱 옷도 아니고 무명 거시긴디. [학교] 갔다 오면 [셋째 어머니한테] 뚜드러 맞죠, 인자. 옷 더러워져서 뒤에 [맞지요]. 다 눈이랑 녹고 비나 오고 신고, 그러면 뒤에가 철떡철떡 해 갖고 뛰어댕기면."

9 '조리(ぞり)신'의 잘못임. 짚으로 엮어서 엄지발가락만 걸치게 하여 신는 신발. 일본 신발인 게다와 모양이 비슷.

단(그런단) 말여. 그것을 안 하기 위해서 집이 나갈 때 사알짝(살짝) 걸치고 나가서 소리신 [그것을] 끈으로 손 두 쪽에다 딱 끼고 책보 이렇게 착~ 쨈맨단 말여(묶는단 말이야). 책보. 여자들은 (허리에 책보를 묶는 시늉을 하며) 이렇게 쨈매고 남자들은 (어깨에 책보를 묶는 시늉을 하며) 이렇게 쨈매고.[10] 어깨에 메고 소리신 한 짝 신고. 그래서 암것도(아무것도) 안 걸치고 맨발로 눈밭을 댕기는 거여. 자갈밭이랑 댕기고. 그런게 발이 신발이 돼 버렸어. 그렇게 댕기면은 [발바닥이] 갈라져. 그래 가지고 부모가… [참, 서운하게 했지].

지금 생각하면 부모가 신발이나 하나 사 줄 만도 한디. [신발도] 사 준 것이 아니라 60명 중에서 15명이 일본서 왜정시대 신발이 당선이 됐어. (당선이 돼요?) 거시기, 추첨이 됐어. (왜정 때 60명 중 15명에게 신발을 주는 데 당첨이 됐다?) 예. 그리서 인자 60명 중에서 지금 말하자면 추첨을 한다고 해 가지고 심지 뽑는다고 했어. 심지. 그래 가지고 똘똘 동여 가지고 거기다 놓고 하나 주서 오라고 혀, 인자. 그래서 여기다 놓고 하나 주서 갖고 와서 까 보면 당선된 사람은 당첨이 돼야. (그럼 신발을 하나씩 줘요?) 예. 신발을 운동화 1컬린디, 그놈을 갖고 댕기는디 1년 이상은 아무리 신어도 신는단 말여. 그런데 지금 복장을 맞추는 것이 1년 월사금인디. 55전. 55전인디 신발도 1컬리에 55전이여. 1달 월사금하고 똑같여. 그런디 아버지한테 가서 얘기해 봐야 55전 주고 당첨 됐어도 사도 못혀. 못 사. 그나마 애기들하고 먹고 그런께. 그놈 1컬리 사 줬으면 하는디 얼마나 좋다고 자랑하고 다니는 거여. 폴딱폴딱 날라다니지. 근디 그 놈을 내가 돈이 없어 못 산게 딴

"지금 복장을 맞추는 것이 1년 월사금인디. 55전. 55전인디 신발도 1컬리에 55전이여. 1달 월사금하고 똑같여. 그런디 아버지한테 가서 얘기해 봐야 55전 주고 당첨 됐어도 사도 못혀. 못 사."

10 소리신(조리신)의 엄지 발가락 결이 부분에 양 손가락을 끼워서 손에 들고, 책을 보자기에 싸서 여자애들은 허리에 묶고, 남자애들은 어깨의 위와 아래로 묶고 다녔다는 의미.

사람헌티 넘어가는 거 아녀. (신발을 공짜로 주는 것이 아니라 55전에 신발을 살 수 있는 그런 당첨이 되는 거네요?) 지금으로 말하면 복권 당첨이나 다름없지. (그 당첨된 것 없이 그냥 운동화를 사려면 얼만데요?) 그거 없이 살려면 얼마를 주고 사는지 몰르지. 운동화 같은 거는 촌에는 있들 않고. 인자 일본에서…[가져와서 파니까]. (그럼 일본에서 들어온 거네요?) 어. 나중에 해방되었다고 요놈. 고무…싱가뽀르(싱가포르) 먹었다고. 싱가뽀르를 고무 많이 나오는 데 있잖요? 거기서 일본서 와서 뺏어 버렸거든.[11] 점령을 해 버렸어. 거기서 온다고 그 신발이. 그것 때문에 [신발이 싸게] 나오는 거요. 60명이면 60명을 다 한나씩 줘야 하는데. 15컬리밖에 안 되니까 15컬리에서 추첨을 해 갖고 후딱 말하면 당첨이 되얏는디 돈이 없어서 못 샀다는 얘기지. 그 이야기요.

(6년 내내 소리신을 들고만 다니셨어요?) 그렇다고 봐야죠. 차라리 그거 신고 다니면 옷 버린게 [못 신고 들고만 다니죠]. 맨발로 가면 뭣이 띠어배기야지, 뒤에가. [그래서 겨울에] 동상 걸리니까 우리가 하는 얘기가 무슨 얘기냐면. 거기가 7키로나 되는 데를 14키로를 하루에 댕겨야 하잖아요, 토요일 날까지. 그걸 '발 시려면 뛰자' 그 소리가 그 말여. 발이 차면은 뛰면은 안 시라요(안 시려워요). 논밭으로 막 뛰면. 돌이 요놈 푹푹 나왔는디 요런디. 학교 앞에 들어가면 꼬랑창에서(개울가에서) 발[을] 싹 입고 신발 없는 놈 싹 히갖고(같이 모여서) [복도] 가에로(가장자리로) 쏘옥 돌아서 갖다가 신발장에 [소리신을] 넣어 놓고 [교실로 들어가서] 공부하고. 올 때도 가만히 신고 나와서 학교 정문 나오기 전에…[신발 벗어] 딱 들고 쫌매면(책보를 어깨

"거기가 7키로나 되는 데를 14키로를 하루에 댕겨야 하잖아요, 토요일 날까지. 그걸 '발 시려면 뛰자' 그 소리가 그 말여. 발이 차면은 뛰면은 안 시라요."

"논밭으로 막 뛰면. 돌이 요놈 푹푹 나왔는디 요런디. 학교 앞에 들어가면 꼬랑창에서(개울가에서) 발 싹 입고 신발 없는 놈 싹 히갖고(같이 모여서) [복도] 가에로(가장자리로) 쏘옥 돌아서 갖다가 신발장에 [소리신을] 넣어 놓고 공부하고. 올 때도 가만히 신고 나와서 학교 정문 나오기 전에…. [신발 벗어] 딱 들고 쫌매면(책보를 어깨에 묶으면) 인자 가는 거여. 그렇게 해서 신발을 신고 댕기본…"

11 거기도 일본 놈들이 점령해 버렸어.

에 묶으면) 인자 가는 거여. 그렇게 해서 신발을 신고 댕기본…[시절이여].

(그러면 아버님께서 초등학교 6년 동안 신발 1켤레도 사 주지 않았나요?) 아이, 없어요. 신발이고, 고무신도 그때 나오들 안 허고 운동화, 일본에 운동화. 말하자면 일본 굉장히, 지금 발꼬락이는 놈…[소리신만 있었어요]. (일본식 운동화 모양이 어떤가요?) '지까다비' 라고…. 그것이 이렇게 생겨 갖고 딱 신으면 발꼬락이 이렇게 딱 [소리신하고 모양이] 똑같여. [게다는 발가락을] 끼워 가지고 인제 나무로…[만들어졌지]. 그것이 운동화도 그렇게 생겼어요. 지금은 앞에 딱 터졌잖으요. 근디 발꼬락이 들어가게 되어 있었어요, 일본 운동화는. 그게 일본말로 '지까다비' 라고. 지까다비.

셋째 어머니와의 갈등

(그러면 셋째 어머님은 아버님하고 해로하셨나요?) 긍게 세 번째 서모님은 [집을] 안 나갔죠. 어떻게 한 거냐면요? 내가 조금 성질이 급하니까 그냥 나한테. 아까 왕따 이야기가 나왔는데, [내가 우리 집에서] 왕따 비슷허니 되니까 [내가] 속이 상하면은 그냥 막 성냥통(성냥통)도 하나 살라면은 막 돈을 몇 천[원] 주고 사야는디, 부야나면(화나면) [내가 성냥통을] 짝 찢어서 집어 던졌거든. 그런 성질이 있으요. 나한테 잘못하는 놈은 막 그렇게 해 버려. 그래 갖고 인자 [하루는] 막 고기가 하도 먹고 싶어서 투망질, 투망 그것을 끼염질하고 거기다가 겨울에 말여, 눈이 막

오는디 그것을, 이만한 것을 끼여 갖고 [고기] 굵은 놈들은 즈이가 가져가고 밑이 떨어진 놈만 줏어 갖고 오는 거여. 송아리 같은 거 그런 거. 그놈을 잡아 갖고 저녁에 서모님 보고 긇여 달라고.[12] 그랬더니 후딱 말하면 그 어머니가 인자 동생이, 친여동생이 둘이나 있거든요. 남동생은 하나 있고 끄트리서(끝에). [동생이] 셋이나 돼요. [친어머니한테 낳은] 동생이 아니고… 아버지가 같으니까 말하자면 친동생으로 알고 지내요. 긍게 이제 [셋째 어머니가] 거기서 애기를 스는데(임신을 했는데), 고기가 먹고 싶은게 그냥 그놈에가(잡은 물고기에다가) 배추김치에다 뚝 시켜 놓고 쌔카만 것들도(어린 자식들도) 먹고 싶어하는데 촌에서 여자라 나다니도(밖으로 나가지도) 못하고 그러니까 먹어 버렸던 모양여. (서모님이 임신해서?) 으응. 그런데 나는 그거 내놔라 이거지. 막 쫓아댕김서, 꼬막생이로(꼬막손으로) 줏어 가지고 왔는디.[13] 투망질도 내가 한 게 아니고 딴 사람이 허고 댕긴 거 뒤에서 줏어 가지고 왔는디. 긍게 그런 나쁜 걸 봤어요. 못 볼 걸 봤어. 긍게 나는 막 울고불고 난리가 나지. 줏어 가지고, 고기가 먹고 싶은디… [그것을 먹어 버렸다고]. 긍게 아버지한테 뭐라고 말하냐믄 어머니가 뭐라고 말하냐면, [셋째 어머니 당신이] 고기[가] 먹고 싶어 죽겄는디 [아들인] 내가 먹어 버렸다, 그 얘기여. 긍게 폭폭헐(갑갑할) 일이여. 지금 생각하면 폭폭헐 일이지. 그때는 어리서 몰라서 폭폭헐 일이 아니지만. 그러고 있다가 어머니가 거시기 했어요. 오래 살으셨어. 환갑 훨씬 넘으셔 갖고.

(셋째 어머님이 들어오셨을 때 아버지는 연세가 어느 정도 되셨나요?) 아버님[은 당시 연세가] 한 30세 이상 잡

"꼬막생이로 줏어 가지고 왔는디. 투망질도 내가 한 게 아니고 딴 사람이 허고 댕긴 거 뒤에서 줏어 가지고 왔는디. [셋째 서모님이 먹어 버렸으니] 나는 막 울고불고 난리가 나지. 줏어 가지고, 고기가 먹고 싶은디…. 긍게 아버지한테 뭐라고 말하냐믄 어머니가 뭐라고 말하냐면, [셋째 어머니 당신이] 고기 먹고 싶어 죽겄는디 내가 먹어 버렸다, 그 얘기여. 긍게 폭폭헐(갑갑할) 일이여. 지금 생각하면 폭폭헐 일이지."

12 너무도 배가 고프고 고기가 먹고 싶어서 물고기라도 잡으려고 개울가에 갔는데, 고기 잡을 투망도 없었던 어린 서동호가 그나마 다른 사람들이 버린 물고기를 주워 가지고 와서 셋째 어머니한테 끓여 달라고 했다.

13 조막손(작은 손)으로 겨우 주워 가지고 왔다. 즉, 어린 애가 힘들게 주워 가지고 왔다는 의미.

▲ 아버님 회갑 기념사진. 맨 앞줄 아버님이 안고 있는 아이가 서동호의 큰아들이다.

으셨지요. 농사지으면서. (그러면 농사지을 땅이 많지 않았는데 생활은 어떻게 꾸렸나요?) 털털하게 살았죠. 나무 같은 거하고. 순전[히] 나무해서 팔고, [나무]살 사람도 없어요. 나무가 흔하기 때문에…[살 사람이 없죠]. 어디가 일하나만 가면 큰 부주된 마낭이로 일을 할까. 아침밥 늦게 먹고 저녁 밥 일찍 먹고. 점심은 때우고. 그러고요 [살았어요].

형제간 우애와 남매계

(동생분들 이야기 좀 해 주세요?) [내 동생들이 모두] 2남 2녀요. 남동생 하나 여동생 하나 남동생 하나 여동생 하나. [동생들은 다] 그 근방 사람들[하고 결혼했어]. 북면이라는 것은. ○○면도 있고 그런 데서 다 얻어다가 살았

어요. 중매로 [결혼했어]. 왜 그냐믄 그 근방은 연애라는 것이 없었어. 이쁜 딸이 있다고 중매로 했지. [내]막내 동생은 우리 큰아들하고 동갑이여. 다 살기 나름이니까요. [동생들은] 지금 하나는 촌(화순 동북)에 살고, 근디 거그서 하나 살고, 수원서 하나 살고, 서울서 살고, 막내 동생은 시방 그 서울 종로 시의원이요. (어르신 막내 동생이 어르신 큰아드님하고 동갑?) 아니 [막내 동생이] 딸이여, 딸. 딸이 [내] 큰아들 하고 동갑이여. 그때는요 [그런 경우가 많았어요].

"바로 밑이 동생이 8살 차이가 나고, 나하고. 그믄 그 밑이 셋째 어머니 동생들은 내가 업어서 키웠다고 봐야지."

"우리 아버지가 형제간에 나쁘게 살았어요. 한 마을에 살면서. 아버지 형제간이 3형젠디 같이 살면서 말도 안하고 지내니 말여. 같은 골목에서, 말하자면. 서로 그렇게 이상스럽게 지낸게, 우리는 그러지 말자. 형제간에 그러지 말고 배다른 형제라도 예전같이 더 좋게 살자, 그러고 시방 사는 거요."

바로 밑이 동생이 8살 차이가 나고, 나하고. 그믄 그 밑이 셋째 어머니 동생들은 내가 업어서 키웠다고 봐야지. 내가 28살에 이리(군산으로) 올라와 버렸으니까요. 아니, 한 30살 되야서 올라왔구나. 올라와 버렸으니까 가들하고 부딪힐 일 없고. 내가 여기 와서 막 어떻게 집안 실질적으로 아버지하고 다 돌아가셨으니까. 내가 모른 체하면 모른 체하는 거 아니요? 여기 와서 사니까. 우리 아버지가 형제간에 나쁘게 살았어요. 한 마을에 살면서. 아버지 형제간이 3형젠디 같이 살면서 말도 안 하고 지내니 말여. 같은 골목에서, 말하자면. 서로 그렇게 이상스럽게 지낸게, 우리는 그러지 말자. 형제간에 그러지 말고 배다른 형제라도 예전같이 더 좋게 살자, 그러고 시방 사는 거요. (어르신께서 워낙 맏형 노릇을 잘하시니까 그러시는 거죠?) 우리 안식구가 잘한께. 여자 사이가 좋아야지.

[형제간에는] 그냥 그렇게 살았지. 근디 [형제들끼리] 뭐 잘 지내요. 뭐이냐면, 내가 한 얘기가, 딴 사람 형제간에도 나쁜 걸 보고 사는데 우리는 배다른 형제기 때문에 무조건…[잘해야 한다]. 한 40년 될꺼요, 남매계가. 그 인자

[아버지가 부인을] 셋을 얻었는데. 아버지[가] 자식들 키우면서 얼마나 애를 태우셨겠어요? 먹고 살 것도 없는데. 그런게 내가 그랬거든요. 우리가 딴 사람보단도 남매계 하자, 5남매이니까 한 집이 매년 거 정월 초하루 날 모여서 그때 모아서 남매계를 하자. 큰형 둘째 셋째. 이렇게 5년 만에 1번씩 돌아와. 제사, 아버지 제사가 있으니까. 어머니 제사는 지그들이 모시니까. 매달 1년에 내가 하면 내 동생이 1년. 또 그 다음 동생이 1년. 5년 만에 1번씩 돌아오잖요 남매계가? 그 남매계가 지금까지 유지하고 있으요. 돈도 한 5백만 원 이상 모였어요. 가든 얼마씩, 자기 형편에 따라서 만 원도 내고, 2만 원도 내고. 없으면 천 원도 내기도 하고. (어디 여행 가시려고요?) 긍게 시방 여행 가자고 하는데 서로 인자, 내 동생들은 나이가 적은 게 벌어먹고 살기 힘들고 또 막내 어머니 막둥이 아들이 서울 종로구 시의원이 됐어요. 종로구 창신동인가. 거그서 살다가 시의원 당선됐어요. (집안에서는 큰 경사였겠네요?) 아유~ 경사지. [형제간들이 서울로 선거 운동하러] 막 올라가고. 올라가야 우리가 선거 운동을 못한다 이 말여. 가서 힛다가(했다가) 다시 오고….

(지난번에 선산 이야기 하셨잖아요? 둘째 셋째 어머님들을 같이 모시기가 쉽지 않았을 텐데요?) 그 어머니하고 우리 아버지하고는 선산이 있는데 그 동생들이 걔네 어머니를 그리로 이장을 한다는데 그래서 안 된다고 할 수 없는 것이죠. 왜냐하믄 아버지가 데리고 사셨고 또 나를 그나저나 길러 주신 그 동안에 밥이라도 한 끼라도 해 주신 [분이니까]. 시방 네 분이 다 한곳에 모셔 가지고. 다 그것이 그렇게 해 놨으니까 집안사람들이 날 알잖아. 딴 사람

"딴 사람 형제간에도 나쁜 걸 보고 사는데 우리는 배다른 형제기 때문에 무조건… 한 40년 될꺼요, 남매계가. 그 인자 [아버지가 부인을] 셋을 얻었는데. 아버지[가] 자식들 키우면서 얼마나 애를 태우셨겠어요? 먹고 살 것도 없는데. 그런게 내가 그랬거든요. 우리가 딴 사람보단도 남매계 하자."

"시방 네 분(아버지, 세 분 어머니)이 다 한곳에 모셔 가지고. 다 그것이 그렇게 해 놨으니까 집안사람들이 날 알잖아."

들이 뭐 하잖아 그래도 난 그것이 아니라고 해 가지고. 아버지가 돌아가시고 나서 수재 의연금이 나왔어요. 집도 그러고 논도 그렇고 나왔는데 나는 아이들 다 키우고 느그들 가지라고 해서. 난 직장 다니고 돈도 벌고 그러니까, 너희들 써라. 세상에 그때 돈으로 2백만 원이 나왔는데. 즈그들 몫은 있고 아버지 앞으로 천 2백만 원이 나왔는디 천만 원을 즈그들이 나눠 먹고 2백만 원을 날 줬더라고. [그래서 아무 말도 안하고] '고맙다' 이야기를 했지 나쁘게는 안 지내고 있어. 자식들이 다 잘되어 가지고.

결혼 이야기

"19살에 결혼했어.… [화순군] 북면. 북면에서 온[처년데], 동네[사람이] 소개를 해 주었어."

[내가] 19살에 결혼했어. 나는 이 여자가 빤스 하나를 안 입고 우리 집이…[시집을 왔어]. [그런데] 사람[은] 좋은 사람이여. [화순군] 북면. 북면에서 온[처년데], 동네[사람이] 소개를 해 주었어. (그 이야기 좀 자세히 해 주세요?) [처갓집 식구들이 6 · 25 때] 우리 동네로 [피난을 왔어]. 소개해 준 것이 아니라 사람이 전부 다 그 안에다 땅굴을 파고 산 거여.[14] 우리는 집이 조금 1키로나 떨어졌는디. 그 집이가 그렇게 둘이 살아라고 하는데 우리는 일꾼이 많으니까 처갓집 식구들이 와서 먹을 게 없어. (처갓집 식구들이 피난을 와 가지고?) 응 피난을 와 가지고 딸 둘하고 장모하나 서이 사니까. 그때 나는 인자 [처가]집하고 가깝다고 봐야지. 그 다음에 먹기 살기가 곤란하죠.

(자연스럽게 결혼하신 거네요?) 응. [내가] 19살 [처가] 18살에 결혼한 것인 게 결혼이 뭔지도 모르고 했지. (당시

14 할머니 친정인 화순군 북면 마을이 6 · 25 때 모두 불타 없어져서 아직 처녀였던 할머니와 친정 식구들이 서동호의 마을 근처로 피난을 와서 흙집을 짓고 살았다는 뜻.

결혼하실 때 어르신은 19살, 할머니는 18살?) 응. 시집올 때는 전부가 우리가 싸 왔다고 봐야죠(살림을 할아버지 댁에서 전부 마련했다). (결혼하실 당시 어르신 댁 식구들이 어떻게 됐나요?) 우리 형제간이 5남매니까. 아버지 어머니 계시고 긍게. 그 집은 땅에다 하고 1키로 떨어진 원 집으로 또다시, 또 나르고 다시 집을 짓고 처갓집 짓고 흙으로. 근디 우리 집으로 시집와 갔고 식구들 먹고 살았다고 봐야죠. (어르신께서 처갓집 부양하신 거네요?) 그렇다고 봐야죠. 긍게, 또 낮에는 일하러 가서 장모님 젊었을 때 일도 해 주고, 또 쌀 1됫박 [우리 집에서] 갔다가 먹고 우리 집은. 또 내가 왜 그냐믄 어머니가 첩을(어머니가 친모가 아니라 계모)…. 그래서 안식구가 고생을 많이 했죠.

▲ 20살 무렵 군대에서 찍은 사진("53년에 내가 군대 갔으니까 53년이죠. 처음에 [군대] 갈 때는 군산으로 갔다가, 군산 보충대로 갔었거든요. 저 중앙 초등. 중앙 국민학교가 무조건 거그다가 쳐박아 놓고 10명씩 손잡고 다니면서 오줌 싸로(싸러) 가도 10명이 같이 다닐 때여.")

[친어머니가] 나 5살 먹고 돌아가셔 가지고, 아버지가 또 재혼하셔[서] 거기서 나도 고생 많이 하고. 그래서 왜 [내가] 장가를 일찍 갔냐믄은 성질이, 성질이 [새어머니하고 나하고] 안 맞고 그런 게 바로 간 것인데. 19살인가 결혼해서 내보냈어 둘이, 나하고 안식구하고. 지금 생각하믄. 뭐라고 그려. 근디 둘이 사니까 걱정할 것 하나도 없어요. (결혼하고 나서 식구들이 모두 한방에서 잤나요?) 아 그렇지. 애기들이 다 클 때까지. 애들이 초등학교 대니고(다니고) 그때 먹고 사는 게 하도 곤란하니까.

(시어머님하고 사모님 사이는 어땠나요?) 힘이 들었죠.

왜 그냐믄 [시어머니가 며느리를] 너무나 볶아 먹어 싸니까. [자세한 내막은] 나는 몰라요. 근데 나는 군대를 가 버려 가지고.

(결혼 후 군대 가셨어요?) 응. 군대를 가 버려 가지고. 그래 가지고 그 뒤로 기록이 틀려서 5년 동안 군대생활하고 나오니까. 그게 3년 하면 전후방 부대가 있거든요. 저기 인제에서 군대 생활하다가 인자 전방하고 후방하고 바뀌어요. 왜냐믄 3년 이상. 그런데 기록이 내려오다가 어디서 분실되어 가지고 그래서 2년 동안 군대생활 더 했어요. 너무나 좋은 데 떨어져 가지고 있었어. (그 기록을 어르신 것만 분실된 거예요?) 아니. 같이 내려오는 사람들이. 군대가. [당시] 53년도이죠. (그 동안에 할머니는 집에서 시집살이 하시고?) 근데 시집살이 하는데 나는 죽었는가 살았는가 모르고 난 군대생활 했지. 그래서 내가 내려와서 제대해서 와 보니까 안 되게 생겨 가지고 데리고 나와 버렸지.

"왜 [내가] 장가를 일찍 갔냐믄은 성질이, 성질이 [새어머니하고 나하고] 안 맞고 그런 게 바로 간 것인데. 19살인가 결혼해서 내보냈어 둘이, 나하고 안식구하고."

"[군]기록이 내려오다가 어디서 분실되어 가지고…5년 동안 군대생활 하고 나오니까… 안 되게 생겨 가지고 [안식구를] 데리고 [고향에서] 나와 버렸지."

(서모님이 성질이 좀 있으셨나요?) 그때 끄터리(끝)·어머니가 좀 그랬지. 둘째 어머니는 아들 낳고 나가 버리고. 나가 버리고 인자 가하고(둘째 어머니가 낳은 아들하고) 나하고 10살 차인디 같이 컸지. 근데 끄터리(끝) 어머니가(세 번째 어머니가) 나를 그때 인자, 1년인가를 가운데 어머니가 1년 반인가를 [우리 집에서] 살다가 나갔어. 그때 [낳은 아들을] 키워서 나중에 데려다 주더라고.[15] 근데 끄터리 동생은(세 번째 어머님이 낳은 막내 동생) 내가 [군산으로 데리고 나가서] 키운다고 했지. 우리 안식구도 얻어서 키우자고 그랬어요. 그것이 25살인가 돼요 막내가(막내 동생이). 형수라고, 엄마라고. [그래서 군산으로 그 동생을] 데

15 앞서 이야기 했듯이, 당시 둘째 어머님이 마루에서 아들을 낳았는데, 아버지가 정신적으로 약간의 문제가 있었던 둘째 어머님을 아이와 함께 내쫓아 버렸다고 한다. 그 후 아이가 돌이 지나 젖을 떼자 둘째 어머님이 아이를 집에 데려다 놓았다고 한다.

◀ 군대 가서 전우들과 함께 찍은 사진

꼬(데리고) 올라고 했어요. 여그(군산) 오니까. 그래 가지고 그때 물메기를 요만한 놈을 그렇게 맛있잖아요. (메기?) 응, 물메기. 큰놈을 2마리 사다가는 우리 동생들 요렇게 [큰놈을] 삶아 놨더니. 소금만 쳐 가지고 먹어도 [맛있게 먹었어]. 그것을 생각하믄 지금도 [맘이 안 좋아].

고향을 떠나 김만경으로, 군산으로…

긍게, [셋째 어머니가 안식구를] 많이 괴롭혔다고 봐야죠. 그럼. 나는 군대생활을 7년을 했어요 7년을. 그러니까 나는 그걸(시집살이 당한 일을) 몰르죠. 글고 나이가 그때 한 십 넘어서 몰라. 근디 내가 19살에, [아내는] 18살에 만났거든요. 그렇게 만났는데 20살에 군대 가 버렸으니까. 거기서 할머니들 있는 데 가서 누웠기도 그럴 거 아니겄어? 인자 젊은께 혼자 산께. 집은 따로 사니까 내가 거기

가서 짓고. 거기서 서모 밑에 집도 같이 살 수도 없고 어떡하겄어. 내가 가서 인자 집을 나무때기 비어다가 어떻게 해서 흙 엮어서 지어 놓고 내가 군대를 갔거든. 그런게 헐 일이 뭐가 있어요. 둘째네나 나무나 좀 해다 주고 농사질 때 좀 돌봐주고 할 일이 없어. 근디 넘의 집에 가서 누웠네 뭣허네 어떻게 볶아 먹었는가. 그냥 그리서 내가 그 소리를 듣고 미리 [군산으로 데리고] 올라온 거요. 그리서 내가 이리 올라온 거요.

"'내가 너를 어떻게 키운 자식인데. 너를 그리 먼디로 보내도 되냐 [안 된다].' 그래 갖고 안 된다는 거를 기여니(기어코)…아버지한테 가서 오늘 떠날라고 버스 타고 나올라는디 가서 아버지한테 인사드리러 간게, 문에 떡 나오더니 [아버지가] 벽만 보고 서 있는 거여."

(군대에 있을 때 그런 소식 들으셨나요?) 그런 소리가 그때가 전시 땐데 그런 소리 들을 수가 있었간디요? (제대하고 들으셨네요?) 그렇죠. 안식구가 이야기를 한 것이 아니고 큰어머니들이 [나한테 얘기를 해 줬어]. 나로 말하면 인자 큰아버지, 큰어머니들이 또 할머니는 살아 계셨는디 할머니들이 그 소리를 하신단 말요, 나한테다가. 그러믄 내가 그 자리서 어~떻게든 여기서 벗어나야겄다 [하고 맘을 먹었지요]. 긍게. 그러니까 인자 내가 아버지한테 가서 '아버지, 나 지금 논 1마지긴가 있는 거 아버지한테 탁 드리고, 나는 손바닥 탁 털고 올라가서 가서 쌀밥이라도 먹고 살라요.' 그러니까 아버지가 반대를 하는 거여. '내가 너를 어떻게 키운 자식인데. 너를 그리 먼디로 보내도 되냐 [안 된다].' 그래 갖고 안 된다는 거를 기여니(기어코) [고향에서는] 살들 못하겄어, 거그서. 내가 [군대갔다] 와서 살아본게 살들 못하겄어. 기여~니 반대하고 아버지한테 가서 오늘 떠날라고 버스 타고 나올라는디 가서 아버지한테 인사드리러 간게, 문에 떡 나오더니 [나 떠나는 모습 안 볼라고] 벽만 보고 서 있는 거여.

나는 그때 거기서 왕따 당하다시피 헌게 우리 안식구허

고 애기들 셋 남자만 셋 데꼬 이쪽으로(군산으로) 올라와 버렸지. [군대 제대하고] 한 1년인가 있다가. 여기 어디여. '김만경' 이라고. 김제(김제시 만경읍을 의미). 김만경 가면은 쟁기질이라도 할 데가 많더라. [그런 소문을 들어서] 소몰이로. 논 가는 데. 긍게 내가 그걸 잘했으니까 애기들 그냥 [화순에 놔두고 군산으로] 올라왔어요, 혼자. 혼자 방 하나 얻어 놓고는 [화순으로] 내리가서 데꼬(데리고) 와 버렸지. 데꼬 와서 사니까 아버지하고는 멀어지잖아. 생일 때나, 명절 때나 한 번씩 내리가고. 그래 갖고 그때 와서 지금까지 사는 거여. 어머니는 돌아가시고, 아버지도 돌아가시고. 내가 인자 가서 거시기를 많이 했죠. 가서 인자 자식노릇을 많이 했죠.

그래서 여그 와서 사는 디, 아버지[가] 여기 와서 한 반 년 정도 계시다 가고. 댁에는 안심하고 그때는 항만에서 돈 벌고 그런 게 술 같은 것도 아버지한테 1말씩 사다드리고. [한 번은] 소를 만 원 주고 사서 나중에 팔 때 2만 원 주고 팔면은 만 5천 원은 키운 사람 아니 [소 주인이] 가져오고 5천 원은 키운 사람이 먹거든요. 그걸 복갈림이라고 하는디. 현재 저기로 남은 돈, 백만 원을 주고 소를 사 갖고 [팔 때] 2백만 원 받으면 주인하고 나눠 먹어요. 백만 원 본전은 두고. 백만 원 남는 놈 갖고 둘이 나눠 먹어. 그거대로 돈이 되고 그래. 그리 보냈단 말여. (화순 고향에다가?) 예. 아버지 앞이다. 근데 재수가 없을라니까 안 돼. 왜 안 돼냐믄 소가 죽어 버렸네요. (병 걸려 가지고?) 아니. 나무에다가 소를 매놓으면 낮에는 풀 뜯어 먹으라고 싹~허니 내다 놨는디 빼빼 돌다가 요놈 끈이 [소 목에] 감겨 갖고 [죽었어]. 감겨 갖고 끈이 짤라 갖고(짧어 가지고) 폴짝

"나는 그때 거기서 왕따 당하다시피 헌게 우리 안식구허고 애기들 셋 남자만 셋 데꼬 이쪽으로(군산으로) 올라와 버렸지. [군대 제대하고] 한 1년인가 있다가. 여기 어디여. '김만경' 이라고."

"소를 만 원주고 사서 나중에 팔 때 2만 원 주고 팔면은 만 5천 원은 키운 사람 아니 [소주인이] 가져오고 5천 원은 키운 사람이 먹거든요. 그걸 복갈림이라고 하는디."

▲ 사진을 찍으면 라디오를 공짜로 준다고 해서 찍은 서동호 씨의 가족사진

폴짝 하다가 발이 뒤로 미끄러진게 코 꽂히 갖고 죽은 거여. 일은 바쁘고 그러니까 하루는 그냥 소를 놔둔 거여. 이 근방은 다 뜯어 먹으라고 놔뒀는디 나무에다가 딱 매놨는디 똘똘 감겨 갖고 죽어 버렸어요. 그래 갖고 손해 봐 불고 말도 없이 거기서 소 2마리 죽였어요.

(결국 고향에서는 먹고 살 것이 없고, 셋째 어머니하고 아내하고 사이가 안 좋고 하니까 고향을 뜨신 거네요?) 근디. 그렇게 안 좋다고 볼 수도 없어. 왜 그냐면 [아내는 시어머니가] 허란 대로 허니까. 죽으라면 죽는 시늉도 허니까. 그래도 사람이란 좀 비껴 나가야 할 것 아뇨. 지금 세상 사람들 같으면 살 사람 누가 있겄어. 내가 뭐이냐, 신랑이라고 할까 그런 노릇 한다고 [군산으로] 끌고 올라와 버렸지. 근데 우리 막둥이 하나 안식구[가] 업고 [머리] 위에 이불보따리 이고 우리는 보리쌀 이만한 거 그놈 하나 들고 왔어요.

잠시 동안의 김제생활

(그러면 화순에서 정확히 몇 년도에 나왔나요?) 지금 말하자면…. (잠시 생각에 잠긴 뒤) 41년 전이니까, 31살에 나왔으니까. 그렇죠. 60년대 초반이죠. (당시 화순은 모두가 먹고 살기 힘들었나요?) 아~니, 거기서도 논 1마지기, 2마지기나 자기 자작을 짓고 있는 사람은요 다 편하니 살았어요. 인자 없는 사람들이 고생을 했지. 왜 고생을 하냐면요, 보리 갈아 먹을라고 죽으라는 시늉까지 다 하고 [살았어요]. 농사지어 갖고 좀 남으면 다행이요. [농사를] 다 지어서 [땅 주인이 소작들한테] 너는 몇 가마니, 너는 몇 가마니 [하고] 싹 [제]하면 고놈 사다가 주고 나중에 보리 갈아 먹을라고. 보리는 안 가지가요(안 가져가요). 그 사람들이. (원래 땅 주인들이?) 예. 가을에 보리를 갈면은 인자 이번에 빈 놈으로 보리를 비잖아요. 그놈 갖고 1년을 먹고 사는 거요. 긍게 신나락(씨나락)도 위를 이렇게 엮어 갖고는 농사[를] 질(지을) 만침(만큼) 지 갖고는(먹을 것에서 제한 뒤에) [주머니에 넣어서] 거기다 갖다 달아놔 버려. (어디다 달아놔요?) 대들보. 저그 우에 대들보라고 있어요. 달아놔 불면(달아 놓으면) [그것은 먹지 않고] 쳐다만 보고 있지 아무도 손을 못대. 신나락을 먹어 보면. (씨나락이니까?) 그니까 거그다 올려 놔. 그럼 방이 따땃하니까 썩도 않고 진짜로 좋죠.

"겨울에는 고지를 갖다 먹어요. 고지라는 게 뭐냐면, 내년에 농사 때 일해 주기로 하고 갖다 먹는 게 고지요. 쌀 대두말로, 소두말 말고, 10되짜리 대두말로 하나 싹~하면[싹 깎아서 받으면 그 집 일을] 닷새 일을 해 주야요. 그걸."

(그렇게 농사지을 것이 없는데 겨울에는 뭐 먹고 사나요?) 그것이 뭐냐믄. 겨울에는 고지를 갖다 먹어요. 고지라는 게 뭐냐면, 내년에 농사 때 일해 주기로 하고 갖다 먹는

게 고지요. 쌀 대두말로, 소두말 말고. 10되짜리 대두말로 하나 싹~하면[싹 깎아서 받으면 그 집 일을] 닷새 일을 해 주야요.(해 주어야 해요) 그걸. (쌀을 그렇게 사정없이 깎아서 줘요?) 사정없이 꺾어 버려. [그것을 먹으면 그 집 일을] 5일을 해 줘요. 그런데 5일을 일을 해 줄 때는 [그 집에서 우리] 식구들을 멕이 줘요. 그래서 갖다 먹는 거여. 왜 그냐면 일을 가면 아침밥도 멕이 주고 저녁밥도 멕이 주고. 점심도 멕이 주고. 근디 점심때는 식구 둘이 살면은 이만한 양판에다가 한 2~4그릇, 한 2그릇 정도 퍼 줘요. 거기에다가 갈치 같은 거나 생선 같은 거 지지면 [그거 먹고]. 여름에 무수(무) 같은 거 양푼에다가 하나 주면 안식구는 고놈 가지면 하루 먹고 살아요. 그런 식으로 고지를 갖다 먹는 거여. 그렇게 안 해 주면 우리가 안 가 버려.

(맨 남의 집 일만 댕기는 거네요?) 그렇죠. 일만 댕기고 살았죠. 인자 어쩌다가 소작농이라고 있어 갖고 어쩌다가 동네 사람들이 1마지기 정도 얻을 수가 있어요. 그러면 아까 나락이라도 얻어서, 보리 갈아서 고놈 갖고 먹고 살고. 또 봄에 같은 때는 남자들도 부럭이라고 있어요. 소 먹이는 거 있는데 그놈 쥚어지고 나가서 봄에 가면 계속 너물만 뜯는 거여. 그런데 그걸 파는 것이 아녀. 이만한 가마솥에다가 삶아요. 삶아 갖고 이런 큰 데다가 된장으로 쿨떡 쿨떡 무쳐 놓으면 어~얼매나 맛있는지 몰라. 그거 자연산이고, 또 꼬사리(고사리) 뜯고, 봄에는 그런 거 갖고 먹고 살고, 여름에는 일히서 먹고 살고. 긍게 겨울에는 보리농사 하잖여. 보리농사. 전라도 말로 '학독'[16]이라고. [학독에다가 보리를 넣고] 이만~한 돌 [하나] 있으면 거기따(학독에다) 놓고 돌맹이로 착~하믄(착착 보리를 갈면), 이만한

16 대리석과 같은 돌로 만든 절구통.

뜨물(뜬물) 나와요. [보리가] 다 헤져 갖고(갈아져서). [보리 같은 것에] 물 좀 붓어 갖고 소금이랑 쳐서 끓여 놓으면 그걸로 밥 먹는 거여. 그리고 점심이란 것은 먹어보들 못 허고. 아침에 밥을 떡 먹으면은 저녁밥을 몇 시에 먹냐면은 지금으로 보면 4시나 되면 먹어요. 아침 늦게 먹고. 그러면 점심 안 먹어도 되잖아요. 그리고 저녁에 배고파서 못 자. 아침에 밥을 먹는데 죽을 쑤어 먹으면 안 된다고 해 갖고 아침엔 어떻게 보리밥이라도 해서 먹는데 저녁에는 죽 쑤어 먹어. 그렇게 살았어요.

(그러다가 친구분 소개로 군산으로 오셨지요?) 그게 아니고 김만경에 있다가 그 사람이 이름은 잘 모르겄는디. 아들이 여기 살아요. 아들 집에서 살았었어요. 아버지가 개정면 여기에 살았어. 긍게 사무실에서 일을 잘하니까 일을 잘하니까 끄떡하면 나를 스카웃 시킨 거야. 일을 잘 하니까. 거근(거기는) 촌이고. 여기는 크~은(큰) 들판이 있고. 쉽게 말하면 쟁기질 시켜 먹을라고. 열로 데꼬 와서. 쉽게 말하면 그 사람이 데꼬 온 거여. 그래 가지고 방도 그 사람이 공짜로 주고 땔감도 쪼끔씩 주고 식구 많으니까 굶어 죽기는 그런게 쌀도 1말씩 주고. 나중에 다 공제하지만. 나는 멍석 만들어서 40개, 50개 만들어서 방앗간에다 팔아먹고. 그렇게 먹고 살아요. 농사철 되면 일허고. 겨울에는 그 다음부터는. 지금은 [지붕을] 스레트나 이런 걸로 하지, 지붕 없을 때는 일꾼들은 다 '집에 가' 그려. 세경 주면서, 쌀 주면서 '가' 그려. 한 4개월이나 5개월 동안은 뭐 있어야 할 것 아녀. 집이서 먹고 살아야 하고. 알았어?

"나는 멍석 만들어서 40개, 50개 만들어서 방앗간에다 팔아먹고. 그렇게 먹고 살아요. 농사철 되면 일 허고. 겨울에는 그 다음부터는. 지금은 [지붕을] 스레트나 이런 걸로 하지, 지붕 없을 때는 일꾼들은 다 '집에 가' 그려. 세경 주면서, 쌀 주면서 '가' 그려. 한 4개월이나 5개월 동안은 뭐 있어야 할 것 아녀. 집이서 먹고 살아야 하고. 알았어?"

(고향에서 나오실 때 연세가?) 그러니까…내가 31살에 나왔으니까…(잠시 생각에 잠긴 뒤) 한 31년 되었지. 아니

41년. (고향에서 결혼도 하시고?) 그렇지. 아들만 셋 낳아 가지고 인자 지금 안식구하고 같이 살았죠. (그럼 딸은?) 딸은 하나 있었는디 여기서 낳았어. 개정에서.

(자제분들 교육은 어디까지 시키셨어요?) 첫째는 고등학교 갈치다 말고, 큰아들은 기술을 배워서 먹고 살 만하고. 둘째는 전북대학교 나오고, 80학년도 80학번, 그래서 지금 어디 있냐믄, ○○○○라고 본사의 차장으로 있어요. 셋째는 지금 어디에 있냐믄 대전에 가 있어요.

"첫째는 고등학교 갈치다 말고, 큰아들은 기술을 배워서 먹고 살만 하고. 둘째는 전북대학교 나오고, 80학년도 80학번, 그래서 지금 어디 있냐믄, ○○○○라고 본사의 차장으로 있어요. 셋째는 지금 어디에 있냐믄 대전에가 있어요."

첫째는 대학을 못 나오고 고등학교를 군산 기계공고 나와 가지고 거기 가들도 전문대. 2학년 3학년. 졸업장 받고 제주공장 [다녀요]. 잘되었어요. 가도 지금 부장 되어 갖고 있어요. (그럼 딸은?) 예. 막내딸이요. 지금 어디가 있냐 하믄 에~, 거시기 저 서울이 아니라 성남. 인하대학교 있죠? 성남 거기 인하대학교 어디냐믄은. 거기 뭐 학과가 무슨 학과냐므는, 거기 저 피 빼고 하는 거 있잖아? 거…응, 응 임상병리. 거기. 엑스레이 찍고 그러는 거 있지. 밥은 먹고 살아 지금 아파트 한 서른 몇 평짜리 살고 있어요. 성남에서.

"나는 나왔는디요 이리로 나왔는데요. 거그가 동북 수원지가 생겨 가지고 그 바로 다 들어가 가지고 다 이주로 어디 부산으로도 가고 수원으로도 가고 다 헤어졌어요."

(지금 고향에는 누가 사나요?) 나는 나왔는디요 이리로 나왔는데요. 거그가 동북 수원지가 생겨 가지고 그 바로 다 들어가 가지고 다 이주로 어디 부산으로도 가고 수원으로도 가고 다 헤어졌어요. (군산 이주 당시, 부모님은 고향에 그대로 계셨나요?) 아버지하고 농사도 많이 지었어요. 우리만 올라온 거지. 쌀밥 잘먹고 살 때. 아, 1년에 쌀 몇 가마니[를 거둬들였는데]. 아버지는 부자였었다니까. 원래. 긍게 내가 인자. (아버님이 부자이신데 왜 그리 고생을 많이 하신 거예요?) 그게 인자 말 안 듣는다고. [화순에

서] 고생 후에 [군산으로] 나와서 편했죠. 거그가 있었으면은 동생들 많이 있고. [내가 동생들] 공부 같은 거 갈치고. 어떻게 했었겄어요? (아버님이 부자였다면서요?) 부자가 그때는 뭐 보리 가마니나 먹고 살믄 부자지. 뭐.

(동생분들은 부모님이 화순에서 전부 가르쳤나요?) 나는 못 갈켰죠. 동생도 못 갈켰죠. (그럼 시의원도 하시는 동생은?) 시의원은 인자 자기 자작으로 한 거죠. 가도(시의원 동생도) 인자 어떡하면 서울로 가 버렸어, 혼자. 인자 돈이 없응께 초등학교만 나오고 중학교를 못 들어가니까 서울로 가 갖고 자작으로 공부했죠. 해 갖고 [출세한 거죠]. (그래도 다들 아버님께서 초등학교는 다들 나오게 해 주셨네요?) 아녀. 나만. 나만 초등학교 나왔어. 그 밑에는 없어서 못 나오고. 둘째는 못 나왔어요.

군산에 정착하다

(지난번에 경성고무 다니셨다고 하셨잖아요?) 경성고무는 근년이고. 항만을 퇴직하고, 60세를 넘어서 퇴직을 하고 [경성고무 다녔지요]. 그리 갖고(그래 가지고) 친구들도 하나 개정면에서 만나 가지고 그 사람이 항만에다가 거시기를 해 줬어요. 집거를 해 줬어. 알음을 해 줬단 말여. 항만에 댕기면 심약한 사람은 댕기들 못혀. 왜 그냐면 하루에 천 원인데…. 가입비가 한 번 들어가는 데. 알선하면 그러면은 그때 돈으로 천 원이지.

(군산에 오셔서 농삿일 하시다가 그 다음에 바로 항만으로 일 가신 거예요?) 그렇죠. 항만에 가면 매일 일하니

까 돈 벌지. 그때가 한 45세 정도 넘었을 거여. 아니, 한 40 살이나 되었을 거네. (군산에서는 처음 어디서 사셨나요?) 선양동으로 왔죠. [처음에는] 넘의 집에서 살다가, 나까지 8식구가 사는디 방은 요만한디…[한 방에서 한꺼번에 살았어].

나는 인자 [그때] 직장을 2간디를 다녔어요. 청과 시장에서 니야까(리어카)를 끄꼬(끌고) 다녔어요. 항만에 일 없으면 인자 거기(청과 시장) 댕기고. 2간데를 댕기면서 애기들도 멕여 살리야니까. 그래 갖고 인자 연탄 3장에 백 원, 혼합곡 2되에… 얼맨지는(얼마인지는) 잘 모르것는디 혼합곡 2되하고 연탄 3장하고…[하루에 그렇게 사서 살았어]. (혼합곡?) 쌀하고 보리를 눌러 갖고 섞어서 하는 파는 거 있어요. 그거 됫박에다가 팔어. 되로. 청과 시장에 일을 하고 나면 이맘때 되면 감독이 나와요. 매일 돈이(일당이) 나와, 얼마씩. 그러면 그 돈을 갖고 연탄[을] 새끼에(새끼줄에) 3장 끼어서 딱 들고, 나머지[는 쌀] 팔아서 새끼들 멕여 살리고 집에다 갖다 주고 또 그때부터 나가서 일하는 거여. 항만으로도 가고. 항만으로 가면 1달에 급료가 나오는데 청과 시장에 가면 매일여, 매일. 그날 벌면 그날 돈 주니까. 먹고 살려니까 쌀 같은 거 떨어지면 청과 시장에 가야 돈 줄이 빠르지. 집에가 돈이나 쌀 좀 있고 그러면 항만에 나가. 항만에 가면 훨씬 더 돈벌이가 좋은데, [돈이 그날그날] 한꺼번에 안 나오니까. 애기들 멕여 살리야니까 [청과 시장도 나갔지].

"나는 인자 [그때] 직장을 2간디를 다녔어요. 청과 시장에서 니야까(리어카)를 끄꼬(끌고) 다녔어요. 항만에 일 없으면 인자 거기(청과 시장) 댕기고. 2간데를 댕기면서 애기들도 멕여 살리야니까."

그래 갖고 여기서 이사 한 번 해 갖고 여기로 와서(현재 살고 있는 선양동 집) 여기서(군산에서) 이사 [모두 합해서] 2번 했는데….[17]

17 서동호는 처음 군산으로 와서 선양동에서 셋방살이를 하다가, 같은 동네의 집을 사서 그곳에서 오랫동안 거주하였다. 이것이 그의 선양동에서의 첫 번째 이사가 되는 것이다. 그러다가 작년(2003년)에 선양동 일대가 시 공원지구로 개발되면서 집단 이주가 시작되는데, 그때 같은 동네의 비개발지구의 집을 사서 이사를 한 후 현재까지 거주하고 있다. 이것이 그의 군산에서의 두 번째 이사가 되는 셈이다.

청과 시장 가입비는 쌀 15가마니, 항만 가입비는 막걸리 3말 값

(청과 시장은 어떻게 들어가신 거예요?) 말하자면, 총무란 사람이 있어. 거기도 똑같이. 거기서 일도 잘하고 착실하고 그러니까 그 사람을, 말하자면 끌고 온 거여. 내가 돈을 댈 테니까, 쌀 15가마[니]를 대줄 테니까 나중에 갚아라. 그런 식으로 해 갖고 들어간 거여. 내 돈 갖고 들어간 것도 아니고. (그럼 빌려 주신 거네요?) 그렇지. 그 사람은 타야 하고, 나갈 사람은 쌀 15가마를 갖고 나가야 하는데 돈을 낼 사람이 없으니까 나를 데리고 오고.

(청과 시장에서는 리어카에다가 배달하시는 일 하셨나요?) 으응. 배달. 청과 시장에[서 내가 일] 할 때가, [아까도 얘기했지만] 내가 거기(청과 시장에) 돈을 얼마 주고 들어갔었냐면 쌀로 15가마니 값을 주고 들어갔어요. 청과 시장은 쌀 15가마니. [그런데 이것은] 나중에 내가 [청과 시장을] 나올 때는 [뒤에 들어오는 사람에게] 팔아먹고 나오니까. (그러면 항만은?) 항만에 내는 것은 내가 계산을 가만히 해 보니까…. (잠시 생각에 잠김) 막걸리 3말 값인데 그때 3백 원씩이었어 막걸리 1말이. 1말에 3백 원씩 [막걸리] 3말 값여.

"청과 시장은 쌀 15가마니. [이것은] 나중에 내가 [청과 시장을] 나올 때는 팔아먹고 나오니까. 내가 [청과 시장] 나올 때 얼마를 받고 나왔냐면 쌀이 2백 가마 값을 받고 나왔어요. 항만에 내는 것은 내가 계산을 가만히 해 보니까…. 막걸리 3말 값인데 그때 3백 원씩이었어 막걸리 1말이. 1말에 3백 원씩 [막걸리] 3말 값여."

(청과 시장에 들어갈 때 내는 쌀 15가마니가 돈으로 하면 얼마나 되나요?) 지금 시세로 따져 보면 대충 나와요. 쌀 15가마니라면… [아마도], 지금 한 5백만 원 이상 되겠네. 그렇게 됐는데 그것을 인자 [청과 시장] 총무 되는 사람이 한 동네 사는 사람이에요. [가입비를] 벌어서 갚기로

▲ 1920년대 군산 시장의 모습
출처: '군산개항 100주년 기념사업회' (http:www.gunsan.go.kr)

하고, 벌어서 갚기로 하고…[청과 시장에 들어갔지] 말하자면. 그래서 그놈을 얼마씩 띠어서 갚어야지.

(그러면 나중에 내가 청과물 시장을 그만두려면 뒤에 들어오는 사람한테 그 돈을 받나요?) 그렇죠. 팔아야죠. 시세에 따라서. 집 사는 거하고 똑같아요. 내가 나올 때 얼마를 받고 나왔냐면 쌀이 2백 가마 값을 받고 나왔어요. 청과 시장을 팔고 나올 때는. (오히려 버신 거네요?) 벌었죠. 시세가 좋고 청과 시장이 돈벌이가 좋으니까 사람들이 서로 들어올려고 그러니까. 그래서 2백 가마니 값을 받고 나왔어요. 15가마니 값을 주고 들어갔는데. 그 적에는 좋았었지.

청과 시장 노동의 조건

[그때는] 밤낮으로 일해 갖고 3시간만 잠자면 최고로 잠 많이 잔 날인게. (2군데 일하실 때 그렇다는 애기시죠?) 1군데만 일을 해도 그래요. 저녁 내동…[일을 하니까], 새벽에 나간 게 아니라…[밤에 일을 하니까]. 요즘에는 니야까에다 이렇게 몽창 해 갖고 들어가면 낮에 들어가 잠

좀 붙일라고 그러면 앵~ 하고 경운기가 오든지 용달차가 오든지 허면 포기해야 하는 거여. 그래서 잠을 못 자. (주로 일을 몇 시부터 몇 시까지 하시나요?) 몇 시까지가 아니라 니야까 놓고 밤낮으로 일하는 거여. 그러다 잠을 못 자면 항만으로 나와 버려. 항만으로. 항만으로 나와 버리면 낮에는 일하고 저녁에는 좀 잘 수가 있거든. 낼 아침에는 청과물에 나갈망정. 애기들 멕여 살릴라고 그렇게 애를 쓰고 살았었어요.

(그때 대부분 다른 분들도 2개씩 일을?) 그런 사람이 있었죠. 많이는 아니고. 그때는 힘이 좋았었고, 이쪽이고 저쪽이고…[그래서 일을 2가지씩 했었죠].

(청과 시장도 조합으로 되어 있나요?) 조합으로 되어 있지. 완전히 정식 조합여. 거가 청과노조라고 있어요.(조합장이라고 하나요?) 구내장이라고 혀요. [그 다음이] 동장, [그] 밑에가 총무죠. 그리 가지고, 거그도 한 구내가 있고. 니야까만 옆으로 11대만 갖고 있는…. 거가 구내여 말하자면.[18]

(청과 노조원들은 모두 다른 일을 하나요?) 아니, 전부 똑같은 일을 혀. 한~24명. 그 사람들이 다 들어오면 퍼지고(일을 시작하고). [청과물을] 진열 딱 해 놓고 경매 딱 하면 각 시장에 배달해 줘야 혀. 끝나면 또 오후에 쉬었다가 저녁에 차 들어오면 [물건을] 펴 놓았다가 또 아침에…[배달하고] 그게 일이여.

(물건 경매는 누가 하나요?) 그것이 왜 그러냐면 경매인이 있어요, 거가. 경매인이 있어 가지고 중매인은 물건을 사고, 대매인이라는 사람이 있는데 대매인은 중매인 밑에 에요(밑이에요). 그 사람들이 물건을 띠 갖고(떼어 가지고)

"몇 시까지가 아니라 니야까 놓고 밤낮으로 일하는 거여. 그러다 잠을 못 자면 항만으로 나와 버려. 항만으로, 항만으로 나와 버리면 낮에는 일하고 저녁에는 좀 잘 수가 있거든. 낼 아침에는 청과물에 나갈망정. 애기들 멕여 살릴라고 그렇게 애를 쓰고 살았었어요."

18 항만에서 노동자 20명을 한 반으로 구성해서 작업을 했듯이, 청과 시장에서도 리어카로 배달을 하는 사람 11명씩을 한 구내로 조직해서 작업을 했다는 의미.

"보너스는 없고.
명절 때도 없어.
왜 그러냐면
일당에서 이런 거 있다면
배추 1접을 실어다 주면
백 원을 받으면은
그대로 끝나 버려.
품 얼마 하면
그대로 끝나 불고."

누 집에 얼마, 막 뭣 사돌라(사 주라고) 뭣 사돌라 그러면 중매인이 사서 막 한단 말여. 긍게 뒤에 노조가 있어 가지고 이거, 이거 집에다 실어다 달라고 그러면 갖다 줘. 그것이 우리 일 하는 거여. 말하자면 배달하는 거여, 배달.

(중개인과 대매인이 모두 같은 노조에 속했나요?) 아니. 중매인조합이라고 따로 있어요. 따로 있고. (청과노조는 1년에 아무 때나 들어오고 나갈 수 있나요? 돈만 내면?) 그렇죠. 그렇다고 봐야죠. [그런데] 장소가 나야 들어가죠. 장소가 안 나면 못 들어가요. 24명이면 24명이서 '나 이거 고만두야 것는디 팔아 주쇼', 하면 '너 얼마 받을래', 그러면 '얼마 해라', 살 사람이 나오면 이렇게 팔고 사고. 한 20만 원 하면 뭐 18만 원 받고 나올 때도 있고. 많이 들어오면 30만 원 받고도 나가고. 거시기, 서울에 있는 아파트 값이랑 똑같아요.

(청과노조에서 1년에 보너스 같은 것은 있었나요?) 그런 거 하~나 없어요. 보너스는 없고. (그럼 명절 때도 없어요?) 명절 때도 없어. 왜 그러냐면 일당에서 이런 거 있다면 배추 1접을 실어다 주면 백 원을 받으면은 그대로 끝나 버려. 품 얼마 하면 그대로 끝나 불고. (같은 조합원이어도 돈이 다 달랐겠네요?) 그렇죠. 왜 달르냐면요? 아침에는 한 차가 들어오잖아요? 한 차가 들어오면은 부르지 않은 사람이 거드는 거요. 일찍 온 사람하고 늦게 온 사람하고 똑같이 주면 공평하지 않잖아요? 5백 개 든 사람이나 백 개 든 사람이나 인자 와서 10개 든 사람이나 돈 똑같이 주면 안 되잖아요. 구내장이 앉아서 전부 계해 버려(각자 것을 계산한다).

(조합에서 조합원들이 잠이라도 편하게 자도록 배려는

없었나요?) 그런 것은 없고. 사람이 들어가 앉을 정도… [의 공간은 있어요]. 17명 정도 앉을 방 하나 있는디…[좁아서]. (앉아만 있는 거예요?) 앉아만 있고, 자기가 편하게 누울라믄 니야까로 나가야죠.

(일하다가 다치면 노조에서 치료비는 나왔나요?) 그럴 때는 치료비가 안 나와요. 그 뒤로 공상이란 것이 생겨 가지고, 공상. 왜 그냐면 처음에 들어가서 다치면 자기가 다 치료히야 혀. 그건 누가 할 수가 없기 때문에. 산 사람이 돈 다 줘 불고 갔는디 그 사람 다쳤다고 해서 보상해 주고 뭐가 니야까 하나 갖다가 소매상 온 사람이 갔다 와야지. 말하자면 지부라는 데가 있는디 그 냥반들이 히야는디 그것이 아니고 거시기만, 조합비만 띠어 가요, 그 사람들이. 하나 앞에 얼매씩 띠어 가. 그 사람들 울거먹어야 하니까. 또 와서 누가 다쳐 갖고 있다고 글면 '어, 그려?' 그러면서 항만에 있는 위생병 그런 사람들이 가서 다쳤다는 사람들 있으면 약 같은 거 발라 주고 테프 같은 거 붙여 주고 그러면 끝나죠. (혹시 다쳐서 입원이라도 하게 되면요?) 그건 본인이…[알아서 해야 해] 청과 시장이 그려.

(겨울에 청과 시장 돈벌이는 어떤가요?) 겨울에는 돈벌이가 안 되죠. 청과물 시장에는 여름철에가 많고, 김장철 무렵에 [일거리가 많고]. 김장철 끝나면 [일거리가] 끝나 불고, 대강 끝난다고 보고. [그 다음부터는] 대강 술값이나 벌고…[그래요]. [그런데] 항만에는 그와 반대요. 왜 반대냐면 여름철에는 물건이 잘 안 들어오는데 겨울철에 일이 많어요. 왜 그냐면 여름에는 더우니까 항만 일이 굉장히 힘들어요. 화물이 계속 들어오니까. 겨울에 일이 들어오면 추우니까 일을 더 한단 말여. (몸 따뜻해지라고?) 예.

"사람이 들어가 앉을 정도…. 17명 정도 앉을 방 하나 있는디…[좁아서]. 앉아만 있고, 자기가 편하게 누울라믄 니야까로 나가야죠.

"청과물 시장에는 여름철에가 많고, 김장철 무렵에 [일거리가 많고]. 항만에는 그와 반대요. 왜 그냐면 여름에는 더우니까 항만 일이 굉장히 힘들어요. 화물이 계속 들어오니까. 겨울에 일이 들어오면 추우니까 일을 더 한단 말여.

딴 거 없고.

(그럼 1년에 쉬는 날은?) 없다고 봐야죠. 지금이나 되니까 일요일 날 항만도 쉬고 그러지 그때는…[쉬는 날이 없었지]. 하이튼(하여튼) 아침에 당번으로 가야 오늘 돈을 많이 주겠냐, 배가 항만에 뭣이 들어오겠냐, [그렇게 살펴서 일을 했는데]. 재수[가] 없는 날은 요리 가면 저기가 많이 벌고, 저리 가면 여기가 많이 벌고…[그런 날이 있어].

"청과 시장은 1일 간조여. 1일 간조. 여그는(항만은) 1달 간조고. 1일 간조니까 일을 허먼은 언제냐믄 [집에서] 저녁 밥을 내와요. 국허고 밥하고 다라이다(고무다라이에다) 히서(해서) 내와요. 밥을 해 갖고 오는 거여. 사 먹으면 돈 드는 것도 있고. 청과 시장에는 수박, 외 같은 거 많이 나오잖요. 양념 같은 거 마늘, 무수, 배추 같은 거 좀 나뒀다가. 왜 다라이다 밥을 이고 나오냐면, 그놈(밥) 먹고 다라이다 하나(한가득) [머리에]이고 집에 가야 혀, 청과물을. 그거 집이 갖고 가면 다만 몇 푼이라도 사람들한테 팔아먹고."

나는 그러고 청과 시장을 다녔는데, 청과 시장은 1일간 조여. 1일 간조. 여그는(항만은) 1달 간조고. 1일 간조니까 일을 허먼은 언제냐믄 저녁 밥을 내와요. 청과 시장이 가까우니까. 국허고 밥하고 다라이다(고무다라이에다) [밥을] 히서(해서) 내와요. (집에서?) 예. 밥을 해 갖고 오는 거여. 사 먹으면 돈 드니까. 그것도 있고, 사 먹으면 돈 드는 것도 있고. 청과 시장에는 수박, 외 같은 거 많이 나오잖요. 양념 같은 거 마늘 같은 거. 그거 조금 무수 같은 거 배추 같은 거 좀 나뒀다가. 왜 다라이다 밥을 이고 나오냐면, 그놈 먹고 다라이다 하나(한가득) [머리에]이고 집에 가야 혀, 청과물을. 그거 집이 갖고 가면 다만 몇 푼이라도 사람들한테 팔아먹고. 무수(무) 같은 것도 차에다 집어 던지면 세 도막, 네 도막나면 고놈을 뒀다가 굉장히 싸게 판단 말여. 지금이라면 누가 기스 났네 못 먹네 그러지만. 김장 같은 것도 돈 안 들고. 마늘 같은 것도. 지금 이때쯤 되는구나. 제주도에서 마늘이 들어오는데 여꺼정(여기까지) 들어오는디 전부 까져 갖고 하나 앞에서 알맹이만[남아 버려]. 날마다 그런 게 아니라 어쩌다 그럴 수가 있어요. 그래 갖고 그게(알맹이가) 남아요. 그러면 (집에서) 밥을 그때만 내오는 거여. 국수 한 그릇 사 먹으면 끝나는데 [일부러] 아침

하고 저녁은 내와야 해요. 저녁에 일할 때 주운 거, 수박 깨진 거 같은 거 갖다가 주니까. 애기들 많은데 갖다 주면 얼매나 좋아요. 긍게 그걸 가질러 오는 거지. 돈 안 들어갈라고 밥을 내오는 게 아니다, 그 얘기를 하고 싶은 거요.

그리고 어떠냐면 저녁 밥 먹기 전에 간조가 나와요. (간조?) 예. 간조라고 돈이 나와요. 청과물 시장에서. 어제 저녁부터서 오늘 현재까지 번 돈이 나와요. 책임자가 아무개는 얼마얼마 여자들 가기 전에 간조해 준단 말여. [그러면 집에서] 여자들[은] 돈도 가질러 와야 혀. [집에다] 매일 돈을 줘야 혀. 그땍에는 그랬는디. 봉창에다(호주머니에다) 돈 넣어서 빠지면 [나만] 손핸디 [그래서 안식구한테 미리 줘]. 그러고 요새 같은 일을 하면 전부가 옷을 2벌 3벌 갖다 주는디. 모기 뜯기고 뭐하고 그런디. 니야까(리어카) 위에다 모기장 쳐 놓고요. 들랑달랑 한단 말요. 채[가] 오면 가서 [짐을] 펴 주고. 또 잠 한숨 잘라면 [모기장 쳐진 리어카 안으로] 들어가 자고. 그 안에 그거 갖다 놓은 거여. 그럼 밥 먹을라면 나만 그런 게 아니라 다 갖다 먹으니까. 그렇게 먹고 살고. 그때는 내가 2간데 다니니까 거기서는 매일 돈 주니까 그놈 갖고 어떻게 쌀도 팔아먹고 그러고. 항만에서 목돈 탄 것은 저축이 되더라고. 2간데 댕기니까. 그렇게 해서 애들 갈치고.

"저녁 밥 먹기 전에 간조가 나와요. 간조라고 돈이 나와요. 청과물 시장에서. 어제 저녁부터서 오늘 현재까지 번 돈이 나와요. [그래서] 여자들[은] 돈도 가질러 와야 혀. [집에다] 매일 돈을 줘야 혀. 봉창에다(호주머니에다) 돈 넣어서 빠지면 손핸디."

(예전에 사모님이 무슨 행상을 하셨다고 그러셨지요?) 새우젓 [팔았어]. 여기 저 공판장에 가면 대파라고 있어요. 해우. 그걸 말[19]로 팔아요. 다라(고무 다라이)를 여기다 가 3말 4말씩. 부잣집 같은 데다가[가서] '젓을 담으세요' [해서] 그 이듬해 갖다 달라고 [하면] 갖다 달라고 하니까 그래 갖고 한 2년 동안을 했죠.[20] 근데 [그 뒤로 내가] 일절

19 곡물을 재는 그릇의 일종 – 되, 말, 홉.

20 부잣집에 가서 젓갈 주문을 받으면, 자신의 집에서 젓갈을 담아 삭혀 두었다가 맛이 들면 이듬해에 그 부잣집에 젓갈을 가져다 준다는 의미.

못하게 했지. 주로 일을 못하게 했어요. [그때 사람들이] 돈으로 주는 것이 아니라 쌀로 줘요. 쌀로 주믄은 쌀을 갖다 팔고. 그것도 팔고 나르고 그래서 그만두라고. 담아서 [시장에서] 판 것이 아니라 [부잣집에 가서 직접 주문을] 받아서 1말에 얼마씩 팔아. 3~4말씩 그걸 섬에가 팔면은 쌀로 준다고. 그것을 메고 또 나와서 팔아 갖고 한 게 얼마나 힘들겄어. 그래서 내가 못 하게 했어.

항만 노동의 형태와 종류

"항만에서는 짐 나르고… 전부 어깨에다가 메죠…. 1달에 열흘만 일하면 계속 일이 없어."

항만에서는 짐 나르고…[그랬죠]. 요소, 비료. 우리나라에서는 하나도 생산 안 할 때, 그런 거 일본서 전부 [들여왔는데]. 전부 어깨에다가 메죠. 실을 물건이 있고, 와서 풀을 물건이 있고 그런 게 항만의 일이. [항만하고 청과 시장] 2간데를 댕길 때, [항만은] 1달에 열흘만 일하면 계속 일이 없어. (그러면 항만에서 1달에 열흘 정도만 일하면 부자 된다고 그랬겠네요?) 부자 된다고 했어. [항만에서는] 돈벌이는 좋았었고, 일거리는 없어도 돈은 좀 됐고.

(당시 항만에서 일하실 때 1달에 얼마씩 받으셨나요?) 가격은 잘 모르지. 왜 그냐면 하도 막 2간데 댕기고 얼마 벌고 막 그러니까. 그러고 돈을 벌면은 막 안식구 갖다 줘 불고 지금맹기로 카드에 떨어지고 그런 게 아니고 봉투에…[넣어 주니까 봉투채로 갖다 줘 버리고]. 여그선(청과시장) 매일 일하고 매일 가면 몇 만 원이라도 벌면 안식구 갖다 줘 버리면…[그래서 얼마 받았는지 몰라]. 집에 가서 잠잘 시간이 없으니까.

◀ 일제 시대, 쌀이 놓여 있는 내항의 모습(출처: http:www.gunsan.go.kr)

(그때 하루 일당이 백 원 좀 못 됐다고…?) 백 원이면은…(잠시 생각), 한참 거시기(일) 할 때가 그때 쌀 1가마니가 천 8백 원인가 갔었고, 비료 1푸대가 천 8백 원인가 갔었어, 그때가. 그러니까 [하루에] 백 원 정도 번다면 1달 일하면 쌀 1가마니는 더 번다고 생각하면 되니까 벌이가 좋았다고 봐야지.

"처음에는 가대기죠. 가대기로 했는데 그것이 78년도니까 82년도부터 가대기가 없어지기 시작했는디. 전부 거시기로, 페르자로 막 쫓아. 페르자라고 있는디. 지게차로 떠다가, 떠다가 차에다가 해 주면 빠꾸로 해서(후진해서) 부르기만 하고…."

(항만에서의 일은 어떤 방법으로 일하셨어요? 지게로?) 아니, 가대기로. [그러다가] 그거 인자 기계화로 변했지. 처음에는 가대기죠. 가대기로 했는데 그것이 78년도니까 82년도부터 가대기가 없어지기 시작했는디. 82년도부터 없어지기 시작했는디 전부 거시기로, 페르자로 막 쫓아. 페르자라고 있는디. 지게차로 떠다가, 떠다가 차에다가 해 주면 빠꾸로해서(후진해서) 부르기만 하고…[그런 일 했어]. (그게 82년 무렵부터예요?) 내가 잘은 모르것는디 그 정도는 되얏다고 봐야지.

(그때 사람들이 많이 일을 그만 두셨겠네요?) 그래도 물동량이 많이 들어오니까 사람이 짤르는 게 아니라 그냥 받으야는디. 항만은 더 불어 나갔지. 물동량은 계속 들어

오지, 그러니깐 지게차로 뜨나, 거시기로. 그 뒤로는 뭣을 허냐면 옥수수 같은 거나 모래 같은 거 들어오면 사람이 삽으로 펐는디. 그 뒤로는 하꾸로 막 많이 할라고. 나중에는 그래도 못 치우니까 포크레인으로 막 날러. 그리도 [일손이] 딸리서, 사람이 딸리는디…[그래서 사람들 일이 더 많아졌어]. 그렇게 바뀌었어. 그 뒤로는 잘 몰르는디 여하튼 그렇게 거시기 하니까.

"82년도가 맞을 거여. 82년도 그때 흉년 들었을 거여. 쌀배가 밀려 갖고, 외항까지 밀려 갖고. 사람 힘으로 어떻게 그걸 다[퍼내나?], 가마니로 담아 갖고 내야는디 어떻게[할 수가 없었어]."

(가대기 일을 쭉 하시다가 82년도에 그거 없어지고 나서는 뭐하셨어요?) 그거 없어질 때가 뭣이 없어졌냐면. 몇 년돈가 흉년 들어 갖고는 쌀이 항구로 막 들어올 때가 있었어. 그럴 적에 담아 가지고 자동차에 포장해서 실을 때 욕을 봤었는디, 그 뒤로 없어졌다고 봐야 혀. 그게 몇 년도인지는 잘 모르겄는디. 80…82년도가 맞을 거여. 82년도 그때 흉년 들었을 거여. 쌀배가 밀려 갖고, 외항까지 밀려 갖고. 사람 힘으로 어떻게 그걸 다 [퍼내나?], 가마니로 담아 갖고 내야는디 어떻게. [할 수가 없었어]

(그 다음부터는 뭘로 하셨어요?) 그 다음부터는 포크레인으로 해 갖고 찍어냈네요. 자동차에다 실어 갖고. (가대기 없어지고 나서 어르신이 직접 하신 건 뭐예요?) 긍게, 줄이 이렇게 4간디 달렸어요. 끈을 걸어 주면 자동차에다 다 쏟을 거 아녀. 나는 거기서 할 때 뭐 했냐면 신호수 했었어, 신호수. 말하면 기계 운전하는 사람 있잖여. 손으로 들어라, 나와라, 걸리라 하는 [사람]. 응. 신호수. (92년도 퇴직하실 때까지 계속 신호수 하셨어요?) 으응. 그렇다고 봐야지. 난 10여 년을 했으니까. (그런 신호수 일을 했던 분이 많았어요?) 두어씩밖에 없었지, 일(1)개 반에. 나머지는 딴 일 히야지. 그 반에서 20명이면 20명 딱 모여서

이 사람은 신호수, 데끼방, 데끼방은 신호수이고. 오인찌, 찡거리, 뭐 있어 갖고 [여러 종류 일이 있으니까 나눠서 사람들이 했지]. (데끼방이 신호수예요?) 으응. 신호수. 오인찌가 [기계를] 운전하는 사람. 배 운전. 배에서 뭐 담아 주고 내고. (포크레인으로 탁 집어 갖고 하는 사람은 뭐라고 해요?) 찡거리라고 혀. 찡거리(찡걸이). 찡 걸어 주는 사람.

(항만 일 중 제일 돈 많이 받는 일은 어떤 일인가요?) 원목작업. [그리고] 뭐, 퍼 나르는 것은 인자 옥수수 같은 거, 밀 같은 거 요런 막 푸대로 담아서 말하자믄 큰 이런 것으로 [담아서] 가데기로 나르는 일이 있고. 또 포장. 포장이라는 것은 항구로 들어오는 것이기 때문에 배가 막 붓어 가지고 들어오기 때문에 여기, 거 가마니로 삽으로 담아서 차에다 실어 나가는 것이에요. 건근, 뭐 도미 건근이라고 돌 가는 거. 그것도 돈이 나가고. 건근이라는 것은 뭐냐믄. 또 포장이라는 것이 가마니로 딱 묶어서 해 놓은 것을 또 여기서 사내끼(새끼줄)로 열십자로 묶어서 전부 흘리고 나온다고. 나황 나황 큰 원목. (원목은 어깨에 짊어지고 날랐나요?) 아니 그냥 [날랐어]. [끈으로] 잼매 가지고(묶어 가지고) 나르는데 그 자동차 하나로 실어. 이런 나이론 실로 [묶어서]. 한 3시간 4시간 하면 하루 일당이 나오니까 그것 끝나면 가 버리니까. 인자 막걸리 먹으러 가는 거지.

"나는 [가데기 없어지고 나서] 신호수 했었어, 신호수. 말하면 기계 운전하는 사람 있잖여? 손으로 들어라, 나와라, 걸리라 하는[사람]. 신호수. … 그 반에서 20명이면 20명 딱 모여서 이 사람은 신호수, 데끼방, 데끼방은 신호수이고. 오인찌, 찡거리, 뭐 있어 갖고."

(위험하지요?) 그렇지 위험하기도 하지. (처음부터 원목 일만 쭉 하신 건가요?) 아니 그것이 아니고. 돌아가면서 해. 가지가 한 20가지가 되는데. 맨날 똑같은 일만 하는 것이 아니라. (하셨던 일의 종류를 쭉 이야기 해 주세요?) 아

니 모르지. 상차가 따로 있지 말을 해도 잘 못 알아들을 것인디. 포대 있지? 포대? (예) 포대가 인자 가만 가만 흔들어 대놓으면 그 틈새 작업이라고 혀 틈새 작업. 상차○○라고 있고 이송이라고 있고. 이송 작업이라고 있고. 뭐뭐. 여러 가지가 [있지].

항만 노동의 변화

"배가 적게 들어오면 어떻게든 사람 인력으로 시킬라고 혀. 인력으로 해 갖고 돈이 더 벌리고. 사람이 힘으로 하는 것이 기계로 하는 것보다 돈이 더 적게 들 것 아녀."

(80년대 넘어서서 항만이 예전하고 어떻게 바뀌었어요?) 바뀐 게, 돈 잘 벌리고…[그렇게 바뀌었지]. 대한통운 하나만 있었는디. 배가 적게 들어오면 어떻게든 사람 인력으로 시킬라고 혀. 인력으로 해 갖고 돈이 더 벌리고. 사람이 힘으로 하는 것이 기계로 하는 것보다 돈이 더 적게 들 것 아녀. 근디 이것도 안 되고 저것도 안 되고. 그러니까 낮에도 하고 밤에까지, 밤낮으로 [일을] 하고…[살았

▶ 현대화된 군산 외항의 하역 작업 모습(출처: http:www.gunsan.go.kr)

지]. 그러다가 배가 매일 들어오다가 체선이 걸려 갖고, 체선이 뭐냐면 배가 몇 월 며칠 날 들어오는디 밑에서 며칠 날 펴 주기로 계약이 되어 있어. 근디 물 배 하나면 여섯 시간여, 6시간. 1번 들어왔다가. 12시간에 하나 들어왔다가 하나 나가는디 1번 그 시간을 나가는디 체선료가 얼마 받냐면 겁난 돈이 들어. 그 배에다가 돈을 주야 혀. 긍게 이 놈을 크레인 갖다 들어갖고 펴대고…[해야지]. 밤에 일하면 50프로를 더 주야 하고.

(외항이 언제 생긴 거예요?) 외항이… [생긴 것은] 내가 자세히는 모르지만 82년돈가 83년돈가, 하이튼(하여튼) 그때 생겼어. (외항이 생기면서 일거리가 많이 늘어난 거네요?) 그렇죠. 일할 적에 배에서 내려놓으면 포장을 해 갖고 먼디서(먼 곳에서) 온 놈을 전부 다 실어 줘야는디 물동량이 많으니까. 항만 사람들이 그래서 돈벌이가 좋은 거여. 좋아졌죠.

"82년도인가…그게 한 90년도[로] 봐야죠. 가대기 같은 게 없어진 게 90년도라고 봐야 해요. 왜냐면 내가 그만둘 때가 92년도에 그만뒀는데 우리 헐 때만 해도 포크레인이 들어가 불고, 그것이(가데기가) 없어졌어요. 한 2, 3년 전에 없어졌다고 보면 돼요."

(항만에서 사람이 지고 나르는 게 완전히 없어진 게 언제쯤이에요?) 88년도인가… 82년도인가… 그게 한 90년도[로] 봐야죠. 90년도로 봐야죠. 가대기 같은 게 없어진 게 90년도라고 봐야 해요. 왜냐면 내가 그만둘 때가 92년도에 그만뒀는데 우리 헐 때만 해도 포크레인이 들어가 불고, 그것이(가데기가) 없어졌어요. 한 2, 3년 전에 없어졌다고 보면 돼요. (어르신께서 처음 일하실 때에는 내항 쪽에서 일하셨어요?) 내항 쪽에서. (이후 외항이 생기고서 외항에서 일하셨나요?) 예… 그쪽으로 갔죠.

배고파 쓰러질지라도 일은 끝내고 가야 한다

"[임금은] 주는 대로 받아야 하고. 노동조합 뭐. 데모하고 뭐하다 걸려 가지고 누가 써 주도 말고. 그때는 한날 그런 거 하면 너는 그만둬. 일자리 자격이 없어. 그런 것 했다는…. 거기서 그만두라고 혀 조합에서. 노동조합에서."

(항만에서 월급은 정기적으로 올랐나요?) 월급은 임금 협상이 있어요. 1년에 1번. 3월 달인가 인자 해 가지고 협상해 가지고 6월 달까지 인자 가잖아요. 그러면은 인상이 10프로 되었다면 2월 달부터 6월 달까지 소급을 해서 10프로 인상된 것을 6개월 것을 다 주기 때문에 그놈을 그게 한 주먹 탔지. 10프로만 인상 되었다 하더라도. 벌써 1달 월급을 타는 거여. 6개월 동안. (호봉처럼?) 호봉이 아니고. 포장하는 거 얼마 뭐하는 거 얼마, 항구가 일하는 데가 한두 가지가 아니기 때문에 수십 가지가 되기 때문에. 차이 없어 전부 똑같아. [월급은] 올라갈 때만 올라가고 반장이랑 똑같아. 그놈들은 회사에서 월급쟁이. 사무실보다는 못하겠지만 똑같아.

(그러면 임금투쟁은?) 그런 일은 없었어요. 주는 대로 받아야 하고. 노동조합 뭐. 데모하고 뭐하다 걸려 가지고 누가 써 주도 말고. 그때는 한날 그런 거 하면 너는 그만둬. 일자리 자격이 없어. [그러니까] 그런 것 했다는 [다시는 일을 못하게 되죠]. 그것을(임금투쟁을) 회사에서 제일로[좋아하지 않는 일이니까]. 그리고 한두 사람이 해서는 [되지도 않고]. 반장들[이], 그 사람들[이] 회사에서 모가지가 아니라 거기서(반장들이) [투쟁한 사람들에게 항만 일을] 그만두라고 혀 조합에서. 노동조합에서.

(노조간부는 어떻게 뽑나요?) 그거는 선거로 뽑는 게 아니라 전부다 임명이지. 반장이 툭 하고 올라믄 '이 사람이 반장을 하겄다' 그러는 거여. 선거를 하고 그러는 거 아니

여. 근 16년 전에는 어디서 술 한 잔 먹으면 간단히 했지. 그러는 거는 없었지. (당시 반장 월급은 얼마였나요?) 똑같아. 반장이나 일하는 사람이나 밑에서 삽질하는 사람이나 똑같아. (일을 그만두라고 명령할 수 있는 사람도 회사에서 직접 뽑나요?) 아니 그것은 노동조합에서 하는 거여. (그럼 노동조합장 선출은?) [우리가] 누가 했으면 했다고 하는 사람[을 추천해서 해]. 보통 처음에 노동조합이 생길 때에 간부가 있을 거 아니요? 근데 그 사람이 잘못하면 모가지 떨어지고. 각 위원들이 있어 가지고 다 선거를 해 가지고 [뽑아].

(노동조합이 형식적이진 않았나요?) 형식이 아니라, 그니까 월급을 [주는데]. 그런 활동이라는 것이 회사에서 만나서 이번에 임금을 10프로 올렸다, 그러면 원칙은 지그들이 15프로 20프로 올라가야 하는디 즈그들 반장들이 먹을라고. 어디서 먹는 것도 모르지, 일하는 사람 아무도 몰라. [회사에서 간부들한테 돈 같은 거] 준다는 거나 그러는 것은 있다는 것만 알았지 [직접 안 봐서 잘 몰라].

"그런(노조) 활동이라는 것이 회사에서 만나서 이번에 임금을 10프로 올렸다, 그러면 원칙은 지그들이 15프로 20프로 올라가야 하는디 즈그들 반장들이 먹을라고. 어디서 먹는 것도 모르지, 일하는 사람 아무도 몰라. [회사에서 간부들한테 돈 같은 거] 준다는 거나 그러는 것은 있다는 것만 알았지."

(명절 때 보너스는 나왔어요?) 명제 때라는 것은 떡값 이런 거는 하나도 없고. 그것은 25일이 월급날이이요. 지난 달 일하고 3월 달에 일한 것을 4월 25일에 줘. 2달 만에 준다고 봐야지. 그걸 나오는데 추석이나 설이 들었잖여. 그렇게 되면 15일 날 13일 날이나 그처럼 앞당겨 주는 것밖에는 없었어.

(어르신도 반장 해 보시죠?) 아. 반장을 허는 것이 아니고. 반장을 할래야 할 수가 없어. 왜냐믄 뒤에가 반장을 할 놈들이 대어가 [있어]. 왜냐믄 반장도 힘들고 잘 배워야 하고. (반장도 배운 사람들이 하나요?) 그려. 10원까지 1원까

지 계산해서 월급이 나오기 마련인데. 그렇게 하믄 [귀찮으니까] [안] 하고 마는 것이 낫지.

(차별 경험은 없었나요?) 거 있죠. 아시다시피, 동상(동생)이라는 사람이 자빠져 가지고 내일 일을 못 나오게 생겼는데, 그날 일은 되지만은 다리가 아파서 뒤꿈치로 다니고, 그 [일을] 하다 보면 일을 못한다거나, [밤] 9시 10시까지 해야 하니까. 근데 일을 하다가 [중간에 몸이 아파서 집에] 들어가면 그날 하루 종일 일한 것이 없단 말이여(일당이 없다). 하나도 없어. 그러고 하나라도 [집으로] 쫓아 보내려고 했어 그 사람들이. 일꾼들도 그러고. 왜냐하믄 그래야 그 사람들이 돈 버니까. 근데 [그 일당을] 나눠 가졌어. 노가대라는 게 그런 양심이 있었어. 배가 고파 쓰러질지라도 일을 하고 끝내고 가야지 할말이 없어. 발이 아파서 발이 다 부르텄다 하더라도 소용이 없어 [일을 다 같이 끝내야 일당이 나왔어]. [그래도] 그때는 젊었으니까 좀 아프고 그러면 견디면 낫고 그래. 그 사람들이 전부 다 오래된 사람들, 해방 때부터 한 사람들이라 [일을] 잡고 있었기 때문에 반장이고 뭣이고 내가 난리를 치고 반장이라는 사람이 죽게 생겼어도 그 사람 먹을 거는 주는 거야. 특혜가 그것이고. 죽었더라도 반원들에게 그것도 이 사람 1년을 월급을 주자는 이야기가 나오면은 반에서 안 낸다는 사람이 나오는데 그 속에도 간첩이 있어. 그러고 아무개가 인제 이런 소리가 나오면은 나쁘다고 이야기가 되었다고. 노가대 아니면은 왕따 당한다고.

"노가대라는 게 그런 양심이 있었어. 배가 고파 쓰러질지라도 일을 하고 끝내고 가야지 할말이 없어. 발이 아파서 발이 다 부르텄다 하더라도 소용이 없어."

(항만 일 시작하실 때, 계약서나 그런 것은 안 썼나요?) 가입 원서 썼지. 조합 가입원서. 회사에서는 조합에다가 그 조합에다가 뭔 일 있었소. 이것만 작업 요청서만 쓰고

몇 반은 어디 몇 반은 어디. 매일 1번씩 요청서를 매일 1번씩 요청서를 안 주면은 일을 안 해 버려. 그러니까 회사에서 할 말이 없어. 아침저녁 일과 끝나기 전에 요청서가 와야 혀. 그럼 저녁에 그거 보고 있다가 내일 아침에 딱 일 나가고. (가입원서에다 뭐 쓰셨어요?) 이름 나이. 주소. 맨 이런 거여. 학교 어디 나왔냐 물어보고 [그랬지]. 인자 그거 올라가면 돼. 가서 지금 애들은 90키로 메고 밤낮으로 하라면 못헐 사람 [많지].

(처음 항만에 들어갈 때 시험 보셨나요?) 그것이 아니고 그것이 우선 일이여. 이 사람이 일 잘하게 생겼어, 소개해 준 사람이 일을 잘하게 생겼으니까 할 거 아니여. 말하자믄 그 일을 한나잘(한나절) 해 보믄 하루나 해 보면은, 일을 잘 못 하거나 더디게 해 보믄은 그 일을 하루 시켜. [그래서 일을 잘 하는 것 같으면] 그 다음에 [항만에] 들어올 거 아니여? 그 다음에(항만노조에 들어온 다음에) 천 원이라는 가입비 고놈을 가지고 술을 먹어요. 그러면은 인자 술을 먹고 무슨 이야기가 나오냐믄은, '이 사람 잘혀'. '되겠어.' [하면서 돈을] 살살 달게면은(조금씩 아껴서 쓰면) 이틀을 먹어야 해. 천 원 갖고 오믄 막걸리 3말 정도 될 꺼여. 그 사람들이 이틀 정도 되면, 고참이라고 있어. 응 반장 말고. 고참이 있어 가지고 그 사람이 데꼬(데리고) 나가서 술을 싹 사 조야 혀. 일을 못하믄은 반장은 안 사 줘도 되지만은 그 고참이라는 사람. 그 사람이 인자 거 그 사람이 달고 와서 사 줘. 2달 3달 다 먹어야 혀. 그러믄 쉬는 시간에 가서 술을 먹어야 혀. 딴 사람은 일을 해야 하는디. 그랬었단 말이여 그때는.

"천 원이라는 가입비 고놈을 가지고 술을 먹어요. [가입비를] 살살 달게면은 이틀을 먹어야 해. 천 원 갖고 오믄 막걸리 3말 정도 될 꺼여. 이틀 정도 되면, 고참이라고 있어. 그 사람이 데꼬 나가서 술을 싹 사 조야 혀. 그 사람이 인자 거 그 사람이 갖고 와서 사 줘. 2달 3달 다 먹어야 혀. 그러믄 쉬는 시간에 가서 술을 먹어야 혀. 딴 사람은 일을 해야 하는디. 그랬었단 말이여 그때는."

항만 여성들의 일

"여자들이 없었지. 뭐 하느라고 여자를 썼냐믄은. 그때가 몇 년도인가 모르지만은 우리나라에 흉년 들어 가지고 막 쌀 들어올 때 그때가 82년도인가 될 꺼여. 여자들도 겁나게 들어왔었어."

"여자들은 나르는 것이 아니라. 망에다 담아 가지고 밖에다 퍼다 나르면 삽질을 해 가지고 포대에 담아서 차에다 실어서."

(당시 항만에는 여자들은 일이 없었나요?) 여자들이 없었지. 여자들은 하나도 없고 그 기구에 사무는 하나 있었는데 뭐하느라고 여자를 썼냐믄은. 그때가 몇 년도인가 모르지만은 우리나라에 흉년 들어 가지고 막 쌀 들어올 때 그때가 82년도인가 될 꺼여. 여자들도 겁나게 들어왔었어.

(어르신이 젊었을 때 여자들은 밖에서 일 안했나요?) 안 했죠. 남자들도 일 못하는 사람들은 대부분 쫓겨납니다. 고참들 가서 술 사 줘야지 술 안 사 주면 말이여 고놈. 요만큼씩 무릅팍(무릎) 꿇고 일어나라고 하고 말이여. (그럼 여자들이 그 뒤로는 항만에서 일을 많이 했어요?) 아니. 그 시기에만 잠깐. 인자 쌀 불러들고 포장하고. (일시적이었네요?) 그렇지 임시로 쌀 들어올 때만. 군산에다 막 퍼

▶ 현대화된 군산의 외항 및 공단
(출처: http:www.gunsan.go.kr)

부었으니까. (그때 항만에서 여자들이 하는 일은?) 나눠졌지. 여자는 말하자믄, 여자들은 나르는 것이 아니라. 망에다 담아 가지고 밖에다 퍼다 나르면 삽질을 해 가지고 포대에 담아서 차에다 실어서 [그런 일을 했지]. 지금은 그런 게 없어졌지만. 싹 가서 자동차에다 하나 실어서 60킬로 담아서 한 5가마니나 달아서 3가마니나 싹 달아야 혀. 한 차에 다 달아야 혀. (임금은 남자와 여자가 달랐나요?) 똑같았지. 응 같았으니까. 우리는 조합원이고 그 양반들은 일수인게(일용직이니까) 똑같이 줘야지 오지 안 그럼 안 와요. (1960년대 당시 여자들은 무슨 일을 했나요?) 공장에는 여자들이 많이 있죠. 60년대 정도 여자들이 많이 있죠. 저 ○○공장 그런 데가 많고, 고무공장.

"[다치면] 치료비가 나오고 일당도 나와요. 일당의 60프로. 병원비는 무조건 대 주고."

항만 노동자들의 복지

(항만에서 다치면 치료비가 안 나왔나요?) 항만은 [청과 시장처럼] 글 안혀요(그렇지 않아요). [다치면] 치료비가 나오고 일당도 나와요. 일당의 60프로. 병원비는 무조건 대 주고. 60프로가 무슨 60프로냐면, 항만 일당이라는 것이 나와요. 그것이 1달에 벌면 하루에 얼마 됐다는 것이 조정이 나가. 지침이. 1달에 3백 명이면 1달에 [월급이] 얼마인지 나와. 거기에서 그 사람 돈을 다 줘 불면 다친 사람이 너무나 거시기(불쌍) 하잖여. 그래서 60프로[를 줘]. 딴 사람 백만 원 타 가면 그 사람은 60만 원이 대우로 나가. 치료헌 것은 무료로 해 주고. (실제 안 다치고 벌면 지침보다 훨씬 더 많이 버는 거죠?) 그렇죠. 안 다치면은 40프로

더 버는 거죠.

(아까 항만에 처음 들어갈 때 천 원이라고 하셨죠?) [그] 천 원이라는 것은 없어져도 되고. (조합비는?) 조합비는 1달에 2프로. (그걸 제하고 월급을 주는 건가요?) 예. 조합비라고 2프로를 무조건 띠어 버려. 많이 띠는 거죠. 이 프로를 띠는 거면 굉장히 많이 띠는 거죠. (그 2프로로 조합에서는 무엇을 하나요?) 다치는 것은 산재보험이 있고, 다 있는데. [2프로로는] 높은 사람들 월급도 먹고 다 쓸 데가 많잖아요. [그래서] 조합비를 전~부 다 띠어. (언제까지 그 항만에서 일을 하신 거예요?) 92년도까지 했었어요. 환갑 되면은 딱 그만둬야 해요.

"[항만 일은] 92년도까지 했었어요. 환갑 되면은 딱 그만둬야 해요."

이중 직장을 금지하다

청과 시장은 그러니까, 군산에 외항이 있었을 때. 내항이 있었을 때는 일이 없었고 외항에 다리 건설해 갖고 나갈 때는 일이 무지허니 많이 있었어. 그러니까 청과 시장 댕기고 항만에 댕긴 사람들은 [모두 한 가지]일을 그만둔디. 여그(항만)를 그만두든지 거그(청과 시장)를 그만두든지 2간데 중에 하나를 그만둬라, 이중직장을 갖고 있을 수 없다, 해 갖고는. 인자 항만을 그만둔 사람은 청과 시장만 댕기고 청과 시장을 그만둔 사람은 항만을 댕기고 결정이 났어요. 그래 가지고 [내가] 청과 시장을 그만두니까. [그때 당시] 청과 시장 물동량이 그렇게 많아 갖고 서로 [청과 시장에] 들어올 판여. 그래서 아까 쌀 2백 가마니를 이야기한 거여. (그때가 언제였어요?) 그때가 몇 년돈

가는… 이십 몇 년 되었죠. 청과 시장 그만둔 거는. 항만을 12년이나 댕기고 그만뒀으니까, 아니 청과 시장 그만두고도 거그(항만)를 12년이나 더 댕겼으니까. 한 50살이나 먹어서 그만뒀는가…[그랬을 거요]. 청과 시장도 근 13년 했죠.

(항만 일만 하신 후로 수입이 훨씬 더 줄었겠네요?) 그러니까 그때는 줄어들죠. 왜 줄어드냐면. 그 대신 줄어드는 것이 나는 그렇게 생각하는디. 항만을 나가면 그래도 잠을 자잖아요. 그런디 청과 시장을 나가면 일이 많잖아요. 그런게 이리도 못살고 저리도 못살고. 애기들이 청과 시장에 가면 수박도 주고 외도 하나씩 주고 [그러는데]. 안식구가 밥을 내오면 애들이 서로 먹을라고 싸우고. 긍게 '이놈을 내가 돈 버는 게 문제가 아니라 형제간에 싸우면 안 된다', 그런 맘을 품고는 탁 [청과 시장을] 그만둔 거여 그때. '이놈들 수박 1통이나 먹는가 봐라'…[그런 맘으로 그만뒀지]. 나도 편하게 살고 항만이라도 밤일을 안 하는 건 아닌디 잠을 많이 자요. 1시간이라도. 낮에도 12시부터 1시까지라도.

"청과 시장 댕기고 항만에 댕긴 사람들은 여그를 그만두든지 거그를 그만두든지 2간데 중에 하나를 그만둬라, 이중직장을 갖고 있을 수 없다, 해 갖고는. 인자 항만을 그만둔 사람은 청과 시장만 댕기고 청과 시장을 그만둔 사람은 항만을 댕기고 결정이 났어요."

말도 못하게 아픈 어깨

(청과 시장이랑 항만에서 일하시느라, 저녁에 많이 아프셨겠어요?) 그런 게 왜 없어요? 말도 못혀. 왜? 먹고 살기 어려운게. (특히 항만에서 가대기 지니까 한쪽 어깨가 더 안 좋거나 그렇지는 않나요?) 아이고, 말도 못하는 직업병여. 많이 아프죠. 그니까 양쪽 어깨가 최고로 아파요.

"아이고, 말도 못하는 직업병여. 많이 아프죠. 그니까 양쪽 어깨가 최고로 아파요."

지금 현재로 돌아보면 백 메타나 되나. 그거를 유한이 들어오면, 유한이 45키로짜린디, 유한 비료. 비료가 들어오면 45키로짜리 2개씩 [어깨에] 메고. 그거 2푸대를 메고 올라가는디 발 뒤꿈치가 다 벗어져. 그럼 앞으로(앞 발가락으로) 댕겼다가 또 앞에가(앞 발가락이) 벗어지면 또 뒤로(뒤꿈치로) 댕기고. 그렇게 일을 혀. 발이고 물팍(무릎)이고 어디고 안 아픈 데가…[없었어]. (그때 신발은?) 그때 운동화, 헌 운동화 신고…[일을 했지]. 허허~(웃음)

"비료가 들어오면 45키로짜리 2개씩 메고. 그거 2푸대를 메고 올라가는디 발 뒤꿈치가 다 벗어져. 그럼 앞으로(앞 발가락으로) 댕겼다가 또 앞에가(앞 발가락이) 벗어지면 또 뒤로(뒤꿈치로) 댕기고. 그렇게 일을 혀. 발이고 물팍(무릎)이고 어디고 안 아픈 데가…."

(발은 어떻게 치료했어요?) 그래도 젊을 때라, 기냥 낫는다니까. 그러니까 그때에 여기 군산서만 댕기면 괜찮은디 여기서 개정면 옥정리라고 자전차 타고 빨리 가야 1시간 이상 가야 혀. 그러면 9시 안에…[도착해]. [그런데] 하브나잇(half-night)이라는 것이 뭐냐면 저녁에 잠깐 일을 한다는 거여. 오르나잇(all-night)이라는 것은 저녁에 날을 샌다는 것이고. 근디 여그서 9시 안에 다리가 아프다고 하루 내~일[을] 해 놓고 [저녁] 9시에 집에 가 버려도 그날 일동이 없어. 끝까지 마치고 가야만이[해]. 그런게 발 아픈게 문제가 아니라 돈 찾으야 항께. 그런게 하브나잇이라는 것은 저녁에 일한 사람이 돈을 타는 것이고, 오르나잇이라는 것은 딴 반이 들어와서, 딴 사람이 들어와서 날을 새는 것이고. (항만 그만두실 때는 정식으로 퇴직금 받으셨나요?) 퇴직금? 정식으로 퇴직금 나오지. 보험까지 전부 다 나오지.

일거리 없는 날, 항만 노동자들의 일상

(항만에서 일하실 때 일이 없는 날 대부분 사람들은 노는 거죠?) 집이서 노는 사람들도 있고, 주로 술집을 가죠. 막걸리…[마시고]. 인자 오늘 일 안 나가면, '일 단다' '안 단다' 그려. 오늘 일이 있다, 없다 그 소리여. (일 단다, 안 단다?) 예. 항만에는 어느 날짜에나 나가야 혀. 내일 나오지 마라 할 때까지는 나가야 혀. (나가서 기다려야?) 으응. 봐 갖고 '오늘 일 없어 집에 들어가' 그러면 집에 가서 뭐 허겄어? 그냥 술집이 가서 술 한 잔씩 먹고, 술내기 화투 한 판씩 치고. 그렇게 세월을 보냈죠. 그런 식이죠. 저 사람이 한 잔 사면 내가 나중에 또 한 잔 사고. 그런 식으로 허고. 또 쪼그만 뭣이 걸리면. 뭣이 걸리냐면 뭐라고 할까, 집이서 좋은 일 있다거나 그러면 '너 술 한 잔 사.' 그러면 술 먹고 놀고. 그때 막걸리 한 잔이 10원.

"오늘 일 안 나가면,
'일 단다' '안 단다' 그려.
오늘 일이 있다, 없다
그 소리여. 봐 갖고 '
오늘 일 없어 집에 들어가'
그러면 집에 가서 뭐 허겄어?
그냥 술집이 가서
술 한 잔씩 먹고,
술내기 화투 한 판씩 치고.
그렇게 세월을 보냈죠.
술 먹고 놀고.
그때 막걸리 한 잔이 10원."

(항만에서 일할 때 일당은 얼마였나요?) 월급제로 받았는데. 많이 받는 날은 많이 벌고, 적게 번 날은 적게 벌고. 밥값도 안 나올 때도 있고. (그 돈으로 술 사 드시면 집에서 안 좋아하시잖아요?) 안 좋아하죠. 집에 가만 있기도 하고 죽겄다고 일했으니까 오늘 하루 술이나 먹자. 매일 거시기가 되어 버려서 일이 안 달면 '자~ 술 한 잔 먹자' 하면 술 한 잔 먹고. 벌건해지면(취기가 올라오면) 술내기 화투나 한 판 치자. 그러고. 그렇게 해서 술 먹고 그려. (그리고 다른 놀이는?) 화토(화투)는 어쩌다가 짓고땡도 한 번씩 했죠. 인자 월급 나오면 우리는 어디로 막 들어가니까 그것이 기가 막히게 내리요. 반장 되면은 고참부터 돈을 나

나 줘요. 고참부터 돈을 요리 나나 주는데 봉투에다 넣어 주는 게 아니고 너는 얼마 [하고] 나나 주는데 우리는 제일 늦게 들어가서, 즈그들이 한 삼십 몇 명 되는데 즈그들 타고 나가서 저 각방에 가서 '짓고땡(노름의 일종)' 하고 노름하고 있어요. 노름을 하고 있는데 우리는 제일 늦게 주잖아요, 돈을. 갖고 나오면 [노름하던 고참들이] 1달 월급을 다 잃어 불고 [우리한테] 돈을 꾸도래야(꿔 달라고 해). 내 월급을. (노름하던 사람들이?) 으응. 고참들이. 근디 안 꿔 주면 어찌 되겄어요? 그럼 다 꿔 주는 것이 아니라 지금 돈 한 30만 원 탔으면 돈 10만 원이나 꿔 주고. 쉽게 말하면 떤 거여(떼인 거여). 완전히 떤 거여. 그런 거여. 긍게 지금맹기로 통장으로 탁 찍어서 나오면 [그런 일이 없는데]. 그런게 지금 봉창에 돈이 없으면 내일 죽을망정이라도 가서 술 한 잔 먹자. [돈을] 정신없이 들고 가서 돈도 잊어버릴 수도 있고. 어떻게든 집에 가서 멕여 살리야 한 게.

"월급 나오면 우리는 어디로 막 들어가니까 …. [월급타면 고참들은] 각방에 가서 '짓고땡' 하고 노름하고 있어요…. [그러다가 돈을 다 잃고 나면] 돈을 꾸도래야. 내 월급을…. 근디 쉽게 말하면 [고참한테 내 월급을] 떤 거여. 완전히 떤 거여…. 또 외상값이 현재로 먹는 값으로 돈 만 원 먹은 것 같은디, 한 2만 원 값이나 나와. 반절이 더 나온 거여, 술집이서. 알고 보면. 따질 수가 없어요. 돈이 없어서 먹었기 때문에."

또 술값을 절약하는 게 아니라 외상값을 나뒀다가 우리 식구 먹고 살리야 혀. 외상값을 덜 주고, 덜 주고. 외상값이 현재로 먹는 값으로 돈 만 원 먹은 것 같은디 1달 내동 있다 보면, 그놈 먹은 거 다 [장부에] 적어 놨는디, 한 2만 원 값이나 나와. [원래 내가 먹은 것보다] 반절이 더 나온 거여, 술 집이서. 알고 보면. [그런데 그것을] 따질 수가 없어요. 돈이 없어 먹었기 때문에. 그런 것이 있어요. (그러면 집에서 싫어하잖아요?) 그럼 어떻게 혀. 그렇다면 봉투에가 얼마얼마 썼어야 돈을 봐야 안식구도 뭐라고 하지, 돈이거여. 그러면 그런갑다 하고 살지. 어떻게 하겄어, 예전에. (당시 항만 노동자들이 대부분 술 먹고, 노름하고 그래서 돈도 좀 잃으면 빌려서 메워서 갚고 다들 그렇게 사셨나 봐요?) 술 먹는 사람들은 그런 사람들이 많다고 봐야죠.

(가족들과 월명공원도 가셨나요?) 애들 가잔 소리도 않고. [가난하게 돈이] 없이 커서. [그런데 가자는 말도 안 하고] 뭐 사 먹으라고 하면 안 사 먹고 살림을…[했기 때문에] 지금도 그려.

(1년에 며칠이나 쉬셨을까요?) 그것을…[어떻게 말로 해]. 많이 놀 때는, 항만에 일이 없을 때는…[그때나 놀지]. 청과 시장이다, 낮에 일해 갖고 여그도(항만) 와서 일이 없으면 헐 수 없이 술집에 가서 술이나 먹고 술내기 육백이나 치고 놀았지. 다른 무슨 문화생활이나 그런 거는 생각도 못해 보고. 어디 놀러 가는 것도[모르고].

(청과 시장은 쉬는 날이?) 청과물 시장이 하루도 쉬는 날이 없었어요. (단체로 놀러 가는 일은?) 놀러 가는 거 있죠. 언제 가냐면 인자, 그날은 거시기를, 포기를 혀, 일을. 그리 갖고 길에 끄꼬(끌고) 댕기는 니야까들이 많여. 같은 조합인게 그 사람들보고 좀 봐도라고 하고. 그날만 [일을 봐 달라고 하고]. [그리고] 그날 자기가 번 거 자기가 먹으면 되지.

"청과물 시장이 하루도 쉬는 날이 없었어요. [단체로] 놀러 가는 거 있죠. 언제 가냐면 인자, 그날은 거시기를, [그날 일을] 포기를 혀, 일을. 그리 갖고 길에 끄꼬(끌고) 댕기는 니야까들이 많여. 같은 조합인게 그 사람들보고 좀 봐도라고 하고. 그날만[일을 봐 달라고 하고]. [그리고] 그날 자기가 번 거 자기가 먹으면 되지."

(어디로 단체로 놀러 갔나요?) 공원에 가서 징갱이도(징괭과리도) 치고 [놀지]. (1년에 몇 번이나 가셨어요?) 봄, 가을 두 번. (항만은 그런 거 없었어요?) 항만은 차 타고 댕기죠. 차타고 2, 3일씩 제주도도 가고. 항만은 그렇게 되면 항만 사람들이 다 나가는 게 아니라 반이 20개씩이 되니까 3개 반이고, 4개 반이고 놀러 가면 나머지 반이 나눠서 하는 거여. 그 사람이 가면 또 딴 사람이 일을 하고. 거기는 사람이 많은게.

(청과는 봄, 가을. 항만은 언제 언제였어요?) 항만은 봄,

가을도 가고. 지금도 보면 여름에 물놀이도 가고. 해수욕장 같은디. [놀러 가지].

항만 노동자들의 자녀교육

"뭣이 자식을 대학교까지 갈치야겠다 [그런 사람도 없고], 살아 나가는 데서 돈 좀 남아 있는 한도가 다 해서 [대학까지 가르치는 사람이] 없지."

(당시에 어르신은 청과물 시장 일까지 해서 어느 정도 생활이 괜찮았는데. 항만 일만 하시는 분들은 애들 교육을 다들 얼마나 시키셨나요?) 그 사람들도 말요, 따른 디(다른데) 일용시장 다 가고 있었어요. 항만에서 못 먹고 사니까. 맨날 일 있는 게 아니고. 그때는 사람들이 뛰어댕겨 델로(데리러) 댕겼어요. 긍게 델로 안 댕길라고 반장이 매일 [항만으로 일이 있든 없든] 나오라고 그러는 거여. 그거 안 댕길라고. 반장이 델러 댕기야는데. (그러기 싫어서 반장이 매일 나오게 했군요?) 일이 있으나 없으나 매일 나와요. 일 없으면 다른 일 없는 사람은 갈 데가 술집밖에 더 있어요? 긍게 허다못해 군산 저기 니야까 조합이 있어요. 거리거리가 다 니야까 조합이 있었어요. 니야까 조합에 가서 앉았다가 재수 있으면 이삿짐 만나는 데 있으면 돈 좀 벌고 그걸로 살지. 뭣이 자식을 대학교까지 갈치야겠다 [그런 사람도 없고], 살아나가는 데서 돈 좀 남아 있는 한도가 다 해서 [대학까지 가르치는 사람이] 없지.

내 생각은 그래요. 항만에 나가서요, 큰 소리나 펑펑 하고, 말하자면 여러 사람들 술 먹는 사람들 대학교 보내고 그중에서 빈칠이 같은 것들은. [그것도 못 가르치고] 빈칠이. 허허~ 그러고 또 마찬가지로 다양허니 학교를 보낸다니까요. 돈 아무리 벌어 놨어도 갈칠 놈 없으면 못 갈치고, 갈칠 놈이 있드라도 돈이 없으면 못 갈치고. 그때 대학교를, 우리 나이 정도 된 사람들은 대학교를 갈칠라고 생각도 못 하고. 그것이 무슨 풀칠하고 술 먹고. 그때는 막걸리, 딴 거 하나도 안 먹고 막걸리만 10원짜리 사발로 항상 마시면 뭐이냐. 새꺼리로(샛거리) 충분했어요. 그거 먹고 얼큰하면 또 가서 일하고.

(당시 항만에서 같이 일했던 사람들하고 계모임은?) 있어요. 친목계라고 하죠, 친목계. 1달에 1번씩 모이 갖고 돈 얼마씩 내 갖고 식사나 하고. 그것이 어찌서 그렇게 생겼냐면 반이, 1개 반이 항상 그 사람만 있어서 일하는 것이 아니고 배낄 때가(바뀔 때가) 있어요. 배낄 때 그것을 위해서 반에서 해 논다 이거여. 그먼 딴 반에 있어도 언제 한다면 오고, 지가 그만두고 싶으면 그만두고. 그것이 친목계라는거요, 친목계.

"그것이 무슨 풀칠하고 술 먹고. 그때는 막걸리, 딴 거 하나도 안 먹고 막걸리만 10원짜리 사발로 항상 마시면 뭐이냐. 새꺼리로(샛거리) 충분했어요. 그거 먹고 얼큰하면 또 가서 일하고."

(그분들 자제분들은 다들 자리를 잡고 사는 것 같나요?) 지금 현재. 다들 잘사는 것이 아니라 현재 배고픈 사람이 어딨어요. [없지요]. 긍게 그런 사람들 여그 계를, 자기가 항만이나 청과 시장을 딱 그만둬 부면요 계도 그만둬야 해요. 그럼 그 다음엔 만날 수가 없어요. 만날 수가 없고. 사람이란 것이 그런 게 있어요. 저 사람이 잘되고 그러면 어디서 만나도 반갑게 대하들 않는단 말요. 못 갈친 사람들은 반가워 안 하고. 또 갈친 사람들은 못 갈친 사람들 막 대할 수도 없고. 긍게 인사가 뭐냐면, 이리 와, 막걸리 한 잔 허게, 술 한 잔 허게. 그것이 인사고. 그래서 따라오면 다행이고. 안 따라오면 누가 잘못됐든지 잘못됐어요.

항만 노동일을 그만두고서 용역회사에 취직하다

그래 갖고 헐 거 없어서 경성고무 들어갔지. 왜 그냐면 거기 항만에서 돈 벌어서 먹고 살 것이 없어서가 아니라 역전 앞에 모이면 퇴직한 사람들 다 모이잖아. 그러면 거기서 화투 한 판 치고, 술도 한 잔 하고 그러다 보면 예전에 일 잘했던 사람들은 어딜 누가 데려가든지 데려간다는 거야. 거기 ○○하나도 경성고무 댕겼어. 그 사람이 [나한테] 거기 댕길라냐고 물어보드라고. 그 사람 소개로 해서 가서 한 2년 하다가 [회사가] 부도가 나서 끝내 버렸지. (경성고무 들어가실 때가 거의 환갑이 되었겠네요?) 환갑 넘었어요. (경성고무서 무슨 일?) 니야까. 말하자면 경성고무가 아니고. 거기가 선화. 선화고무 공장이 부도가 났거든. 경성고무가 없어지고 선화가 생겼어. 선화가 샀는지 어쨌는지는 모르겄어.

"역전 앞에 모이면 퇴직한 사람들 다 모이잖아. 그러면 거기서 화투 한 판 치고, 술도 한 잔 하고 그러다 보면 예전에 일 잘했던 사람들은 어딜 누가 데려가든지 데려간다는 거야. 거기 ○○하나도 경성고무 댕겼어. 그 사람이 [나한테] 거기 댕길라냐고 물어보드라고. 그 사람 소개로 해서 가서 한 2년 하다가 부도가 나서 끝내 버렸지.

(항만 그만두고 경성고무를 한 2년 다니셨는데 그 뒤에 부도가 또 난 거예요?) 완전히 부도가 나 갖고 [그만뒀지]. (정식 직원이셨어요?) 정식이 아니라 그 뭐라고 혀? 음…. 용역, 용역으로 하는 거여. 우리 하는 일이 뭐이냐면 니야까에다가 끄꼬(끌고) 댕기면서 오늘 여기서 고무 원료가 뭐 필요하고, 뭐 필요하고 싹 와서 최종 상태를 봐요. 딱 보면 그걸 알아 갖고 두어 번 씩 싣고 가서 나나 주고(나눠 주고) 댕기면은 또 찾으러 오면, 들고 실어 나가니까 차가 좀 커야잖여. 그런 일혀. (그 월급은 선화고무에서 줘요, 용역회사에서 줘요?) 선화고무에서 주죠. 선화고무에서 월급 나오면 우리도 같이 나와요. 점심은 주고, 또 선화에서.

뭐이냐면 1달에 80만 원인가? 월급이 딱 정해져 있어.

(출근은 9시까지 했나요?) 9시까지가 아니라 8시. 거기 일이 없다고 할 리가 없어요. 공장이 돌아갈 때에는 일이 없다고 할 수가 없어. 어제 물건이 많이 들어가면 오늘 적게 들어가고 [좀 일이] 수월했다 뿐이지…[일이 없는 것은 아니니까]. (거기서 하신 일이 필요한 목록대로 자재를 갖다 주는 거죠?) 예. 그거요. (그럼 퇴근시간은?) 정해진 건 없죠. 6시 안에 가죠. 3시 되면 가는데. 그 일만 끝나면 12시가 됐든지 1시가 됐든지 그냥 와 버려, 집으로. 그런데 또 뭐이냐면 저녁에 야간 작업할 때도 있어요. 여그서도 야간 작업할 수도 있다니깐요. 부산으로 컨테이너를 빼야는디 물동량이 안 들어와 갖고 [기다리다가]. [밤] 12시나 3시나 [물건이] 들어와 갖고 차에 실어 놓으라고. 야간 작업해야 그놈 컨테이너에다 신고 [하니까]. 긍게 회사일 막 해도 컨테이너에다 한 대를 실으면 하나 앞에 만 원씩을 더 줘요. 4만 원씩을 더 줘. 컨테이너에다 실으면.

(선화고무도 퇴직금이나 보험이 있나요?) 그런 거 없어, 하나도. 하나도 없어. 용역이라. 93년도에 [선화고무에] 들어갔어요. (그리고 95년도에 그만두신 거예요?) 예. (95년도 이후는?) 일을 안 한 게 아니라 3번인가 4번인가 시에서 뭐 하는 거…. 공공근로 한 3, 4번 나갔어. 근디 돌도 줍고, 나락도 비고 [하는 일에] 한 3, 4번 나갔어. 근디 그것도 65세 넘었다고 그것도 안 시키드만. 그 뒤로 계속 놀았죠.

"[경성고무 이후로] 일을 안 한 게 아니라 3번인가 4번인가 시에서 뭐 하는 거…. 공공근로 한 3, 4번 나갔어. 근디 돌도 줍고, 나락도 비고 [하는 일에] 한 3, 4번 나갔어. 근디 그것도 65세 넘었다고 그것도 안 시키드만. 그 뒤로 계속 놀았죠."

노년기의 소일거리

"1달에 1번씩 모이죠. 회비 낸게 저녁밥이라도 먹어야죠. 누 집이는 아들 여운다네, 딸 여운다네, 누가 죽었다네…."

그런 계[가] 있었죠, 많이. 항만 그만두고 나오든지, 청과 시장 그만두고 나오든지, 청과 시장 계가 있으니까 그놈 인자. 항만도 또 계가 있고. 2개씩, 3개씩 되고 친목계나… [뭐 그런 계가 있었지요]. 지금은… [안 해]. 그것이 계처리 1번씩 하면 없어질 수도 있고, 또다시 하자면 할 수도 있고, 또 그만둔 사람도 있고, 아파서 죽은 사람도 있고… [그래서 잘 안 해]. 많이 만날 때가 자식이나 여우고, 친척 누가 돌아가신다거나, 자식이나 환갑이나. 그 외에는…[잘 안 해]. (그러면 서로 연락은?) 있기야 있는데 인자 아무것도 안 된 지 십 몇 년이 되니까 그 사람들도 그렇고 우리도 그렇고. [잘 안 만나지지요]. 그렇죠. 1달에 1번씩 모이죠. 회비 낸게 저녁밥이라도 먹어야죠. (자식들 이야기도 하고?) 예. 누 집이는 아들 여운다네, 딸 여운다네, 누가 죽었다네…[.그런 얘기들 하면서].

▼ 매일 나오는 선명동 노인회관 옆의 서동호 씨가 가꾸고 있는 텃밭

언제부터 여기 경로당에 나오시게 됐어요?) 여그 경로당 생긴 지가 시방…90년도에 생겼어요. 긍게 몇 년 안 돼요.. 5년인가밖에 안 돼요. 긍게 얼마 안 돼죠. 2000년도에 생겼으니까. 90년이 아니라. 나는 여기 나와서 [텃밭도 가꾸고 그래]. (경로당 옆에 있는 밭을 가리키며) 여그 밭

도 우리 꺼여. 밭때기도 해 놓고. 뭐라도 허고 아직 건강한 게 아무렇게나 댕기고. [밭에다가] 뭣 갔다가 심고. 인자 집 뜯기니까요.

시공원지구로 개발되면서 살던 집이 뜯기다

[집은] 뜯겼어요. 여기 시방 뭐이냐. 거기가 우리 집 자리요. (이사 언제 하셨어요?) 작년 2월 달에 했어요. (집은 어르신 집인가요?) 우리 꺼요. (그럼 시에서 보상금은?) 내 집을 갖고 있는 사람은 얼마[씩 주고], 자기 집이 아니고 넘의 집에서 세 들어 사는 사람들이나 땅이 시청 땅인 사람들[도 얼마씩 주고]. (여기 시청 땅이 있나요?) 예. 시청 땅 있죠. [시청에서] 따로따로 개인이 다 조사를 해 갖고 자기 땅 갖고 있는 사람은 땅 값 주고. 시청 땅 있는 사람은 집값만 주고. (그럼 어르신은 땅값 다 받으셨어요?) 예. (그 돈으로 새집 사실 만하셨어요?) 예. 반절 갖고 샀어요. 먹고 살아야 한게. 집값까지 해서 3천 2백이 나왔는데. 거기서 천 5백 주고 [새집] 사고. 뭐 고치고. 2천만 원 들었겠네요. 또 거기따가 나중에 이사 비용이라고 6백 2십 얼마 나왔어요. 그래 갖고 한… 그런데 시에서 알게 모르게요, 땅 7평이나 8평이나 쪼금 있는 사람도 어디 가서 할 수 있게끔 다 해 줬어. 그 사람들 안 받았다고 하지만 다 했어.

"집값까지 해서 3천 2백이 나왔는데. 거기서 천 5백 주고 [새집] 사고. 뭐 고치고. 2천만 원 들었겠네요. 또 거기따가 나중에 이사비용이라고 6백 2십 얼마 나왔어요."

(시에서 지금 여기에 아파트를 지어요?) 아파트가 아니고, 공원을 만들어요. 그러고 여기가 집이 너무 오래 됐어. 막 40년 이상 된 집도 있고, 사람 사는 집도 있고 안 사는 집도 있고. 막 쓰레기 갖다 버리고. 좋은 집 한나가 없었어.

(이사해서 자제분들이 좋다고 하나요?) 좋다고 하는 게 아니라, 내가 하는 얘기가 그 얘기요 무슨 얘기냐면. 나는 인자 죽어서 나갈 자리니까 돈이 없으니까 느그들 우리 식구 다 모이면 한 20명 돼요. 손자 다 합해서. 니그들 와서 잘 방만 있으면 되지 않냐. 방 3개 있고 뭐 부엌 하나 있고, 마루 하나 있응게 그냥 산다 [그래요]. 재미있다고 해요. 그놈들이 돈도 없는디 같이 살자고 하는디. 내가 둘이 사는 게 가장 편해요.

"나는 인자 죽어서 나갈 자리니까 돈이 없으니까 느그들 우리 식구 다 모이면 한 20명 돼요. 손자 다 합해서. 니그들 와서 잘 방만 있으면 되지 않냐. 방 3개 있고 뭐 부엌 하나 있고, 마루 하나 있응게 그냥 산다[그래요]. 재미있다고 해요. 그놈들이 돈도 없는디 같이 살자고 하는디. 내가 둘이 사는 게 가장 편해요."

(생활비 같은 거는 자제분들이 조금씩 대 주시는가요?) 생활비요? 용돈 같은 것도 한 돈 10만 원씩 보내 주고 그러죠. 근데 우리 큰아들이 조금 서운하게 살아요. 긍게 가도 갈칠 놈은 많으고 내년에 대학교 들어갈 놈도 있고. 좀 보대끼고 살죠. 글고 돈을 애들한테 용돈, 손 한 번 벌려 본 적 없으니까. (알게 모르게 돈 쓸 데가 계속 생기시잖아요?) 많이 생기죠. 그래도 그것도 돈이 2천만 원 정도 남았잖아요. 그거 뜯어 쓰야죠.

"이것이 무슨 모자냐면. 군산에 와서 화순군민회 있어요. 화순서 이사 온 사람 계가 있어. 거기서 5년 전엔가 모자 하나 줬어. 5월 달쯤 되면. 그 사람들 모여서 전라남도 향우회. 화순 향우회 해서 그 사람들 모여서 무슨 군, 무슨 군 해 갖고 체육대회도 하고 잔치도 하고 그래요."

(모자가 화순군민회 모자네요?) 이것이 무슨 모자냐면. 군산에 와서 화순군민회 있어요. 화순서 이사 온 사람 계가 있어. 거기서 5년 전엔가 모자 하나 줬어. 5월 달쯤 되면. 그 사람들 모여서 전라남도 향우회. 화순 향우회 해서 그 사람들 모여서 무슨 군, 무슨 군 해 갖고 체육대회도 하고 잔치도 하고 그래요. 근데 지금 그만둬 버렸어. 나이 먹어서 댕길라고 본게 힘들고 1달에 1번씩 댕길라고 하는데 돈은 2만 원씩 내라는데, 가면 소주 한 잔 딱 하고 뭐 하나 이만 원 내야는디. 힘들어서. 내우간에 가면 4만 원. (그럼 거기서 무슨 관광 이런 건 안 가시나요?) 관광 가죠. 그렇게 걷어서 그걸로 관광 갈라고 하는디. 1년에 2번. 봄, 가

을. (어르신도 많이 다니셨어요?) 아뇨. 거시기 한 이야기가 아니라 돈 2만 원 갖고 가서 백반 한 그릇 먹고, 소주 한 잔 먹고 올려면 2만 원 놓을려면 그게 문제가 [있죠].

군산이 더 고향이다

(고향인 화순은 농사나 시제 모실 때만 가시나요?) 예. 또 광주 같은 데 친척이나 아들 딸 살고 있기 때문에 가야죠. 근디 원래적으로 추석 때도 설 때도 안 가고 [시제 모실 때만 가지요]. (그럼 화순은 시제 때 1번만 가셔요?) 4월 달하고 9월에[갑니다]. 9월 첫 주에 벌초 허러 가서 추석 음식 쪼금 해 갖고 가서 추석 성묘 드리고.

(화순보다 군산이 고향 같으신가요?) 그리도 군산이 더 고향이지. 아무리 [고향이 화순이어도] 군산이 많지(정이 더 가지). 거기는(화순은) 마음이 떠 가지고. (친척이 화순이나 광주에 더 많아도?) 그쪽이 많이도요(많아도) 거기는 넘 같어요. (군산에 향우회가 있나요?) 있어요. 예. 화순군민회라고 있어요. 1달에 1번씩 회비 만 원씩 갖다가 저녁 먹고 [그럽니다]. [그런데] 내가 가만히 생각해 보니까 거그도(화순군민회도) 사업적이요. 내가 있다고 말하면, 만일 내가 종이장사를 한다면은 우리꺼 팔아 달라고 [군민회를 나오더라구요]. 고런 거시기가 있더라고. 1년에 1번씩 체육대회도 하드라고. 전라남도 체육대회, 각 군에서 싹 나와 갖고… [체육대회를 해요]. (그럼 군산이 고향이나 다름없네요?) 예. 다름없어요.

"그리도 군산이 더 고향이지. 아무리 [고향이 화순이어도] 군산이 많지(정이 더 가지). 거기는(화순은) 마음이 떠 가지고."

격동의 시기를 운전대에 얹고 살아온 반세기의 삶

—철도 · 운수 노동자로 살아온 이태철의 일과 삶

정형호(중앙대 인문컨텐츠연구소)

이태철은 경주 이씨로, 고향은 마포구 도화동이며, 그곳에서 5대째 거주하는 서울 토박이다. 해방 직후 약 3년간 용산 철도공작창에서 급사 및 선반공으로 근무하였다. 그의 집안은 당시 부친을 비롯해 3형제가 용산 철도국에 근무하는 철도인 집안이었다. 임시직의 고용 불안정으로 인해 1947년에 철도국을 그만두고, 용산모터스에 들어가 자동차 정비와 운전을 배웠으며, 전쟁 직전 몇 개월은 직접 트럭 조수로 속초-동대문 간 명태 수송을 맡은 적이 있다.

6 · 25 전쟁 때에 부친이 미처 피난을 가지 못해 부역

문제로 우익단체에 끌려가 구타, 고문과 함께 강제 퇴직하자, 집안이 경제적인 어려움을 겪었다. 그는 피난에서 돌아와 1952년에 입대하여 철의 삼각지에서 유격대로 참여한 참전 용사이다.

▲ 구술자 이태철의 최근 모습

제대 후에 서울 시내에서 택시 운전을 2년간 했으며, 1957년부터 14년간 서울 시내버스 운전, 70년대 이후 20년간 신촌 세브란스 병원 버스와 앰뷸런스 운전을 했다. 그 과정에서 대가족을 부양하기 위해, 35세의 뒤늦은 나이에 결혼한 헌신적 인물이다.

그는 좌우익 이념 갈등에 의한 피해자이고, 생사를 넘나드는 전쟁에 참전했으며, 가족에 대한 헌신적 부양을 하면서 다양한 운수 업종에 종사한 인물이다. 40여 년간 운전을 하면서 근면하고 끈기있게 살아온 성실하고 모범적인 서민이다.

특히 그는 서울에서 다양한 운수 업종에 종사하여, 40년대 후반부터 80년 후반까지 서울의 변화상과 운수 업종의 변화에 정통하여, 개인생애사 차원에서 집중 접근하였다.

이 조사는 모두 구술자의 집에서 이루어졌으며, 1차 조사는 2004년 1월 9일, 2차 조사는 2004년 1월 30일, 3차 조사는 2004년 5월 1일에 집중 실시하였다. 최종적으로 2004년 7월에 몇 차례에 걸쳐 내용 보완 및 확인 작업을 실시하였다.

이태철의 연보

1932년(1세) 서울 마포구 도화동에서 출생(5대 거주). 당시 부친은 용산철도국에 근무.

1938년(7세) 마포보통학교 입학.

1945년(14세) 마포보통학교 졸업. 같은 해 용산철도국 공작창에 임시직으로 들어가 급사를 거쳐 선반공으로 근무.

1946년(15세) 좌익 노조 '전평' 주도의 철도 파업에 강제로 동원됨.

1947년(16세) 임시직인 철도국을 그만둠.

같은 해 용산모터스에 입사해서 조수 생활을 하며 정비와 운전을 배움.

1948년(17세) 용산모터스에서 1년 후에 2말 정도의 월급을 받았음.

1949년(18세) 트럭 조수가 되어, 전쟁 전까지 속초에서 동대문시장까지 명태를 운반.

1950년(19세) 전쟁이 일어나서 조수 생활이 중단됨.

부친이 용산공작창 조역의 지위였다가, 공산 치하의 부역 문제로 우익 노조에 끌려가 모진 고문을 당하고, 34년간 근무했던 철도국에서 퇴직금도 없이 강제로 쫓겨남. 이후로 생활에 큰 어려움을 겪음.

1951년(20세) 1 · 4 후퇴 때 모든 식구가 충남 전의로 피난을 가서 거의 1년 가까이 그곳에서 지냄.

1952년(21세) 1월에 상경했으나 한강 도강이 안 되자 영등포의 피난민 수용소에 임시로 있었음. 그곳에서 군 입대 영장을 받고 논산훈련소에 입대하여 6주간 훈련을 받음. 처음에 홍천의 워커 사단에 배치됨. 최전방 유격대로 철의 삼각지, 금화전투, 백암산 전투에 참전함. 한탄강 도하 작전중에 다리에 가벼운 부상을 당함(~1953).

1955년(24세) 휴전이 되고 얼마 더 있다가 군에서 제대함.

1956년(25세) 서울 시내 자동차 회사에 입사.

1957년(26세) 서울 시내에서 시발택시 운전(~1958).
1958년(27세) 서울승합에 들어가서 134번(이대~청량리) 버스 운전을 시작.
1967년(36세) 대가족에 대한 부양책임으로 결혼을 하지 못하다가, 버스 노조원들의 도움으로 결혼. 조합원들이 잡아준 서대문 미미예식장에서 일산의 신부를 맞아들여 힘들게 결혼. 도화동 본가 옆에 방을 얻어 분가함.
1968년(37세) 큰딸이 출생했으나 사망. 부친이 해소병으로 고생하다 사망.
1969년(38세) 버스 회사를 그만두고, 신촌 세브란스병원 앰블런스 운전수로 직장을 옮김.
1977년(46세) 도화동에서 신촌으로 이사.
1980년(49세) 북가좌동으로 이사하여 현재까지 25년간 거주하고 있음.
1990년(59세) 정년이 되어 신촌 세브란스 병원을 그만둠.
2004년(73세) 현재 서울 서대문구 북가좌 2동 109-20호에 살고 있음. 아들 둘, 딸 하나 모두 분가시켰으며, 운동을 열심히 하면서 건강하게 생활하고 있음. 부부가 큰아들 손자를 돌보며, 풍족하지는 않지만 여유롭게 살고 있음.

어릴 적 철도와의 인연과 운전수에의 꿈

우리 집은 4부자가 철도국에 다녔어요. 왜정 때는 철도부에 들어가면 징용[1]이 없었어요. 말하자면 일본군으로 뽑혀 가는 것이 면제가 됐어요. 큰형님은 나보다 훨씬 먼저 들어가셨죠. 나보다 4~5년 먼저 들어갔지요. 둘째 형님도 철도국에 다니셨죠. 말하자면 아버님 빽이라고 할까. 그때만 해도 기술만 배우면 된다고 해서…. 첫째 형님은 6년 위이고, 둘째 형님은 29년생으로 3살 위에요. 내 생각에는 나이가 어리니깐 징용도 징용이지만 우선 먹고 살라고 들여보내신 것 같아요.

그때만 해도 좌우간 죽지 않을 정도로 배급 쌀을 먹었던 시절이죠. 왜정 때 쌀로 배급을 줬는데, 좌우간 아버님하고 큰형님하고, 둘째 형님하고 철도국엘 나가시니깐, 배급 쌀 좋은 것 가지고 들어와서 그런 대로 먹고 살았지만, 그래도 힘들었어요.

말하자면 1되를 밥을 짓잖습니까? 그러면 열 식구 중에서 일 나가는 아버님과 형님들은 점심 벤또[2]를 싸야 될 거 아닙니까? 10사람 모가치[3] 중에서 3사람 일 나가는 벤또를 싸고 나머지 7인분을 10사람이 나누어 먹으니 양이 적지. 그냥 죽지 못할 정도로 아침밥을 짓는 거야. 당시 점심이라는 것은 어린 마음에도 생각도 못했어요. 학교 가서도 도시락 벤또 싸 가지고 오는 애들이 있었지만, 못 싸오는 애들이 더 많았죠.

(철도국에서 점심은 안 주나요?) 아, 그런 것 없었어요. 지금처럼 직장에서 밥 주고 그런 것 없었어요. 저녁에는

1 징병을 말함.
2 도시락.
3 몫.

멀겋게 죽을 쒀 가지고 먹었어요. 옛날에 김장을 하면 300포기, 500포기 해면서 며칠씩 김장을 하잖습니까? 김치가 반양식이에요, 쌀을 넣고 물을 퍼 넣은 거기다 김치 썰어 넣고 멀겋게 죽 쒀 가지고 저녁으로 먹었죠. 그때 당시만 해도 좌우간 그렇게 배가 고팠어요.

아버님은 철도국에서 월급도 좀 받으셨어요. 월급을 좀 받으면서 쌀 배급을 받은 거죠. 그래서 다른 집에 비교하면 우리 집은 잘 먹은 편이었어요. 왜놈들이 좌우간 조선 사람 씨를 말릴려고….

어렸을 때 차 뒤에 쫓아다닌 기억이 있죠. 옛날에 다꾸시[4]가 오면은, 지금 같으면 매연이죠, 뒤에 있는 마후라에서 휘발유 타는 냄새나잖아요? 아휴, 그게, 어떻게 냄새가 구수한지, 거기다가 코 대고 앉아서 그거 맡은 기억이 나요.

*"옛날에 다꾸시가 오면은,
지금 같으면 매연이죠,
뒤에 있는 마후라에서
휘발유 타는 냄새 나잖아요?
아휴, 그게,
어떻게 냄새가 구수한지,
거기다가 코 대고 앉아서
그거 맡은 기억이 나요."*

(아휴, 그거 엄청난 매연일 텐데요?) 네, 그 냄새가 그렇게 좋더라구요. 그래서 그런지 여지껏 내 직업에 대해서 '잘못 가졌다' 란, 이런 생각을 해 본 적이 없어요. 그럼요. 그런 직업을 가졌기 때문에 내가 이렇게 살아왔고, 자식들 다 키웠죠.

왜정 때, 고생 많이 했죠. 내가 국민학교 2학년 들어갈 때까지 한글을 배웠어요. 그리고 2학년 이상 되면 일본 순사들이 와 가지고, 일본어만 쓰게 해요. 그 당시 이만한 딱지를 10장씩 주는데, 급히 서두르다가 한국말이 튀어나오면 딱지를 빼앗게 해요. 급할 때는 한국말이 나오지 않습니까? 한국 사람들끼리 경쟁을 시키는 거죠.

저희들 무라카미 선생님인데 감당하기 힘드니깐 학생들끼리 경쟁을 시키는 거예요. 1주일에 1번씩 검사를 하는 거예요. 한국말 많이 써서, 10장 준 것이 없어지잖습니

4 택시.

까? 아이고, 그 왜놈들 지금 생각하면 이가 갈리죠. 뭐 잘못 하지도 않았는데, 죽으라고 때리는 거예요. 일본 아이들 다니는 학교는 따로 있었죠.

어렸을 적, 전차가 타고 싶으니깐, 국민학교 다닐 때에 꾀를 냈죠. 전차가 마포 전차 종점에 가까이 오면, 전기에 연결된 도르래기 끈을 내려 가지고 돌려서 갔다 대 주고 전차 앞에서 감는 일을 한 번 해 주어요. 그리고 나서, "전차 좀 태워 주세요"라고 사정을 해서 전차를 탔죠. 도르래기는 한 3m 50cm 정도 될 거예요. 전차 높이는 기껏해야 2m 50cm 정도였죠. 그것도 차장이 좋은 사람이래야 태워 주지, 그렇지 않으면 "가, 임마" 하고 1대씩 얻어맞고 쫓겨났죠.

14살에 철도 공작창 급사로 들어가다

철도국에 45년도 3월 달인가, 4월 달에 들어갔죠. 아버지의 힘으로 들어가서 처음에는 급사죠. 지금 용산 전자상가 바로 뒤의 공작창이죠. 내가 국민학교 졸업하던 해인 14살 때에 들어가서 아버님이 일하는 모습도 직접 보았지요. 당시 공장 조역으로 계셨어요. 말하자면 공장장 다음에 조역이라 꽤 높은 지위였죠.

"아버지의 힘으로 들어가서
처음에는 급사죠.
사무실에서 심부름을 했어요.
나중에 선반공장에 가서
쇠를 깎는 일을 했어요.
주로 비링구를 만들었죠."

(처음 철도국에 들어가셔서 무슨 일을 했습니까?) 급사죠. 사무실에서 심부름을 했어요. 나중에 선반공장에 가서 쇠를 깎는 일을 했어요. 주로 비링구를 만들었죠. (비링구라는 것이?) 기계 이름이에요. 깎아서 대개 차량 부속품인 비링구를 만들기 위해 선반 작업하는데, 처음 가서 기술

은 없으니깐, 주로 급사로 심부름만 하다가, 지금 생각엔 1년 좀 못 됐는데, 직장으로 내보낸 거죠. 선반공장 거기서 기술을 익혔죠. 그때 당시에는 어린 맘이라 뭐 작업이 힘들거나 하는 것은 없었어요.

(거기도 24시간 교대 근무였나요?) 아니죠. 근무는 8시에 들어가서 5시면 끝났어요. 점심시간 1시간 있었고. 관공소랑 마찬가지죠. 지금 우리가 8시간 하는 거나 같죠. 그곳을 공작창이라고 했죠.

거기에 도공장은 칠을 하는 곳이고, 객화차공장, 화차공장이 있고, 선반간, 또 기광꾸가 있지요.[5] (기관구요?) 기관구가 아니고 기광꾸로, 기차 대가리 정비하는 곳이죠. 단야공장도 있고, (단야공장이 뭐예요?) 단야공장은 쇠를 달궈서 오하마로 때리고, 큰 기계가 내려와서 달칵달칵하며 지지는, 지금의 대장공장과 같아요. 주물공장 있고요. 또 후생품공장, 이곳은 옷 같은 거, 또 차량 구르면 앞에 넓적하게 나와 있는 데가 있어요. 바퀴 양쪽에 그걸 열면 솜방망이 같은 거, 그것을 만들지요. 기광꾸와 객화차에 필요한 잔 부품을 만든다고 할 수 있죠.

공작창은 아침 8시에 들어가서 5시에 나오지요. 승무원들은 24시간 교대 근무하는 사람들이 많은데, 그전에는 철도학교를 나온 사람들이 승무원들이 되지요. 여기는 말하자면 공장이니깐, 객화차, 기관차 고장 나 가지고 고치는 곳이죠.

(철도학교 출신들도 공작창에 오나요?) 오지 않고, 용산역 앞에 기광꾸가 있어요. 그때 당시만 해도 기관차가 석탄 같은 거, 물 같은 거 넣어 가지고 거기 들어가면 자동으로 이렇게 돌려서 앞대가리는 뒤로 보내고, 뒷대가리는

5 기관구.

▲ 전쟁 직전의 용산 철도공작창 주물, 제관공장 모습

앞으로 보내면서 회전하는 기광꾸실이 있었어요. 거기에는 철도학교 사람, 승무원들이 견학들 나오지요.

그러니깐 증기 기관차니깐 석탄도 실어야 되고, 스팀물도 넣어야 하지요. 거길 보면은 나무로 된 이런 큰 통에, 쇠를 밑에 대 가지고, 이렇게 무슨 물탱크 하나 올려 놓은 것 있잖습니까? 거기서 이런 호스를 이렇게 빼 가지고 열면 물이 나오죠. 철도국에서 석탄을 싣고 같은 또래 아이들끼리 모여서 술래잡기도 한 기억이 있죠.

증기기관차는 증기로 가니까 물이 많이 필요하죠. 정말로 물로 간다고 해도 과언이 아니죠. 물을 끓여서 김을 나게 해서, 그 김을 압축시켜 그 힘으로 바퀴를 굴러가게 하죠. 그걸 기광꾸에서 다 하죠.

철도국이라는 데는 말하자면, 차 고치고, 또 생산도 하죠. (일제 시대에는 공작창에 조선 사람들이 많이 있었나요?) 그땐 서울 사람들이었죠. 내가 알기로 공장장, 공작창장, 철도국 총장은 일본 사람이었죠. 공작창에 일하는 사람은 거의 한국 사람이었고, 일부 높은 직만 일본 사람이었어요.

공작창까지 걸어 다녔어요. 사람 타는 객차공장, 그 밑에는 화차공장이 또 있어요. 용산 공작창의 공장 후문으로 들어가면 가깝지요. 옛날에는 마포 도화동에 살면서 걸어 다녔어요. 거길 걸으면, 한 3~4 킬로로 언덕을 넘어서, 산천동으로 해서, 원효로 2가 옛날 전차 종점을 거쳐 갔지요. 전차 종점은 지금 원효대교 바로 건너선데, 지금은 지리상으로 많이 변했어요. 그걸 메꿔서 현대자동차[6]를 지은 거죠.

(그러니깐 원효로 2가를 거쳐 용산역으로 가나요?) 아니죠. 그때는 다리가 없어서 철도청 뚝으로 되어 있었어요. 원효로 2가 뚝으로 해서 계단으로 내려오면, 철도국으로 들어오는 나무다리를 놨어요. 그때만 해도 철도 공작창에 인원수가 많았죠. 그걸 넘어서 들어오면 후문이지요. 정문은 용산역 앞에서 들어오는 것이 정문이고….

(어른신네 아버님께서 일을 하면서 일본 사람과 조선 사람들의 차별에 대해 말씀하신 적은 없었나요?) 그런 일 없었어요.

(도화동에서 철도국 다니는 분 많았죠?) 우리 동네는 우리밖에 없었어요. 서두물[7] 거기에는 철도국에 다니는 몇 사람이 있었죠. 예전에 같이 철도국에 다니다 도화동에서 사는 사람이, 지금 거기에 그냥 사는지 안 사는지 모르죠.

왜정 때 철도국에 들어가면 징용을 안 끌려가니까요. 지금 생각하면 공무원이랑 마찬가지니깐. 3부자가 들어갈 수 있었던 건 아버님이 힘을 많이 쓰신 거죠.

6 지금 한강 강변북로의 용산 쪽 원효로에 있는 현대자동차 서비스 공장을 말함.
7 청암동 지역.

(그러면 들어가셔서 월급을 어떻게 받으셨어요?) 그때 당시에 15일 날인가, 회계과에서 이만한 통에다 이름을 적은 누런 봉투를 가져왔어요. 그때 서무과, 회계과… 과가 많았어요, 워낙 인원수가 많으니까. 선반공장이면 자체로 회계사와 서무가 따로 있는데, 회계사가 그때가 15일인가, 25일이던가, 월급날이 되면 4시 반에 종을 '딸가당 딸가당' 쳐요. 가서 호명하는 대로 도장 찍고 월급봉투를 받았지요. 그때 당시 월급이 얼마인지 기억이 안 나요. 집에 오면 어머니, 아버지께 바로 드려야 되니깐. 우리네는 돈 쓰는 것을 모르고 살았어요. 지금 아이들처럼 가게 가서 뭐 사 먹는 걸 몰랐어요. 돈이 귀하니까요. 아버님이 학교 다닐 적에 월급날에 눈깔사탕 하나 사 주는 것 말고 군것질이라는 것은 전혀 없었어요.

그때 내가 받은 돈은 잘 기억이 나지 않지만, 야미쌀을 사 먹기도 힘들 정도로 아주 저조했어요. 당시 장작을 때니깐 원료비가 또 상당히 많다고요. 장작을 사기 위해 4부자가 용산에 가서 손 구르마, 타이아가 달린 것이 아니고 나무바퀴로 된 손수레가 있어요, 거기에다 장작을 싣고, 새창고개가 있으니까 돌아서 온단 말이야. 뭐, 얼마나 먼지.

그때는 땔감을 강원도 지방에서 뗏목으로 운반했죠. 말하자면 화목[8]으로 나오는 장작이죠. 장작을 패서 차곡차곡 쌓아 놓고 1평을 만들어요. 뗏목 오는 곳이 지금 현대자동차 있는 곳이죠. 예전에 이곳이 한강에서 내려오면 이렇게 파졌어요. 거기서부터 뗏목이 더 이상 마포 쪽으로 내려오지 않죠. (뗏목이 그 이상 가기는 어렵다고요?) 그 이상은 내려오지 않았어요.

장작은 철도국에서 돈을 주고서 사 오는 거죠. 철도국에

8 땔감

다니는 사람들은 그래도 좀 싸게 해 주었죠. 싸니깐 거기 가서 사죠. 지금 가든 호텔 건너편, 여기가 옛날엔 도라꾸[9] 마당이라고 해서, 동막역에서 화물차가 이리 내려와요. 그 쪽으로 연탄 같은 거, 장작 같은 거를 많이 싣고 왔죠. 근데 여기 마포가 옛날에는 아주 번화가였었죠. 배 들어오고, 조기 들어오고, 새우젓배도 들어오고, 서울 시내 사람들이 전부 반찬거리를 마포에서 다 갔다가 먹었잖아요.

마포 가까운 데서 안 사고, 용산 쪽으로 가서 (장작을) 사 올 적에는 지금 생각하면 싸길래 거기 가서 사 왔겠죠. 인건비는, 따지면, 그전에는 힘으로 하는 거는 인건비로 따집니까? 그런 것 따지면 비싸죠. 먹을 식량하고 땔감이 가장 기본이지요. 나중에 선반 일을 할 때에는 도시락을 싸 가서 점심을 먹었지요.

어머니는 배급 쌀을 받아 오면, 왜정 때 되박이 1되짜리가 있고, 1홉짜리가 있고, 5홉짜리가 있는데, 그걸로 저울질을 해 가며 쌀을 아꼈어요. 여덟 먹을 치를 받아 오면, 어쨌든 여덟 치를 먹어야 되거든. 8 · 15 해방 후에도 그 해까지는 배급이 있었어요. 46년까지 아마 이어졌을 거예요.

47년도에 형제들이 철도공작창 일을 다 그만두었으며, 다만 아버님은 전쟁 때까지 계속 다니셨지요. 철도국을 그만둔 이유는 뭐냐면, 그때는 나이도 적고 임시직으로 있었으니깐, 그만두었지요. 그땐 옮길라고 한 게 아니라, 그때 임시직을 그만두게 한다고 해 가지고서는, 원래가 그게 3년 계약이었는데, 당시 3년 안 돼 가지고 그만두었지.

9 트럭.

좌익 전평 주도의 철도 파업

(46년인가요? 전평에서 철도 파업을 했잖아요. 그때 상황 좀 얘기해 주세요?) 그때 좀 어릴 땐데, 그때 그게 남로당 계열이 파업을 한 거예요. 철도 사람들을 밖으로 나가지를 못하게 하고서, 일절 퇴근을 못하게 한 거죠.

(전평 사람들이 그런 건가요?) 그럼요. 남로당 사람들이 그런 건데. 그게 신탁통치 반대를 구호로 외쳤어요. 그 구실로 파업을 했지요. 그래서 용산역으로 경찰관이 침입을 하면서 거기서 총격전이 벌어졌고, 공작창 거기서도 마찬가지죠.

"그때 당시만 해도 우리 아버님, 형님, 나까지 거기에 있었지만, 빨갱이가 그 뭔지 몰랐어요."

갇힌 시기가 하루인가, 이틀인가[10] 길지는 않았어요. 우린 경찰이 들이닥친 건 보지는 못하고, 그냥 용산역 그곳에서 콩 볶듯이 소리 나는 것만 들었어요. 그러고 나서 전부들 걸어서 신탁통치 반대 구호를 외치면서 서울운동장에 모였었죠. 그래서 거기서 구호를 외치고, 전차 타고 마포까지 왔었죠. 그때 당시만 해도 우리 아버님, 형님, 나까지 거기에 있었지만, 빨갱이가 뭔지 몰랐어요.

(어르신, 그때 파업할 때가 해방 다음해인 46년 9월로 철도사에는 기록되어 있던데요?) 그때 춥지 않았으니깐 그럴 거예요. 나가고 싶어도 일절 내보내지도 않았으니깐. 노동조합에서 막은 거죠. 그때 당시 좌익이 뭔지, 우익이 뭔지, 사변 나는 것도 뭔가 했지요. 삼팔선이 있어서 빨갱이가 있구나 이렇게만 알았지요.

10 후에 3일인가 4일이라고 하여 그 기간에 차이가 있었다.

▲ 일제 시대의 목조로 된 용산 역사 모습

고달프면서 즐거웠던 용산모터스 정비사

철도국에서 나와서 용산모터스에 들어갔죠. 그곳에서 기술을 거의 다 배웠어요. 도요타, 이스스 같은 화물차 같은 것은 내가 혼자서 운전하면서 이리 갖다 놓고, 저리 갖다 놓고 옮기면서 그렇게 운전을 배워 가지고 군대를 간 거죠. 용산모터스에서 47년도부터 6 · 25때까지 있었으니까, 2년은 넘고 3년은 못 됐어요.

좌우간 거기서 도화동 집까지 그때는 차 타고 다니는 거, 그런 거 없었어요. 추우나 더우나 걸어 다녔지요. 거기도 전쟁 중에 폭격을 맞았지요. 일요일 날 10시에 와서 때렸는데, 용산 거기가 공업지대예요. 인쇄소, 철도 공작청, 용산역 앞, 서울역 일부, 한강다리 등을 때렸지요.

(그 용산모터스에서는 어떻게 정비하고 운전을 배우셨나요?) 운전을 배운다기보담도 정비를 하면은 자연적으로

운전을 알게 돼요.

그때 당시에는 지금처럼 휘발유차가 아니라 목탄차가 있었어요. 적재함 운전대 뒤에 이만한 보일러가 하나 있어요. 거기다가 숯을 연료로 집어넣어 가지고, 불꽃이 바깥으로 새 나가지 못하게 위에서 막아요. 앞에서 완전히 닫고 올라가야지 가스가 차며, 그렇지 않으면 새 나가죠. 그래 가지고, 거기서 나오는 가스가 연료죠.

앞에서 스타트하기 위해 스타칭을 돌려 가지고 발동을 거는데, 이것을 챈다고 하지요. 스타칭은 일본말이죠. 그때는 지금 차만큼 힘이 없었죠. 고개 같은 거 올라갈 거면 조수가 마구라 하나 짊어지고 뒤따라가죠. (마구라요?) 베개죠, 베개. 뒤로 굴러가지 않게 뒤에서 받치는 거죠. 그게 나무받침대라는 얘기죠. 뒤로 밀리지 않게 받침대 하는 거죠. 올라가다가 힘이 딸리면 밀리니까, 마구라를 대 놓고 밀리지 않게 받치는 거예요. 이것을 제대로 받치지 않으면, 차가 뒤로 밀려 큰 사고가 나는 경우가 있죠.

목탄차[11]는 숯을 수시로 넣어야 돼요. 숯 넣는 곳은 요만큼씩(두 손으로 폭을 제시)에 동그랗게 생겼어요. (크기가 이 정도 됩니까? 50cm 정도?) 그만한데, 이걸 숯섬에다 통째로 넣는데, 그 사이사이의 구멍에다가 넣는 거죠. 보일라 위에다가 숯을 집어 넣고 딱 막아 버려요. 가스가 안 새게 밑에서 바람으로 돌리는 거예요. 그러니 가스가 위로만 올라가죠. 이게 파이프로 해서 나가게 되어 있구요. 이렇게 돌려 가지고 (돌리는 흉내를 냄) 압축을 시켜 가지고 '엥엥엥' 하며 손으로 풍구를 돌려요.

조수는 풍구질하고, 스타칭 돌리고, 뭐 여러 가지 하죠. 타이어도 펑크 나면 직접 고치기도 하고. 풍구질하며 돌

목탄 차에 대한 그림 설명에 의하면 둥근 탄통 형태이며, 위에 뚜껑이 있다. 그리고 좌측 위로 가스 분출이 되어 엔진으로 연결되며, 가운데에 숯을 채워 넣는다. 그리고 우측 아래에서 조수가 풍구질을 한다.

11 나무를 연료로 움직이는 차. 연료사정이 좋지 않았을 시기인 일제 시대부터 사용함.

리면 가스가 상당히 독해요. 정말 사람도 죽는 거죠. 가스가 다 올라가면 엔진으로 연결이 되요. 목탄차는 숯이 타면 재를 치워야 하는데, 이것이 힘들죠. 숯섬 만드는 나무를 숯가마에 집어넣고 그 위에 칡뿌리를 집어 넣어요. 가득 채우면 숯이 대략 2솜 정도 들어가지요.

아무래도 목탄차는 힘은 없지요. 트럭에 짐을 싣는 양에 따라서 달리는 거리와 힘이 달라져요. 짐이 무거우면 얼마 가지 못해요. 보통 3~4시간, 아니면 4~5시간 정도 갈 수 있어요. 거리로 따지면, 대략 이곳에서 수원 정도까지는 갈 수 있지요. 달릴 때 밑에 있는 재는 바람에 자동으로 날리게 되지요. 목탄차는 6 · 25가 나던 해까지 있었던 걸로 기억해요.

카바이트차[12]도 카바이트 똥을 치우는 일로 힘들었죠. 이것은 흰색 찌꺼기예요. 이게 옛날 용접에 사용하는 것으로, 냄새가 심하게 나죠. 원래 돌 모양인데, 망치로 깨서 사용해요. 물과 카바이트를 섞으면 물에 녹아서 뽀글뽀글 해지며, 이것이 탱크의 아래로 가라앉아요. 카바이트가 다 타면 차가 서요. 그래서 조수는 카바이트 양을 보아서, 몇 시간 간다는 것을 측정해야 하거든요.

왜정 때, 그 당시에는 전부 도요타, 이스스 이게 일본 애들 화물찬데 목탄차였죠. 시발택시도 목탄차였어요. 해방되고 미군들이 나왔을 적에는 전부 휘발유차잖아요.

(카바이트는 목탄차보다 조금 나은 건가요?) 카바이트가 좀 세죠. 이것은 폭발력이 좀 세니깐. 차 운행할 때는 운전수에다가 꼭 정비를 하는 조수가 하나 있어야 하구, 그때는 운전수도 정비 잘했죠. 조수도 그만큼 배워야 데리고 다니고. 타이어 펑크 나고 그런 거는 조수가 다 했어

12 카바이트는 예전에 풍선을 만들 때 주입하는 것으로 냄새가 고약하다. 이것을 연료로 움직이는 차가 카바이트 차라고 할 수 있다.

요. 그럼요, 조수가 다 했어요. 차 고장 나고 그러면 지금이야 정비사를 따로 부르지만, 내가 세브란스 병원[13] 들어갔을 때까정도 내가 직접 차를 만졌는데요. 그럼요. 지금 애들은 직접 못하면 통째로 다 갈잖습니까? 옛날 사람들은 그게 아니에요. 그게 고장이 났다 하면은…. (그 사이 부인이 들어왔다. "아이구 안녕하세요. 자꾸 귀찮게 해서 죄송합니다. 할아버지께서 옛날에 사시던 얘기를 참 재밌게 말씀해 주시고 계십니다.")

이게 왜 고장이 났나 찾아 가지고, 옛날에는 딱 거기에 대한 부속만 찾아 끼죠. 뭐 통째로 갈고 하는 건 생각지도 못해 봤어요. 옛날만 해도 청계천 같은 데, 그때만 해도 거기 가면은 도요타 부속, 짚차 부속, 미군부대에서 나오는 것, 완전히 차가 못쓰게 되면 차에 대한 부속품 같은 걸 팔았어요.

거기에 맞는 사이즈가 다 남바[14]가 있잖아요. 그럼 청계천 가서 딱 고거 하나만 사 가지고 오는 거예요. 그래 가지고 고걸 갈아 끼죠. 필요한 부속만 사다가 끼우죠.

지금도 나쁜 거만 갈면은 오래 쓸 수 있는 건데, 어디 그래요? 통째로 갈아 버리잖아요. 지금이야 자동차도 뭐 나쁜가요?

당시 용산모터스보다 경성 모터스가 제일 컸어요. 들어가서 처음에 3개월은 아무것도 안 주고, 그냥 3개월 지나서 시도리아헤라 하여 쓸 만한 사람이라 생각되면 계속 쓰고, 1년 지나니 점심이나 한 끼 주더라고요.

처음에는 말하자면 데모도라 해 가지고 심부름꾼이죠. 시다말이도 보고, 지금이야 시다말이 보는 사람은 이것만 보고, 엔진 보는 사람은 엔진 보고, 방낑하는 사람은 그것

13 세브란스 병원에 들어간 시기는 1969년임.

14 넘버.

만 하고, 그때 당시에는 한 사람이 다 했어요. 배울 적에는 엔진도 배우고….

(시다말이가 어딥니까?) 시다말이가 밑이란 얘기예요. 말하자면 타이어 같은데, 엔진 말고 미숑, 대우, 라이닝 이게 다 시다말이예요. (아까 방낑이라고 하셨나요?) 보댁이죠. 차 외관 껍데기 부분이요. 문짝 보데, 본네트, 도랑꾸. (요즘엔 트렁크라고 하죠?) 네. 옛날엔 엔진만 배워 가지고는 안 돼요. 조수로 나가는데 다 알아야지. 안 돼요, 그럼요. 그래 가지고 조수로 나가야 그때부터는 시다가 되는 거죠.

처음부터 연장 이름을 잘 알아야 돼요. 전부 다 일본말로 배웠죠. 지금 얘기하는 거 보면 몰라요. 오야지를 얼마나 무서워했는지요. 오야지가 "야, ○○가지고 와." 그러면, 연장통에서 빨리 찾아서 가지고 와야지, 그땐 말 안 듣고 하면 망치 같은 걸로 때렸어요. 그 사람들 오야지가 겁이 나 가지고, 그냥 요 앞에 있는 것도 못 찾는 거야. 그럼, 오야지가 드러누워 가지고 쓰던 연장을 던져 버리는 거야. 대가리 맞고, 손목뼈 맞고, 시퍼렇게 멍이 들어도 아프다고 말도 못하고, 오야지가 "너 아까 맞은 데 아프냐?" 물으면 "안 아픕니다" 라고 대답했지요.

"오야지가 드러누워 가지고 쓰던 연장을 던져 버리는 거야. 대가리 맞고, 손목뼈 맞고, 시퍼렇게 멍이 들어도 아프다고 말도 못하고, 오야지가 '너 아까 맞은 데 아프냐?' 물으면 '안 아픕니다' 라고 대답했지요."

(군대식이네요?) 그럼요. 오야지 정도 될라면 한 3년이 있어야 돼요. 3년을 뛰어 여기저기 좀 다녀야, 완전히 시도리 되죠. 일류가 된다는 얘기죠. 운전은 한 3년 정비하니까 자연적으로 배워져요. 지금같이 운전만 배우는 것이 아니고, 조수 옆으로 따라다니면서 운전하는 걸 보지 않습니까?

6 · 25가 나던 해에 목탄차와 카바이트 차를 모두 휘발

유차로 개조들을 했죠. 엔진은 개조 안 하고, 카브레 같은 것만 개조해서 사용했지요.

일본 애들이 6 · 25 바람에 부자가 된 거 아니에요? 그들이 차를 만들어서 처음에 한국에 내보낼 적에는 6~7년 정도만 쓸 것으로 생각했어요. 처음에는 엔진이 조금 팔리는 듯하더니, 나중에 안 팔리니깐, 그들이 와서 한 번 봤대요. 그런데 한국 사람이 얼마나 약은지, 스리프에다가 박아서 쓰는 것을 보고 놀랐다고 해요. (스리프요?) 말하자면 기통수가 6기통이라면 구력이 6개 있잖습니까? 4기통이라면 4개가 있는데, 처음에 나올 때 딱 맞아요. 오이루[15] 입구가 3개가 있고, 압축 입구가 2개가 있어요. 근데 스리프 하고 올라갔다 내려갔다 하면서 압축 폭파 동력장치를 이어주잖아요. 그러면 이게 3년 쓰고 나면 닳아요. 닳으면 이게 신나도 쓸 만큼 써야지, 엔진을 이렇게 내려다 놓고 '벌써 얼마나 닳았나' 하고 엔진 스리프에다가 만져 본다고요. 그러면 보통 이 정도는 밀려 있어요. 그 다음에는 20에서 25로 되면 헐거워지니까 쓸 수가 없잖아요. 그러면 엔진을 갈아야 하잖아요. 근데 한국 사람들이 어떻게 했냐면 더 깎아 가지고 동그란 20에 맞는 이전 통을 맨들어 가지고 딱 맞게 해 가지고 거기다 집어 넣으니까, 또 20자리가 맞는 거죠. (실린더 자체를 바꿔 버린 거예요?) 네, 스리프란 게 그렇죠. 와서 보니 한국 사람들이 얼마나 약은지 스리프를 박아서 새로 나온 엔진보다 더 오래 쓰더라는 거예요.

(아이구, 기술적인 문제가 나오니깐 이해하기가 쉽지 않네요. 그 당시에 출퇴근을 하셨어요?) 그렇죠. 아휴, 옛날에 막일하는 사람이나 목수 이런 사람들은 날이 훤히

15 오일

새면 와서 일을 하기 시작해야지, 그렇게 안 하면 관두라고 하니깐, 무서워했죠. 그래서 해 떨어져야 끝내지. 그것도 오야지가 끝내야 끝나는 거지, 뭐. 마음대로 몇 시간 했네, 점심시간 1시간, 뭐, 이런 건 생각지도 못해요. 보통 10시간만 해도 괜찮지요. 삼복더위에는 아침 5시면 훤히 밝잖습니까? 저녁 7, 8시 돼야 해 떨어지지 않습니까? 야간작업은 해 본 적이 없어요. 전기사정이 좋았든지 나빴든지, 그건 모르지만서도 아무튼 전기사정은 나빴죠. (어르신네, 제가 빵을 사 왔는데요, 좀 드시면서 하시죠.) (이때 제보자가 음료수를 내오며, "아휴 이거밖에 없는데" 라며 미안해 했다. 빵을 함께 먹으며 계속 면담을 했다.)

용산모터스에서는 한 1년 지나 월급을 줬죠. '월급 좀 안 주나' 하는 생각을 했는데, 이런 말을 하면 관두라고 할까 봐 무서워서 얘길 못하고 무조건 기다렸죠. 내 짐작으로 거의 1년 된 거 같애요. 3개월은 아무것도 안 주고요, 그저 기술 배운다는 것만 해도 좋았죠. 당시 일거리가 없으니까, 그런 기술을 배우자고 무조건 참은 거죠.

누구든지 그 당시만 해도 2~3년은 기술을 배워야 돈을 번다는 인식이 있었죠. 뭐 지금은 기술이 있든지 없든지 간에 들어가면 월급이 나오지만, 그때는 사람을 상당히 많이 봤어요. 3개월 돼야지 시도리가 되고, 앞으로 쓸 만하다는 인정을 받아야 하며, 관두랠까봐[16] 겁을 내고 그냥 열심히 배웠지요.

(용산모터스에는 직원이 얼마나 있었습니까?) 많지 않았어요. 전부 합쳐야 12~16명 정도였죠. 공장의 차 대수도 많지 않았으니까, 전부 손으로 하는 거니깐 오래 걸렸지, 지금 같으면 하루면 다 할 일도 그냥 열흘 보름씩 했었

16 그만두라고 할까 봐.

으니깐. 당시 경성 모터스가 컸죠. 거기는 확실한 건 몰라도 직원이 100명 안짝은 되었어요.

그때 당시에는 배들 고프고, 돈이 없으니깐 전차를 타는 것도 어렵고, 보통 도화동서 서대문까지는 한 구역 아닙니까? 한 구역은 차 탈 생각 안 해요. 걸어 다니는 거죠. 그럼요. 전차 탈 돈이 없으니까, 그냥 도화동에서 용산모터스까지 걸어 다니는 거죠. 내가 알기로는 한 30~40분 정도 걸렸죠. 아마 3킬로가 넘을 걸요. 그때는 산을 질러 나와서 철로를 타고 원효로까지 오는 거예요. 기찻길을 타고 거기서 내려 가지고 지금 용산 경찰서로 해 가지고 쭉 내려가는 거죠. (완전히 산을 타셨네요?) 그렇죠, 그땐 거기에 길이 있었으니깐.

한 1년 지나 쌀 두 말 정도 받았는데, 어머니가 "니가 한두 말 값이래도 보태니깐, 집안이 좀 나아진다" 라고 말씀하신 적이 있어요. 6형제에 식구는 많고 힘들었죠.

용산모터스에서 2년 정도 지나서는 쌀 반 가마 정도를 받았죠. 당시 10말이 1가마였었어요. 지금은 80킬로지만, 그때는 백 킬로였지요. 1가마니에 만 2천 환인가 했지요. 쌀 반 가마면 6천 환 정도였죠. 당시로는 상당히 큰 돈이었죠.

자동차 노가다 일들이 의리가 있어요. 자기가 영원히 원한다면 그냥 공장에 있을 수 있는데, 완전히 시도리맨[17]이 됐다 할 적에는, 어떤 트럭에서 조수를 하나 구해 달라 하면, "너, 가라" 하고 추천을 해 줘요. 쓰는 사람도 그 자동차를 완전히 만질 수 있는 사람 중에서 일하는 걸 봐 가지고 "저 사람 맘에 드는데" 라고 말하면 보내 줘요.

지금 같으면, 몇 년 동안 배워 준 기술이 있으면 안 놔

17 일종의 숙련공.

주잖아요. 근데 "난 조수로 안 가겠습니다" 이러면 할 수 없죠. 그럼 그때부터 일을 하나하나 맡기기 시작한다구요. 근데 "이만하면, 조수로 가라" 고 하는 것은, 스승이 산에서 무술 배운 제자에게 너는 저 세상으로 나가라고 하는 것과 같아요. 그런 식으로 보낸다구요.

그때 당시만 해도 공장에 있는 거보다도 나가서 활동하는 것이 배울 점이 상당히 많거든요. 물론 고생은 더 돼요. 왜냐하면 그때 당시만 해도 트럭을 타고 가게 되면 정말 양은솥, 김치, 숟가락 이런 걸 다 싣고 다녔어요.

명태 싣고 속초에서 동대문으로 내달리던 트럭 조수

여기서 속초에 가서 명태를 싣고 동대문 시장에 먼저 골인하는 사람이 제 값을 받는 거예요. 싱싱해야 되니까요. 옛날에는 명태가 참 으뜸가는 거였어요. 상인은 차 좋고 사람 좋은 사람을 선택한다구요.

"속초에 가서 명태를 싣고 동대문 시장에 먼저 골인하는 사람이 제 값을 받는 거예요. 싱싱해야 되니까요. 옛날에는 명태가 참 으뜸가는 거였어요. 상인은 차 좋고 사람 좋은 사람을 선택한다구요."

참, 옛날엔 고생을 두 배로 한 거죠. 겨울에는 라지에다 앞에다 신문지를 가려야 돼요. 그냥 물을 부으면 얼어 버려요. 지금이야 온도계가 잘 되어 있어서 발동 걸고 조금만 가도 히타에 훈훈한 김 나오잖아요? 옛날에 히타는 소리만 '자갈자갈' 내고, 운전석 밑에서 김이 나오는데, 10리쯤 가야 쥐구멍에 코 낀 만큼 나오는데, 히타가 있는 차들은 그래도 괜찮아요. 지금이야 뭐, 차 좋죠.

겨울에 속초 가는데, 추워서 힘들었던 건 그렇게 기억이 안 나요. (차가 눈길에 미끄러지거나 그런 적도 있었겠네요?) 그렇죠. (그때도 체인이 있었습니까?) 네, 있었습니다. 그런데 얼마나 그 체인이 좋은지, 짐 많이 싣고 가면은 십리도 못 가서 빵구[18]가 나고, 한참을 가다 보면은 '자박자박' 소리가 나요. 쇠로 된 체인 한쪽이 끊어져 가지고 나는 소리죠. 옛날 거는 지금보다 훨씬 투박했죠.

목탄차니깐 음식을 끓여 먹는데, 한 가지 좋은 게 뭐냐면, 차를 세워 놓을 때는 가스가 안 들어가도 되잖아요. 그러면 숱가마를 열어요. 그러면 요만한 구녕이 있으니깐, 쌀 씻어 가지고 물을 부어서 올려 놓아요. 불이 약하면 후앙 돌리고 하면 얼마나 밥이 맛있는데요. 또 쌀이 좀 좋아요? 밑반찬은 김치죠 뭐. 김치에 무, 깍두기, 고추장 같은 거 가지고 가서, 명태 그런 거 조금씩 주면은 같이 먹었죠. 운전대 밑에 박스 통에다 식사 도구고, 반찬이고 놓고 댕겨요.

"밥은 길 앞에서 먹죠. 그때는 차도 많이 댕기지도 않았으니깐 가다가 차 세워 놓고 먹었죠."

밥은 길 앞에서 먹죠. 그때는 차도 많이 댕기지도 않았으니깐 가다가 차 세워 놓고 먹었죠. 그땐 그냥 배가 고프니깐, 큰 미제 수저를 씻고 자시고 할 꺼가 뭐 있어요, 배도 고프고 하니깐, 한쪽 손으로 김치 쪼가리 잡아 가지고 숟갈로 퍼서 그냥 맛있게 먹었죠.

그때만 해도 속초에서 나는 명태로 국을 끓여 먹는 것이 최고였어요. 1마리 얼마, 2마리 얼마, 그렇게 팔았는데, 가난한 사람들은 1마리 사서 겨울에 얼면 언 대로 넣어 가지고, 콩나물 넣어서 멀겋게 해서 먹었고, 아, 얼마나 맛있었는지…. 배가 고파서 그런가, 확실히 물이 달라져서 그런지, 옛날 맛하고 지금 맛하고 달라요. (그렇죠. 그때는 싱싱했고, 또 요즘 입맛이 높아져서 그럴 거예요. 요즘에 먹을 게 흔해져서.)

18 펑크.

(저는 오늘 서울승합 들어가시고 나서 얘기 좀 들을려고 왔는데, 이전 얘기를 쭉 듣다가 50년대 이후는 별로 못 들었네요. 다양한 경험을 하셔서 얘기 듣다 보니깐 참 끝이 없네요. 아까 그 목탄차 얘기는 지금 해 줄 수 있는 사람이 별로 없을 걸요. 그때 차 직접 만지신 분들이 별로 없잖아요.) 그때 운전수들은 다들 나하고 그렇게 비슷할 거예요.

당시 운전수는 전부 조수를 거쳐 올라간 사람들이에요. 처음 정비 일을 배우면서 시도리까지 될라면 3년이 넘어야죠. 운전은 3년 동안 자연적으로 배워져요.

(운전수가 속초에 한 번 갔다 제 시간 맞춰서 명태 가져오면 어느 정도 받습니까?) 그건 모르죠. 여기서 속초까지 빈 차로 가서 싣고 오는데 왕복 얼마로 계산하죠. 이것 말고 또 있지요. 그때는 지금도 있지만, 그때도 운전수에게 곤조라는 게 있잖아요.

운전석 운전은 하늘도 못 막는단 얘기예요. 가다가 틀어지면은 똥소간[19] 갔다 온다고 내려 버리는 데요. 시골길 같은 데에서 저 멀리 동네까지 가는 데 어떡해요. 일부러 그러는 거예요. 골탕 먹이려구요.

아, 지금 버스 운전사들도 곤조[20]가 있어 가지고, 그 곤조가 안 없어져요. 지금 저 대절 버스 운전사들도 설악산 가는데 왕복 차비는 얼마가 기본이고, 또 기사한테 봉투에다가 넣어 주는 대로 기분 맞춰 주잖아요. 똑같애요, 그거하고.

(당시는 운전 일을 배우시길 잘했다고 생각하셨겠네요? 힘드시긴 하지만 남들이 하지 못하는 기술을 갖고 계셔서요.) 그럼요. 근데 그게 사람마다 다 다르죠. 우리 같은 사

19 변소.
20 상대에게 굽히지 않는 성깔.

람은 그 자동차에 대해서, 또 운전하는 거를 어렸을 적부터 상당히 좋아한 거 같애요.

(어르신네, 처음 배우실 때 굉장히 힘드셨다고 했잖아요 그래서 '그만둬야지' 하고 순간적으로 생각해 보신 적은 없으세요?) 아휴, 그때 당시에 그런 것 서로 배우려고 했지요. 우린 뭐든지 한 번 시작하면 중간에 포기하는 일이 별로 없었죠.

극한 대립과 혼란 속의 공산 치하

50년 6월 27일에 지금 도화동 가든 호텔 자리에, 아침 7시경에 빨갱이들이 들어온 거예요. 들어오자 청년단체 애들이 '이때다' 하고 만세 부르고 했지요. 우리도 뭐 빨갱이가 뭐고, 하양이가 뭐고, 전쟁이 뭔지 몰랐죠. 지금같이 그렇게 머리가 깨 가지고 공산당, 민주당을 구분하지 못했어요. 그저 먹고 사는 데만 신경썼지요. 청년단체에 동네 사람들도 몇 있었어요. 만세 부르라고 그래서 만세 불렀어요. 그 무슨 빨갱이가 좋아서 만세 불렀겠어요?

"6 · 25 때는 피난을 갈 경황이 없었죠. 경황도 시간도 없었지만, 여기서 뭐가 있어야 떠나도 떠나지요? 철로가 엿가락같이 해 가지고, 공작창은 지붕이 날라가고, 나둥그래지고, 인쇄소 거기까지 쳐 버렸잖아요. 집이 흙으로 된 집이니 벽도 떨어지고 뭐가 흔들리고 굉장했죠. 그리고 저 한강다리까지 폭파했지요. 그냥 폭탄이 한 줄에 12개씩 나와요."

6 · 25 때 일요일 날 아침 10시 전에 B-29 비행기 두 조가 와 가지고 용산 철도국과 인쇄국 거기를 폭격을 했지요. 자기네들은 방송을 했대요. 근데 만 2천인가, 만 5천 미터를 올라갔는데 정확한 조준이 됐겠어요?

6월 27일에 여기 들어와 가지고 29일 날인가, 30일 날인가, 좌우간, 저기 용산 공작창하고 용산역 앞하고 쳤습니다. 철로가 엿가락같이 해 가지고, 공작창은 지붕이 날아가고, 나둥그래지고, 인쇄소 거기까지 쳐 버렸잖아요.

그래 가지고 공업지대라고 해서 용산 서비스 공장, 저 성남극장 쪽의 굴다리 거기도 다 쳐 버렸어요.

그곳에 자동차 서비스 공장이 상당히 많았었어요. 용산 모터스가 있었고, 경성 모터스가 있었고 그랬어요. 거기가 공업지대예요. 인쇄소는 용산 경찰서에서 원효로 그쪽으로 내려가는 길에서 용마루 방향으로 올라가면 우측에 사람 다니는 새청고개 있잖아요? 거기 고개 넘어가면 인쇄소가 있었어요. 서울역도 한쪽으로는 다 쳐 버렸었죠.

일요일 날인데 10시쯤이랬어요. 뭐 그때만 해도 그냥 초가집이 많았는데, 폭탄 1톤짜리 떨어지는 데요, 뭐 집이 흙으로 된 집이니 벽도 떨어지고 뭐가 흔들리고 굉장했죠. 그리고 저 한강다리까지 폭파했지요. 그냥 폭탄이 한 줄에 12개씩 나와요. 그때 당시만 해도 지금 같이 사람이 많지 않았으니까, 사람들은 많이 다치지는 않았지요.

"자기네 말론 방송을 했다고 하는데, 확실히 일요일 날은 일들을 안 하는 줄 알고 와서 친 거죠."

일요일 날, 전부 피난 가라고 방송을 했는데 못 들었죠. 만 2천, 만 5천 미터 그런 데서 방송하면 들려요? 나중에 알고 보니, 자기네 말론 방송을 했다고 하는데, 확실히 일요일 날은 일들을 안 하는 줄 알고 와서 친 거죠.

철도는 운행이고 뭐고, 남은 건 남았지만서도, 우선 화물차, 객차, 기관차, 철로 이것들이 그냥 엿가락같이 막아놨기 때문에, 기관차 자빠져, 객차 자빠져…. 그때만 해도 공작창에서 용산역 앞에까정 차들 들어오고, 용산역 앞에 화물들, 그냥 전부 치워 논 차들, 이런 게 많았잖아요. 디젤차로도 금방 운반하는 것도 아니고…. 옛날 여기서 인천만 내려가도 한 나절씩 걸릴 때니깐 뭐. 그렇게 수송이 빨리 안 됐으니깐, 객차, 화차들 짐 실은 채 뭐 이리 들어와 있는 차들 많았죠. 다 부서졌어요. 그런 걸로 해서 사람들

▲ 6 · 25 전쟁 중에 파괴된 용산 철도공작창

이 엎어진 객차 밑으로 다니고 그랬죠.

(그 후로는 철도가 운행이 안 된 모양이죠?) 안 되나 마나, 뭐 그때는 저 한강다리도 끊어졌고. 그때 당시에 서대문 신촌 나오는 굴 있잖습니까? 2개가 있잖아요. (금화터널인가요?) 금화터널이 아니고, 철도터널이요. 거 시청역 앞에서 서울역 앞으로 가는 거 있잖아요? 거기다가 좀 쓸만한 거는 화물차에다가 실어 가지고 쳐넣어 놨었어요. 얘네들이 이북에다가 싣고 갈라고.

6 · 25 때는 피난을 갈 경황이 없었죠. 경황도 시간도 없었지만 '인민군이 쳐들어온다, 인민군이 쳐들어온다.' 이런 소리는 들렸어요. 그래서 '전곡이 떨어졌네, 의정부가 떨어졌네, 미아리 쪽으로 내려오네, 문산 쪽으로 나오네' 하면서 라디오에서 하는 말을 다 들었거든요.

그러면 여기서 뭐가 있어야 떠나도 떠나지요? 그때 당시만 해도 돈도 돈이지만 돈만 가지고도 내려갈 수 없었어요. 그때 나이는, 전쟁이 50년에 났으니깐, 그때 만으로 18살이고, 집 나이로는 19살이네요.

피난을 못 갔는데, 공산 치하에서 하루는 젊은 사람들을 마포국민학교로 모이라고 그랬죠. 나이 제한은 없었어요. 그때 낙동강까지 다 내려갔을 때인데, 어머니가 가지 말라고, 큰일난다고 그러고, 동네 사람 집에 가서 있어라 해서 안 갔어요. 갔었다면 그때 의용군으로 입대해서 어떻게 됐을지 몰라요. 그들 중에 돌아오지 않은 사람도 있고, 돌아온 사람도 있다고 들었어요. 나중에 1 · 4 후퇴 때에는 겨우 피난을 내려갔다구요.

전쟁 중 부친의 부역으로 고초를 겪다

6 · 25 때 아버님도 봉사했다고 해서 다니던 직장에서 그만두었죠. 당시 철도국 노동국에서 조사했는데, 그것들이 참, 이가 갈리는 거죠. 그게 인민군 밑이라서 그렇담보다도 우선 먹고 살아야 되잖아요. 그때 철도국에 들어가서, 내가 기억하기로, 미군들 철모로 쌀을 퍼 주는 거예요. 거기 나와서 일하는 사람들에게 얼마나 후합니까? 그러니깐 그랬지, 뭐 빨갱이 사상이야 있습니까?

6 · 25 전에 청년 단체 중에서 남노당 박한영 계열의 공산당 계열이 있었어요. 아버님이라고, 뭐 이북을 지지하거나, 빨갱이를 지지한다던지, 사상적인 그런 것은 정말 눈곱만치도 없는 거예요. 오로지 먹고 살기 위해서, 댕기던 직장이니깐, 빨갱이가 됐든지, 하양이가 됐든지, 나가서 일한 만큼 보수를 주니깐. 그땐 돈으로 주는 것이 아니라

쌀로 줬어요. 용산역 앞에서 쌀로 철모를 하나씩 퍼 줬으니깐 일을 한 거죠.

사상적으로 내가 우익이냐, 좌익이냐 하는 것이 있는 것은 모르고, 그냥 먹고 사는 것만 관심을 갖다 보니, 나중에 6 · 25가 나 가지고 거기서 일한 사람은 빨갱이라고 붙였지, 속은 빨갱이가 아니죠. 먹고 살기 위해서 목구녕 풀칠하기 위해서죠.

아버님 사상 때문에 문제가 있었다면, 내가 더군다나 특공대 기수인데, 밤에 적을 공격하는 것이 가능했겠어요? 개네들이 공격을 안 나왔을 때는 우리 특공대는 최전방의 일선을 넘어가요. 군대 갔다 오셔서 알겠지만, 교통호 만들어 놓은 곳이 일선이에요. 적의 진군로라고 해서 지뢰를 양쪽에다 팔선, 십선씩 매설을 해 놔도, 거기는 길을 터놓는 거예요. 걔네나 우리나 최전방 일선을 넘어서 골짜기까지 나와 있는 거야. 달빛에 보면 인민군들이 나와 있는 거예요. 좌익이니 우익이니 해 가지고, 6 · 25 때 빨갱이었다면, 내가 넘어가도 얼마든지 넘어가고, 또 우리가 전투 경찰 나가면, 개네들 토치카까지 나가요, 6 · 25 때에 빨갱이였다면 내가 넘어가도 넘어갔지.

"사상적으로 내가 우익이냐,
좌익이냐 하는 것이
있는 것은 모르고,
그냥 먹고 사는 것만 관심을
갖다 보니, 나중에 6 · 25가
나 가지고 거기서 일한 사람은
빨갱이라고 붙였지,
속은 빨갱이가 아니죠."

"아버님 사상 때문에
문제가 있었다면, 내가
더군다나 특공대 기수인데,
밤에 적을 공격하는 것이
가능했겠어요?"

우리 아버님이 애매하게 고생을 했죠. 더군다나 우리 아버님이 조역이니깐. 사흘 만에 집에 오셨는데, 팔이 이렇게 돌아갔어요. 지붕 있는 화차에 집어넣어서 야구방망이로 많이 맞았죠. (누가 때린 거예요?) 피난 갔다 온 놈들, 같이 있었던 저거들은 피난을 갔었거든. (청년단인가요?) 아니요, 노동조합 사람들이죠. 옛날에 철도노동조합 이들은 피난을 내려간 사람으로 우익이죠. 그 이후 좌우간 철도국에서 또 안 부르는 거예요. 그리고 퇴직금이라는 것을 지금 우리는 알지만, 그전엔 퇴직금을 전혀 모르잖아요. 그런 건 한 푼 없이 30년 넘게 근무한 철도국에서 쫓겨난 거죠. 그러니까 1 · 4 후퇴 이후에 다시 복직돼 가지고 그때부터는 못 다녔었죠.

큰형님은 도공장[21]에서 칠하는 일을 했고, 둘째 형님은 시야게방이라 해서 공작창에 오는 부속품을 아주 정밀하게, 깨끗하게 다듬는 방이죠, 거기서 일을 했어요. 현재 둘째 형님은 혈압으로 작고하셨고, 큰형님은 일산에서 살고 계신데 머리에 이상이 있으셔서 철도국 다녔던 것만 아시지, 옛날 기억을 못하시죠.

전쟁중에 '차를 내 줄 테니, 철도국 사람은 단체로 부산으로 모여라' 하면 좀 좋아요? 어디로 모여라, 이런 이야기는 들어보질 못했으니까요. 근데 내가 아는 사람들은 나중에 9 · 28 수복 당시에 올라와서 큰 소리를 막 친 거죠. (진짜 혼란기였네요? 그 전쟁 통에 명령이 제대로 전달되지도 않고.) 그럼요. 오로지 하루하루 먹고 살기 위해서 고생한 것밖에 없어요. '하루하루 살기 위해 밥이나 실컷 먹었으면 원이 없겠다.' 군대가서는 '밥이나 실컷 먹고, 잠이나 실컷 자다 죽었으면 좋겠다.' 그런 생각이지, 좌익이니 우익이니 그런 데에는 관심이 없었죠.

사상적으로 내가 6 · 25 때 일을 했다고 빨갱이라고 하면, 그 후로 군대를 나가 가지고, 철의 삼각지를 그렇게 돌아다니고, 인민군 애들 포로 잡아 놓은 것 있으면 낮에는 일부러 탄약고에 집어 넣은 놈을 끌어내서 태검을 해서, 산 놈을 세워 놓고 쑤시고, 개 잡듯 하던 저 같은 사람인데, 일선을 넘어서 개들 진지까지 수색하고 돌아다니던 특공대인데, 사상이 나빴으면 넘어갈려고 하면 어느 때고

21 색을 칠하는 작업장.

넘어갔죠.

아버님은 30년이 넘게 근무했으니 퇴직금은 당연히 받았어야죠. 지금 같아서는 퇴직금이라는 걸 알지만, 당시는 그런 것 전혀 못 받고 쫓겨났지요. 당시 아버님이 조역의 위치에 있었는데, 이것은 공장장 바로 아래의 높은 직위였죠. 퇴직금이라는 것도 내가 세브란스 병원에서 정년퇴직하고 나서 알았죠. 완전히 커서 안 거죠. 옛날에 퇴직금 이런 거, 전혀 생각지도 않았죠. 중간에 어떤 놈이 해먹었겠죠. 근데 자식들이라도 똑똑했으면, 눈을 바로 떴으면, 철도국에 가서 명단을 뒤져 보면 옛날 명단이 나올 거라구요.

살기 위해 전의로 피난가다

6 · 25 당시만 해도 전쟁이 '났는가 보다' 하고 있다가 피난을 못 갔고, 그 일로 아버지가 끌려가서 얻어맞고 무서운 일을 당했지요. 1 · 4 후퇴 때에는 전의까지 피난을 갔죠.

피난 갈 적에도 쌀과 이부자리를 갖고 전 식구가 모두 내려갔어요. 그때까지만 해도 솜이불 아닙니까? 지금같이 침낭이 있어서 들어가서 자꾸[22] 잠그고 그러는 것이 아니라, 솜이불 그걸 짊어지고, 그 위에다 쌀을 짊어지고 갔죠. 죽지 않을려고 남들이 내려가니깐 내려가는 거지.

저희 어머니랑, 형수님은 양은솥과 그릇, 숟가락 같은 식사도구까지 다 짊어지고 갔지요. 아버님은 이부자리 같은 거 짊어지고 피난을 갔지요. 나와 내 동생들은 그때까지는 쌀을 짊어질 힘도 없지만, 하루 걸러 배급 쌀로 받아먹던 때니깐, 쌀 푸대 조그만 거 짊어지고 갔죠.

22 지퍼

우리는 줄어드는 쌀만 쳐다보고 있는 거예요. 하루 먹고 나면 이만큼 없고, 그래서 그거 다 떨어지면 다 죽는 줄 알았대요. 그리고 또 옛날 사람들이 지금처럼 요령이 있어 가지고, 다른 사람한테 가 가지고 치고 뺏고 하는 이런 생각을 가지지도 못했는데.

옛날 사람들은 남의 것을 무섭게 생각하고, 남을 먼저 생각하고, 내가 그 사람 가슴 아프게 하면 내 자식 대에 나타난다고 생각했지요. 이런 착하고 어진 마음에 옛날 사람들은 감히 남의 것을 훔치거나 빼앗을 생각을 못했죠. 그래서 1 · 4 후퇴 때 전부 짊어지고 갔으니, 얼마나 힘들었겠어요? 그냥 걸어서 여기서 충남 전의까지 내려간 거예요. 그때 당시에도 내려가서는 취직이 되나요? 일자리가 생기나요? 나중에 쌀까지 떨어져 가지고 거기 본바닥 사람들한테 바가지를 얻어 가지고, "밥 좀 주쇼, 밥 좀 주쇼." 그러면서 이집 저집 돌아다니면서 그러며 살았어요. 전의에는 1 · 4 후퇴 때 내려가서 봄 지나고 여름 때까지 있었어요. 52년 1월 26일 날 입대하기 전까지 1년 가까이 있었어요.

"산에 가서 낭구해다가 지고 읍내에 나가서 팔면 저거한다고 하는데, 근데 뭐 지게질을 할 줄 압니까? 하루는 해장국집에 나무를 가지고 갔는데, 해장국을 먹는데, 그렇게 눈물이 나더라구요. 차라리 해장국을 싸 줬으면 불어 터져도 가져가서 식구들을 줬을 텐데."

거기서 뭐, 할 줄 아는 게 있어요? 주인이 산에 가서 낭구해다가 지고 읍내에 나가서 팔면 저거한다고 하는데, 근데 뭐 지게질을 할 줄 압니까? 낭구[23] 좀 싣고 갔더니 누가 삽니까? 아침 첫 닭 울 적에 한두 시간 나가면, 거기 나무장이 서요. 그러면 사는 사람이 와서 "이 나무, 이 나무, 이 나무, 3짐 따라 와" 하면, 그 집에 가서 부려 주고 돈 얼마 흥정해 주고 하는데, 나야 뭐 지게질을 할 줄 알아? 조금 줘도 할 수 없고….

하루는 해장국집에 나무를 가지고 갔는데, "해장국이나

23 나무.

한 그릇 먹고 가, 아니면 도로 가져가든지" 라고 그래요. (그래서 해장국 드셨어요?) 뭐, 짊어지고 올 수 있어요? 그런데 그때 먹다가 얼마나 눈물이 나는지요. 아버지, 어머니, 동생들도 굶고 있는데, 그런데 이걸 뭐 싸 가지고 갈 수도 없고…. 먹는데, 그렇게 눈물이 나더라구요. 차라리 해장국을 싸 줬으면 불어 터져도 가져가서 식구들을 줬을 텐데.

1 · 4 후퇴 때에 내려가서, 그 이듬해 4월 달인가, 5월 달에 올라왔죠. 올라왔지만 한강 다리가 끊어져서 도강이 안 됐어요. 그래서 당산동, 거기 옛날 기다란 쌀 창고에 요만큼씩 자리잡아 가지고, 보루바꾸[24]로 칸을 막고, 내 집이다 하고 몇 백 가구가 있었어요.

(도화동 그때 사시던 곳이 다 파괴됐나 보죠?) 아니요. 파괴는 안 됐는데, 도강을 안 시키니깐. 다리도 그때만 해도 한강철교하고 제1한강교밖에 없었어요. 나는 거기 OB맥주 있는 데에서 밭일하며 미군부대를 다녔어요. 거기에서 영장이 나왔는데, 천안에서 가기로 돼 있단 말이죠.

사선인 철의 삼각지를 특공대로 넘나들다

52년도에 입대할 때가 1월 25일인데, 무척 추울 때였어요. 훈련받을 땐 그래도 나았어요. 싸움터에 나가서는 자는 것, 먹는 것 모두 아주 비참했어요.

그때 당시에 학도병 있고, 향토 방위대, 청방이 또 있었어요. 청방이면 청년방위대죠. 청년방위대, 향토방위대는 나이 먹은 사람들도 있었어요. 우리가 군대갈 적에도, 그

24 두꺼운 종이 상자.

때 나이에 36살인가 먹은 사람도 있었어요. 1 · 4 후퇴 나오면서 병력이 그때 많이 죽었잖아요. 그래서 젊은 사람들이 또 뿔뿔이 흩어졌고, 시골에 친척이 있는 사람들은 올라오지 않은 사람들도 많았고. 그래 가지고 정말 길거리에서 막 잡다시피 해서 끌고 간 거지요.

지금 말하면 예비군이나 마찬가지죠. 군대 나갈 때, 서울 사람들하고 경기도 사람들은 따로 분리했어요. 비원에 가서 훈련을 받고, 그러고 나서 논산훈련소 26연대로 떨어져 가지고, 그래 거기서 6주인가 7주간 훈련을 받고, 바로 최전방으로 끌려 나갔어요. 그때 워낙 바쁘니까요.

나는 청방으로 나갔어요, 나이가 어리니깐. (그때 국민방위대로 가신 분들은 엄청 고생하셨잖아요?) 우리도 똑같아요. 30이 넘은 나이 먹은 사람들도 끌려 나가고, 우리같이 어린 17~18살 먹은 사람들도 끌려 나가고, 아이구.

(최전방 어디로 가셨어요?) 금화, 철의 삼각지, 피의 능선에서 싸웠지요. 철의 삼각지에서 싸우면서 금화시도 탈환했고, 백암산, 그러다가 한탄강 도하작전하다가 53년도

◀ 휴전 이후 동료와 함께(좌측이 구술자)

7월 27일 9시에 예광탄 5발 쏘고 끝난 거죠. (제대할 때는 휴전하시고 나서 제대했지요?) 아, 그럼요. 휴전되고 얼마 더 근무하다가 55년 7월 21일에 제대했지요.

백마고지를 빼앗기면 연천으로 해서 의정부로 그냥 넘어오게 되어 있어요. 그래서 백마고지 안 빼앗길려고 들어갔다 나왔다 그렇게 싸웠죠. 피의 능선도 그 능선이 떨어지면 화천으로 해서 춘천으로 해서 서울로 들어오게 되어 있어요. 그래서 그게 적의 접근로라서 제일 전투가 치열하던 곳이지요.

"당시에는 고지에 올라가서 칡을 캐서 이걸로 양식을 했죠. 밥이라고 하는 것은 오질 않는 거예요. 물이라는 것은 빗물을 받아서 먹었죠."

"먹을 게 없으니깐, 최전방 거기가 산이니깐, 칡뿌리 이만큼씩 파면 칡이 나와요. 그걸 캐 가지고 짝짝 잡아당기면서 먹었죠. 물이라는 것은 빗물을 받아서 먹었죠."

당시에는 고지에 올라가서 칡을 캐서 이걸로 양식을 했죠. 밥이라고 하는 것은 오질 않는 거예요. 그때 당시만 해도 장교라는 것들이 쌀이란 쌀은 저것들이 먹고, 105mm 실탄 통에다가 잡곡밥만 해서 가지고 온단 말이죠.

피의 능선, 여기 있으면 낮에는 절대 사람이 움직일 수 없죠. 맞아 죽으니깐. 밤 11시쯤, 시계가 없으니깐 북두칠성 시계를 보면은, 지금 몇 시쯤 됐구나, 그걸 알지요. 보통 10시나 11시쯤 되면은 노무자가 105mm 포탄 통에다 밥을 짊어지고, 운이 좋아야 오죠. 걔네들이 조준해 놓고 있다가, 밤에는 보이질 않으니깐, 간간이 심심풀이로 쏘지요. 보급이라는 것은 밤에 오니까, 거기다 조종을 해 놓고 한 번씩 쏴 보는 거예요. 노무자가 밥을 가져오다가 총을 맞아 버리면 그 이튿날 11시까지 기다려야 해요. 그러면 밥이 없죠.

먹을 게 없으니깐, 최전방 거기가 산이니깐, 칡뿌리 이만큼씩 파면 칡이 나와요, 그걸 캐 가지고 짝짝 잡아당기면서 먹었죠. 물이라는 것은 빗물을 받아서 먹었죠. 옛날엔 장교들이 입었던 모가지만 내어놓는 것 있잖습니까?

비가 뚝뚝 떨어지면, 호의 양쪽에 걸어 놓고, 모가지 부분만 이렇게 내려 놓으면 그곳에 물이 괸단 말입니다. 이걸 받아 먹는데 한 모금, 두 모금, 세 모금이 되면 옆에서 세다가 때려요. 그땐 왜 그렇게 잘 때리는지. 세 모금을 더 넘어 가질 못하는 거예요. 물을 보면 누렇게 변한 물이죠. 그래도 죽지 않고, 그 물 먹고 살았어요.

우리 특공대는 산 밑에까지 내려오면 거기에 호가 있어요. 수색경찰들은 들어가서 정찰만 하고 오는데, 열에 한 번 들어갈까요? 근데 전투경찰 같은 거는 안 되죠. 중대에서 지시가 내려와 가지고 어디어디까지 들어가서 나와라 하면 들어가야죠. 그런 델 드나드니깐 옷을 적과 똑같이 입어야 되거든요.

(어르신네, 그때 다행이 부상을 안 당하셨네요?) 여기에 (바지를 걷어서 흉터가 있는 부분을 보여 주며) 파편 맞았어요. 그때는 지금처럼 워커라는 것이 없었어요. 전투화 신고 각반을 찼어요. 좌우간 총알이 피한다는 게 맞아요. 파편이 이 안으로 더 들어갔으면 완전히 부러진 거죠. 젊었을 때니깐 살점이 이렇게 많은 곳을 친 거예요. 전투중에는 부상당한 것도 몰랐던 거죠. 나중에 보니깐 끈적끈적하더라고요. 최전방에서 싸울 적에는 전투화, 각반, 방탄조끼를 벗는 적이 없어요. 벗을 짬도 없고, 나중에 끈적끈적해서 풀러 보니깐 피가 고인 거죠.

최전방에는 위생병도 안 와요. 공병대고 뭐고, 거기서 근무하는 소총부대들이 지뢰도 설치하고, 압박붕대 2개씩 가지고 있는 것을 붙이는 정도지요. 압박붕대도 피를 많이 흘릴 때에나 쓰죠. 나중에 오래 되어 고름도 나오고, 그래서 이걸 떼려면 새 걸로 갈아 낄 게 없는 거예요. 가랑잎으

"최전방에는 위생병도 안 와요. 압박붕대도 피를 많이 흘릴 때에나 쓰죠. 나중에 오래 되어 고름도 나오고, 그래서 이걸 떼려면 새 걸로 갈아 낄 게 없는 거예요. 가랑잎으로 비벼서 누렇게 피고름 묻은 걸 닦어 내기도 했어요."

로 비벼서 누렇게 피고름 묻은 걸 닦아 내기도 했어요.

(상이군경이시네요?) 해당이 안 되죠. 그 당시에는 최전방에 한 번 들어가면 휴가가 뭔지, 외출이 뭔지 전혀 모르는 거예요. 아무런 보상을 안 받았어요. 휴전되고 나서 위생병이 왔지, 휴전되지 않았으면 최전방에 위생병도 오지 않아요.

국가 유공자로 일급, 이급 이런 것 있는데, 우리같이 살점 떨어진 것 갖고는 상이군인이 되질 않아요. 어딜 잘려 나가거나, 그럼 되지만.

6 · 25 전쟁에 참여했던 사람들이 제대로 못 먹고, 몸을 무리하게 썼지 않습니까? 피의 능선, 백마고지, 백암산 이렇게 셋을 묶어서 철의 삼각지라 해서, 여기가 제일 치열했던 곳이에요. 한 번 가 보셔야지. (강원도 양구의 펀치볼인가, 거기도 엄청난 격전지였지요?) 펀치볼도 우리 그 옆이니깐.

"다른 집은 형이 전사하고, 동생이 전사하고 그런데, 아직까지 우리 집안엔 전사한 사람이 없어요."

(고생하시던 이야기를 들으면, 저희 같은 사람들은 전후에 태어나서 참 운이 좋다는 생각이 들어요. 어르신, 근데요, 큰형님이랑 둘째 형님도 6 · 25 때에 같이 입대를 했는데 아무 일 없었나 보죠?) 예, 3형제가 전방에서 치열한 전투를 했는데, 다 아무 일 없었던 것은 하늘이 도왔지요. 다른 집은 형이 전사하고, 동생이 전사하고 그런데, 아직까지 우리 집안엔 전사한 사람이 없어요.

(3형제를 전쟁에 보내 놓고 부모님이 얼마나 애가 타셨겠어요?) 우리 큰 놈은 양구 21사단인가, 우리 막내 놈은 일동 용수리의 전차부대에 가서 있었고요, 나도 보내 놓고 맘적으로 많이 울었지만,

그때 당시에는 착하고 어린 사람들이죠. 편지 같은 것

▲ 휴전 이후 동료와 함께(우측이 구술자)

적어서 써서 보낼 적에는 '아버님, 어머님 기체후 일양 만강하오십니까? 효자는 아버님, 어머님 덕으로, 그저 오늘도 무사히 군에 복무하고 있습니다.' 진지 잡수셨나? 내가 굶고 있으면서 아버님, 아버님 보고 싶고, 어떻게 지내시나 그게 걱정이에요. 나 총알 맞아 죽는다는 이런 생각은 안 했어요. 무섭지 않았지. 나이가 19살, 20살의 물불을 가리지 않던 시절이라, 포탄이 그렇게 떨어지는데도 그냥 명령 떨어지면 백병전에 들어가고, 돌격 앞으로 하면 고지를 탈환했지요.

지금 같으면 누가 올라가겠습니까? 당시 8부 능선, 9부 능선 백병전에 갈 적엔 대검을 꺼내요. 총은 들지 않아요. 워낙 총을 쏴서 노리쇠가 실탄을 물고 들어가서 전진도 안 되고 후진도 안 되고, 버리는 총이랑 똑같아요. 낮에는 다른 게 없어요, 대검이 잘 드는지 보고, 대검 가는 거 그거잖아요.

지금도 어느 때면, 술 한 잔 먹고 이렇게 있으면, 최전방에서 포탄이 쏟아질 적에. 돌격 앞으로, 소리가 어렴풋이 생각이 나요. (전우들 생각이 나시나 봐요?) 예. 당시 죽은 사람이 더 많죠.

6 · 25 참전용사들은 5만 원씩 받아요. 그것도 작년부터 준 거죠. 우리들은 그걸 받으려고 한 건 아니에요. 나라를 위해, 순전히 나라를 위해 싸운 거죠. 월남 용사하고, 북파 공작원들 먼저 보상했잖습니까? 저 사람들 돈을 주고 보

니깐, 그러면 6 · 25 때에 원래 참전한 사람들은 어떻게 하나 하고 고민하다가, '그럼 같이 주자' 하고 5만 원을 주게 되었죠.

제대 후 잠시 서울 시내 택시를 운전하다

55년 7월 달에 군에서 나왔으니깐, 56년도부터는 자동차 운전을 했죠. 서울승합 버스는 전부 지에무시[25]트럭을 개조해서 만든 차들이죠. 앞에 엔진 나온 차는 '캐버' 라고 그러고, 그것을 개조해서 만든 버스는 '카브' 라고 하며, 지금 다니는 버스같이 앞대가리 없는 것을 '도삐' 라고 그러죠.

시발택시도 운전했어요. 그게 또, 57년도, 58년도였지요. 시발택시는 지푸차 44년식으로 만든 거예요. 왜정 때도 다쿠시 같은 차들은 그런 차가 많았어요. 위에 비가 오면 호로 씌우는데, 지금 미군 차나 외제 차에 호로 덮는 거 있잖아요? 그런 식으로 뒤로 접어 놓고, 그러면 옆에 문이 있어요. 그냥 타는 데만 있어서, 뒤에 의자 있고, 앞에 운전대 있고. 그러다 일본 놈들이 쓰던 택시가 일본서 건너왔는데 도요타니, 닛산이니, 이스스가 들어왔죠.

(버스하시기 전에 택시하셨는가 보죠?) 그렇죠, 조그만 차, 9인승 합승도 있었고…, 그때 당시엔 정말 군대 갔다 와서 내가 돈을 만지니깐 살판났었죠. 초창기에는 부가 많았죠. 쌀통 가마니로 받아 놓고 먹었으니까요.

청계천을 지금은 복원하지만, 예전에는 그냥 있었어요. 무교동 광교에서 여자들이 빨래도 하고, 2가 3가 돌다리

25 원래 GMC트럭을 말하지만, 당시 트럭의 대명사처럼 사용함.

가 있어서 을지로 뒤로도 넘어가고…. 그때 내가 적어 둔 이야기를 할려면 밤 새야 돼요. 내 자랑이라고 그런 것이 아니라 내가 기억력이 좋아요. 다른 사람들은 치매가 와서 며칠 전에 한 것도 잊어버리고 하는데, 나는 어릴 적, 철 나고 한 일을 다 기억해요. 친구들 이름이라든가 동네 이름이라든가….

그러니깐 58년서부터 70년도까지 시내버스만 했어요. 그리고 70년대 세브란스 병원에 들어가서 20년 넘게 앰블런스만 계속했죠.

"청계천을 지금은 복원하지만, 예전에는 그냥 있었어요. 무교동 광교에서 여자들이 빨래도 하고, 2가 3가 돌다리가 있어서 을지로 뒤로도 넘어가고…. 그때 내가 적어 둔 이야기를 할려면 밤 새야 돼요."

(버스할 때에, 혹시 다시 택시하려고 마음 먹은 적은 없었습니까?) 아! 시발택시. 괜찮은 거보다, 내가 택시와 같은 조그만 차를 싫어했어요. 그냥 큰 차가 좋지. '이걸 차라고 가지고 다니나?' 그랬지.

택시는 차주가 직접 모는 경우는 없었어요. 할 줄 알아도 안 하는 거죠. 그러니깐 말하자면 이런 경우가 있죠. 저녁에 한 3~4탕 남겨 놓고 운전수가 열이 올라서 아파서 도저히 못해서 차를 세워 놓을 때, 차주가 끌고 나가는 경우는 있죠. 차주는 운전할 줄 알면서도 수입이 좋으니깐 안 하는 거죠. 50년대에는 택시도 많지 않았죠.

(철도에서 트럭, 시내버스, 앰블런스 식으로 다양하게 거치셨네요?) 사람이 나이를 먹으면 먹을수록 많은 경험을 해요. 다 먹고 살기 위해서 하는 거죠.

지금 운전수는 반나절도 못 돼서 쓰러질 그 옛날 버스 운전

(버스 하실 때 얘기를 듣고 싶은 데요?) 버스는 55년 7월에 제대하고 겨울서부터 해서 69년도 세브란스 병원 들어갈 때까지 했지요. (회사는 서울승합에서 안 옮기셨어요?) 왜요. 옮겼죠. 그런데 서울승합에서 많이 했죠. 한때 종공합승으로 옮겨 종암동, 마포, 도화동을 운행했지요.

"옛날 차가 지금같이 파워 이런 것도 없어서, 핸들을 한 번 돌리려면 젖 먹던 힘까지 다 빠져요. 한 번 클러치를 밟으면 힘 있게 밟아야 되고. 그래도 옛날 사람들은 장사죠. 지금 운전하는 사람들은 옛날같이 운전하면 반나절도 못 돼서 쓰러져요."

근무 시간은, 당시에 아침 4시에 통금 해제 사이렌이 불잖아요? 순서가 일 번이면 그거 불기 전에 나가서 종점에서 기다리고 있다가, 사이렌이 불면 그냥 나가는 거야.

이찌방으로 나가면 보통 11시쯤 끝나고, 그게 순서가 계속 바뀌니깐, 내가 이번에 일 번이면 다음날은 아침 막차로 나가는 거고. 이게 빙글빙글 돌아가면서 했지. 아침 막차가 보통 한 탕쯤 덜 뛰어요. 그때 당시만 해도 코스가 길어 가지고, 보통 8~9탕씩 뛰어요. 보통 아침에 첫차가 4시에 나가면 15분 배차를 하죠. 그래서 점점 빨라져요. 그래서 출근시간이 되면 3분 배차가 돼요.

그리고 옛날 차가 지금 같이 파워 이런 것도 없어서, 핸들을 한 번 돌리려면 젖 먹던 힘까지 다 빠져요. 한 번 클러치를 밟으면 힘 있게 밟아야 되고. 그래도 옛날사람들은 장사죠. 지금 운전하는 사람들은 옛날같이 운전하면 반나절도 못 돼서 쓰러져요.

그것도 지금 버스같이 오전, 오후 근무 있고, 1주일에 1번 놀고 그런 것도 없어요. 원래는 1주일에 1번 놀고 그러는 건데, 그때 당시에 기사가 없어 가지고, 따불로 일당을 주니까, 2주도 하고, 3주도 하다가 하루 쉬죠. 그거야 더 하는 것은 특권으로 받지만. 그때는 뭐, 참, 저 기사들 월급이 그렇게 박했죠.

그때 노선이 이대 입구에서 출발해 가지고 중랑교까지 갔죠. (서울 시내를 관통했네요?) 네. 중랑교 다리, 여기서 가자면, 면목동 가기 전에 그 밑으로 갔죠. 그 다리 밑이 종점이었어요. 지금 월곡동에서 오는 길난 곳인데, 거기가 종점이었어요. 한 탕 갔다 오면은 보통 3시간 잡아야죠.

(이대입구에서 중랑교까지 운행하셨을 때에는 청계천 복개하기 전이네요.) 그럼요. 그때는요, 여기 신촌역에서 출발하면은 아현동 고개가 상당히 높았어요. 나중에 상당히 많이 깎아 내렸어요. 그리고 당시 전차가 다녔잖아요.

그때는 지에무시로 개조를 한 거니깐, 그때만 해도 전부 휘발유차에요. 디젤차는 나중에 나왔지. 지에무시 엔진이에요. 그 차체하고, 엔진이고, 히다마리고 전부 지에무시로 되어 있고, 왜놈 도요타로 되어 있고, 이스스, 이렇게 3종류죠. 그 3종류를 개조한 거죠. 트럭 위에 보대[26]를 얹은 거죠.

그러니깐 차에다가 돌 싣고, 물통을 싣고 그랬지. 버스에 손님들이 창문 옆으로 앉은 게 아니라, 기대고 앉았어요. 그땐 차장이 앞뒷문 둘이었어요. 처음에는 여차장이 앞에 있었고, 조수가 뒷문에 있었죠.

버스 요금 체계와 매 맞던 공짜 손님

버스에 비해 전차가 쌌죠. 가는 시간은 버스가 빠르죠.

26 보디, 곧 자동차의 몸체.

지금같이 길 막히고, 그런 게 없으니깐. 그런데 전차 가는 게 마포서 동대문, 또 광화문서 서울역으로 가게 되고, 자꾸 내렸다 갈아탔다 하니깐, 따지고 보면 버스 한 번 타는 게 싼 적도 있지요.

버스비가 초창기였을 때, 그게 확실한 거는 모르지만, 서대문인가가 1구로 되어 있고, 동대문 2구로 되어 있어요. 청량리가 3구로 되어 있고. 그래서 구간표로 해 가지고 요금을 따로 받았어요. 그땐 내릴 때 돈을 받았어요. 그래서 처음에 1구역은 타는 사람마다 하얀 표를 줘요. 서대문 지나서는 빨간 표를 주고, 동대문 지나서는 파란 표를 주고. 처음 타는 사람이 동대문에서 내리면서 하얀 표를 내면, 그러면 2구를 타게 된 거잖아요. 그래 가지고 처음에는 요금에 차이가 있었어요.

그러다가 나중에는 일반적으로 되면서 그냥 구간표 없이 한 구로 다 했지만, 처음에는 요금표가 있었죠. 그 요금이 얼마였더라, 기억이 잘 안 나네요. 나중에 그게 한 3년 못 가서 아마 바뀌었을 거예요. 일반화가 되었을 거예요.

(그 당시로는 일반 서민들이 버스 타기 어려웠나요?) 그땐 어려웠죠. 버스값이 비싼 거보다도, 먼저 번도 얘기했지만, 취직들을 못해 가지고, 지금처럼 무슨 공장에 다녀 가지고 돈을 잘 버는 것도 아니고, 특수한 기술이 없으면 일자리가 없어서 그냥 노는 거야.

(그때 버스 하시면서 특별히 기억에 남는 일 있으면 알려주세요.) 그때 당시에는 월급이 아니고 하루 일당으로 줬어요. 그때는 지금처럼 입금시키고 그런 게 없었어요. 스피아통이 있어요. 실탄 250발 들어가는 실탄통, 그 것에 실탄을 빼면 요만한 통이 되는데, 그게 물도 안 새고 좋죠.

그 통을 가지고 한 탕을 갔다 오면 앞문이 얼마, 뒷문이 얼마, 이걸 기사가 적는 거예요. 돈을 세어 가지고 실탄통에다가 넣는 거예요.

차장은 처음에 허릿발을 해 가지고 거기다 지갑 같이 넣었죠. 오른쪽이나 왼쪽이나 자기 편한 대로 찼어요. 그것도 얼마 안 가서 없어졌지요. 왜냐면 스피아 돈이라고 해 가지고, 지금 말하자면 만 원짜리를 내면은 막 뛰어가면서 이쪽 호주머니에서 스피아 돈 5천 원짜리 하고, 저쪽 주머니에서 천 원짜리 4개를 꺼내 주었지요. 보통 한 20개씩 가지고 다니죠. 이렇게 해서 돈을 거슬러주었죠.

요즘은 카드가 있어 가지고 찍 누르면 운전수가 신경쓸 것도 없지만, 그때는 공짜로 타는 사람도 많았죠. 그러니깐, 내리는 건 앞문 뒷문의 구별이 없었어요. 손님들이 아무 데나 타고 내리면 되는 거지. 앞문하고 뒷문하고 돈 차이가 좀 나죠. 주로 앞문으로 많이 내리죠. 예를 들어 앞문에서 만 원을 받았다면, 뒷문은 6~7천 원, 어떨 때는 5천 원 차이도 나고 그렇죠.

"공짜로 타는 사람이 있으면, 앞차장이 조수한테 말하면 조수가 가서 후려갈기는 거야. 그러면 1대 맞고 도망하고, 지금 같으면 큰일나죠."

그때는 참, 돈들이 없어 가지고…. 기자, 일급 상이용사, 이런 사람에게만 무임승차가 있었어요. 기자도 버스를 타고 다니려면 기자증을 보여 주고 그러는데…. 그게 무법천지니깐, 그거 가짜로 해 가지고 공짜로 타는 사람이 있으면, 앞차장이 조수한테 말하면 조수가 가서 후려갈기는 거야. 그러면 1대 맞고 도망하고, 지금 같으면 큰일나죠.

그냥 타기보다는 꼭 어딜 급하게 가야 될 일인데, 돈은 없고, 걸어가면 늦으니깐, 그래서 공짜 버스를 타는 거죠. 그땐 차비가 없어서 많이 걸었죠. 마포서 신촌 오는 거, 서대문 가는 거, 그런 건 대부분 걸어갔어요.

운전수가 되려면 정비일도 필수였다

그때 당시만 해도 운전수가 되려면 상당히 어려웠죠. 서비스 공장에 먼저 조수로 들어가서 따라다녀 3년이 지나야 완전한 기사가 되는 거지.

옛날 면허시험장이 있었던 왕십리에 가서 코스 시험보고 면허를 따야죠. 어떻게 해서 차주를 잘 만난 사람은 차주가 면허증을 내주는 경우도 있었죠. 일본 차, 도요타만 배워 시험을 보는데, 시험 보는 차는 옛날 차죠, 지금 얘기해도 잘 못 알아들어요. 고종 황제 타는 차같이 그런 거지요.

(아까 말씀하신 차주가 면허증을 주는 게 무슨 뜻이죠?) 차주가 지금도 그렇지만, 밭떼기 재산도 많고 그런 사람들은 그 집에서 일만 잘 하면 자식같이 생각하는 게 있었어요. 그래서 면허 딸 때까지 다 도와줘요. 차주 잘 만나면 그렇게 면허증까지 따게 해 주는데, 그 동안에 일하는 거는 조금씩 주죠. 면허 딴다는 게 자기 기술 가지고 하는 거고, 거기 드는 비용만 대 준다는 그런 거죠.

면허 시험장이 왜정 때부터 6 · 25 전까지 삼각지역, 지금 미군부대 있는데 거기에 있었어요. 그러다가 왕십리로 간 거지. 그때만 해도 왕십리 가면 무밭 있고, 미나리밭 있고, 배추밭 그렇고. 맨 밭이고, 논이었고 사람은 별로 없었어요.

(네, 왕십리 미나리깡이 옛날에 유명했지요.) 확실히 면허시험장 옮긴 거는 잘 모르겠고, 왜정 때는 삼각지에 있다는 거만 알죠. 6 · 25 이후에 우리가 면허 딸 때는 왕십리에 가서 했죠. 왕십리서 자꾸 사람이 많아지니깐, 그게 한남동으로 왔죠. 한남동으로 와서 꽤 오래 있었죠.

(기술을 배우기 힘들어서 운전수가 적었나요?) 그럼요. 지금이야, 애들 머리 좋고, 차가 어떻게 동력전달장치가 움직이는지 모르고, 그냥 가서 운전만 배우잖아요. 어디가 고장 나면 카센터에 전화하면 고쳐 주고, 돈 내면 되지만, 옛날에는 그것만 가지고 운전 못하죠. 그때 운전수들은 전부 공장에서 정비 배운 사람들이 운전수가 되었죠.

최소 3년이 걸렸죠. 어떻게 엔진이 돌아가고, 휘발유가 어떻게 들어가는지, 압축 폭발 대기, 그런 거 배우고…. 동력을 전달하는데 그게 어디로 해서 미션으로 해서 샤우도로 해 가지고 차량이 구르게 되어 있는지, 그걸 이론적으로 모르는 사람이 있었나요? 그때는 웬만한 사람들이 다 자기 차는 자기가 고치고 그랬죠. 운전수가 장갑에 기름 하나 안 묻히고 전화하면 회사에서 정비해 주고, 그런 거 있었나요? 물론 밤이면 차고에 맡겨 놓고 정비를 하죠. 직접 정비해도 중간에 서는 차가 별로 없었죠. 차가 그렇게 안 좋아도, 전부 기술자니깐, 내가 기술자니깐, 아, 이게 어디가 나쁘다면, 내가 잠깐 봐 주고, 차 부속도 좋지 않은 놈이라도 수시로 손을 보니, 중간에 서는 차가 별로 없었어요. 지금 좋은 차 가지고 다녀도, 지금처럼 브레키 밟고 그러면 샤우도가 나갈 텐데, 당시는 얼마나 곱게 하고, 얼마나 사람 안 넘어지게 하면서 다녔는데….

"그때 운전수들은 전부 공장에서 정비 배운 사람들이 운전수가 되었죠. 차가 그렇게 안 좋아도, 전부 기술자니깐, 내가 기술자니깐, 아, 이게 어디가 나쁘다면, 내가 잠깐 봐 주고, 차 부속도 좋지 않은 놈이라도 수시로 손을 보니, 중간에 서는 차가 별로 없었어요."

(어르신네는 기술이나 경력으로 봐서는 좋은 대우를 받으셨겠어요?) 그렇죠. 뭐, 그 당시에 그랬지요. 일만 하면은 뭐 그때 당시에는 괜찮았어요. 그때 당시에 돈 잘 번다고 다른 회사가 시내버스 할 때까지 그게 연결이 된 것 같아요. 일을 안 하면 돈이 없는 거죠. 일은 잘했어요.

남자 차장이 조수 일을 하다가 운전수가 되는 경우도

많아요. 70년대 이후에는 2종 면허증을 따서 3년 정도 일을 하면, 대형 면허증 자격을 딸 수 있었어요. 그래서 이들이 버스 운전수가 되었는데, 택시와 9인승 합승을 운전하는 경우도 많죠.

무작정 상경한 청춘남녀의 선호직업 버스 차장·조수

처음에는 앞뒤 차장을 다 남자들이 했어요. 왜냐면 그 당시 상해용사니 깡패니, 뭐 이런 것들, 신문기자 행세하는 사람들이 많아 가지고 공짜 타는 사람이 많았어요. 그때만 해도 시골서 막 올라온 젊은이들이 시골서 쌀 반 가마 짊어지고 올라오고, 돼지새끼 1마리를 갖고 호남선이니 전라선을 타고 올라올 적에 일이죠.

여자 차장은 60년대 이후죠. 그때도 앞 차장만 여차장을 시켰어요. 그러다가 나중에 65년도부터는 여자만 차장을 했죠. 여차장은 출신지가 99%가 지방이에요. 보통 나이는 17~19살 정도이고, 22살 먹은 여차장도 있었지요. 이들은 결혼을 하면 자동적으로 그만두게 돼죠. 당시 차장을 하겠다는 사람이 많아서 서로 경쟁이 되었기 때문에 쓸 사람은 많아요.

잠만 재워 주고 밥만 먹여 주면 일을 하겠다는 사람이 줄을 서 있었죠. 차장은 보통 몇 개월 만에 바뀌게 돼요. 특히 돈 문제가 걸려 있기 때문에, 조금 눈에 거슬리면 바꿔거나 짤리지요. 요금에 차이가 있거나 삥땅의 뚜렷한 단서가 없어도 목을 자르는 경우가 많아요.

여차장의 경우, 초기에는 월급이라는 것이 제대로 없었고, 차주가 알아서 해 주는 정도지요. 대개 화장품과 속옷 정도만 사 주고, 먹여 주고 재워 주는 것이 전부에요. 1970년대에 와서 여자 차장만 쓰게 되어서야 정식 월급제가 되었어요.

남자 차장들은 가다 오다 빵구가 나면 조수 겸 차장 겸해서 덩치 좋은 놈들만 골라서 썼죠. 시내버스의 차장과 조수는 대개 차주의 집에서 먹고 자는데, 차주의 집은 대개 종점 근처에 있었어요.

(버스차장은 운전수하고 근무 조건이 똑같은가요?) 그럼요. 시간은 똑같죠. 항상 같이 데리고 나가는 사람이 계속 나가는 거요. 버스 차장하고 운전수랑은 항상 한 팀이 되지요. 운전수는 차장하고 조수를 내가 마음에 안 들면 안 쓰니까. 그때 당시만 해도 시골서 여자 애들이고 남자 애들이고, 그저 열아홉, 스물 먹은 애들이 좀 많이 올라왔어요? 그러니, 뭐 마음대로 쓰지.

운전수들 대기실이란 데가 있었어요. 머리 깎은 시골 애들이 거기 와서 쭈그리고 자고, 그냥 노는 날이면 불쌍해서 목욕탕 가서 씻겨 주고, 밥도 사 주고 그러지요. 어떤 놈은 돼지 새끼 안고 왔는데, 그런 아이들 다 키워서 조수 시키고, 여자들은 차장 시켰죠.

그때만 해도 월급은 필요 없고, 먹고 자는 것만 해도 고마운 때였어요. 그때 시골서 그렇게 많이 무대뽀로 올라왔었어요. 그러니깐 운전수 마음대로 사람을 쓸 수 있었어요.

(아까 삥땅 얘기를 하셨는데, 차주가 운전수랑 차장이 못 미더워서 조사를 하는 일은 없었나요?) 그런 거는 차주

"운전수들 대기실이란 데가 있었어요. 머리 깎은 시골 애들이 거기 와서 쭈그리고 자고, 그냥 노는 날이면 불쌍해서 목욕탕 가서 씻겨 주고, 밥도 사 주고 그러지요. 어떤 놈은 돼지 새끼 안고 왔는데, 그런 아이들 다 키워서 조수 시키고, 여자들은 차장 시켰죠."

"그때만 해도 월급은 필요 없고, 먹고 자는 것만 해도 고마운 때였어요. 그때 시골서 그렇게 많이 무대뽀로 올라왔었어요. 그러니깐 운전수 마음대로 사람을 쓸 수 있었어요."

가 운전수에게 요금을 못 올린다거나, 운전수가 조수보고 요금도 못 올리냐고 할 경우야 있죠. 물론 삥땅 먹는 애들도 있죠. 근데 난 뭐 애들을 믿어서 차장이나 조수나 갈아달라고 그러지 않았어요. 예전에 차장 몸수색을 해서 문제가 된 일도 있었죠.

강원여객이 시외버스로는 가장 유명하잖습니까? 지금 파고다공원 국일관 지은 자리 있잖습니까? 바로 건너편이 국일관이고, 그 자리가 시발공장이었어요.

시외버스인 강원여객이 1번 떠나면 1달, 아니면 1달 넘어야 들어오죠. 그게 뭐냐면, 한 번 가면 정비도 타고, 차장도 타지요. 한 바퀴 돌아서 오면 차장이 임신해서 돌아온다는 말이 있잖아요. 그때만 해도 44년식 지에무시 엔진이 달린 트럭으로 버스를 만들어서, 여기서 출발하면 왕십리로 해 가지고 천호동으로 갔지요. 그 옛날 길은 좁고 비포장이니깐 청원, 충주 저 밑으로 해서 아니 가는 곳 없이 한 바퀴 돌고 돌아오니까, 1달이 넘기도 했지요. 내가 직접 시외버스는 안 했지만 그런 말을 들었어요.

마포 가든호텔 자리에서 죄수들이 농사짓던 옛 서울

시내버스 서부운수에 있을 적에는 이대입구가 종점이었다가 나중에 신촌 역전으로 내려갔다가, 다시 로타리로 내려왔죠. 그때에 아현 이대 고개가 상당히 높았어요. 아현동 로타리 있는 데가 꽤 높았는데, 3번 깎고 아주 없애 버렸어요. 신촌 로타리가 크고, 거기에는 이런 데서 보지 못하는 나무들이 많이 자라고 있었어요.

예전의 모습은 좀 알고 있지요. 지금 현대백화점 거리 쪽으로 당인리 발전소 가는 길이 있었어요. 옛날에는 거기 마포 한강 당인리 발전소로 나가면 민물장어가 좋았고, 행주대교 쪽으로 나가면 민물 · 썰물 만나는 데가 있는데, 지금 용두산 밑에 웅어가 많았어요.

▲ 눈이 온 신촌 로타리 버스 종점에서(1963년 12월)

지금도 전차 종점 같은 거 기억이 나지요. 청와대 자리가 전차 종점이었고, 효자동, 그리고 원효리 2가가 전차 종점이었고, 또 왕십리 전차 종점, 청량리 역 앞이 전차 종점, 노량진 수산시장 가기 전, 6 · 25 때에 육탄전을 한 산이 있잖습니까? 그 밑이 또 종점이었고.

신촌 로타리, 거기 연대 먹자골목 들어가는 데가 죄다 미나리골목이고, 서강대 가는 골목에 사람이 별로 없었어요. 당시 이대 애들, 연대 애들 다들 서부운수 버스 탔죠.

왜정 때에, 지금 마포경찰서 길 건너, 바로 거기는 감옥소[27]가 있었고, 마포아파트 자리인 복사골 저쪽으로 좀 넓었는데, 그곳에서 지금의 가든호텔까지는 죄수들이 농사를 짓던 데에요. 아침이면 구루마 끌고, 소 끌고 마포까지 와서 밭갈이 하고, 씨 뿌리고, 걷어들인 건 들여가고 그랬죠. 중노동시킨 거죠. 징역이니깐 노동을 시켜야죠. 이때 죄수들이 빨간 옷을 입었어요. 말하자면 독립운동하던 이런 사람들이 대부분이 장기수가 되어 가지고, 둘이서 쇠사슬을 해 혼자서 도망 못 가게 했어요.

"마포아파트 자리인 복사골 저쪽으로 좀 넓었는데, 그곳에서 지금의 가든호텔까지는 죄수들이 농사를 짓던 데에요. 아침이면 구루마 끌고, 소 끌고 마포까지 와서 밭갈이 하고, 씨 뿌리고, 걷어들인 건 들여가고 그랬죠. 중노동시킨 거죠."

(버스는 예전에 장사하는 사람들이 많이 탔죠?) 그렇죠. 떡장사가 많았죠. 옛날에는 먹는 거는 떡장사가 그렇게

27 형무소.

많았어요. 차 안에서 파는 게 아니라 떡을 받아 오는 거죠. 떡방아간에서 떡을 만들어 가지고 오기도 하고, 자기가 자판에서 만들어서 팔기도 하고요. 대개 여자들이 많았죠. 호떡장수도 많았고. 옛날만 해도 먹는 데만 신경을 썼죠. 새벽에는 마장동 가는 장사꾼들이 많았어요.

버스 운행 사고와 뒤처리

(아무래도 버스운전을 하다보면 사고 위험이 있지 않았나요?) 그렇죠. 교통의식이 지금 같지 않았잖아요? 지금처럼 사람이 많거나 그렇지는 았았지만, 지금처럼 브레끼 밟으면 바로 딱 서는 차가 아니고, 당시 로또 브레끼니깐, 밟아도 죽 앞으로 밀리지요.

"지금처럼 브레끼 밟으면 바로 딱 서는 차가 아니고, 당시 로또 브레끼니깐, 밟아도 죽 앞으로 밀리지요. 아주 그게 구식이죠. 그러니깐, 이대입구에서 내려오다가 브레끼가 터지면 그냥 로터리까지 밀려 사람이 다치는 경우도 있지요. 뭐 보험은 없지만 웬만한 사고는 차주가 물죠. 브레끼 터지고 이런 건 어쩔 수 없는 거잖아요."

아주 그게 구식이죠. 그러니깐, 이대입구에서 내려오다가 브레끼[28]가 터지면 그냥 로터리까지 밀려 사람이 다치는 경우도 있지요. 당시 사람이 많지 않았지만, 만약 지금 신촌 로터리 같은 데에, 사람 많은 데에서 브레끼가 터져서 내려오면 수백 명 죽어요.

나도 그런 경험 있어요. 브레키 같은 거 터지면 자기 손으로 처리하고, 웬만한 건 기사들이 다 했어요. 지금 같으면 회사 차가 금방 와 가지고 고쳐 주지만, 당시 정비 부르면 천상 버스를 타고 와야 하거든요. 그러니깐 시간이 걸려요. 그래서 브레끼 같은 것도 터지면 뒤에 파이프를 빼 가지고 혁대를 동그랗게 해서 임시로 고쳐 운행하죠.

(사고 날 경우에는 회사에서 뒤처리를 다 해 주게 되어 있습니까?) 그렇죠, 뭐 보험은 없지만 웬만한 사고는 차주

28 브레이크.

가 물죠. 브레끼 터지고 이런 건 어쩔 수 없는 거잖아요.

그래도 어쨌든 운전수 과실일 경우, 운전수가 형사처벌 받지요. 조심이 제일이죠. 차에 타면서, 오늘 하루 무사히 잘 지내야겠다, 그런 생각이 들었죠. 그때는 젊은이의 프라이드가 있으니깐 겁 없이 그냥 덤비는 거죠.

겉으론 그래도, 사고가 나게 되면 지금 같이 보험이 있는 게 아니기 때문에, 친구들이 면회 가야 된다, 끌어내야 된다고 그러면서, 얼마씩 돈을 걷어요. 그리고 주변에 타이아집이나 식당이나 만두가게에서 다 얼마씩 걷어서, 들어간 사람 끌어내 주죠. 그러니깐 천상 거기서 안 어울리면, 사고 날 때에 혼자서 살고 나와야 돼요. 빼 주고 자시고도 없어요. 그래서 노조라기보다는 친구들 클럽에 잘들 어울리죠. 노조의 프라이드가 엄청 셌죠.

당시 시내 주행 속도라는 게 있었나요? 뭐, 속도를 낼 수 있었나요? 그 당시에는 동대문까지는 가운데에 전차가 왕복 다녔기 때문에, 가장자리로 큰 차들이 왔다 갔다 하는데, 동대문 지나 가지고는 전차길 옆에 화단이 있었어요. 그러니깐 시내버스가 1대밖에 다닐 수가 없었어요. 당시 시내버스들도 많지 않았어요. 1대씩만 다니니깐, 지금 키로 수로 하면 30에서 35km 정도의 속도였을 거예요. 뭐, 메다 방은 있는데 몇 키로 간 것이 그렇게 작동을 안 했어요. 대략 한 30km 정도였고 그냥 그렇게 다녔죠

"그때 당시에 앞차가 가면 먼지가 뽀얗게 나고, 그 뒤에 아무런 생각이 없이 같이 따라댕기고,"

청량리 지나면 비포장이죠. 지금이야 차가 지나가도 먼지가 안 나지만, 그때 당시에 앞차가 가면 먼지가 뽀얗게 나고, 그 뒤에 아무런 생각이 없이 같이 따라댕기고, 지금이야 아스팔트 가다가 먼지 좀 나면 섰다가 가지만, 그전에는 입을 막거나 피해 가고 그런 건 없었어요.

(담배를 못 피우게 하거나 그런 건 없었어요?) 담배는 운행중에도 피우죠. 아유, 차에서는 운전수 마음이에요. 차 안에서는 어찌 되었든 운전수 마음이에요. 술 잘먹는 사람들은 저녁에 벌써 밥 먹으면서 반주로 먹고 운전하는데, 뭐 술 먹고 운전하다가 순경들한테 걸리면, "약주 많이 잡쉈네요. 조심하세요." 그러고 말지, 뭐. 웬만큼해서는 걸리기만 해도 담배 물고 있으면서, 담배 하나씩 빼서 주면 고맙다고 그러고…. 담배를 태우지 말라, 술을 먹지 마라, 음주운전 하지 마라, 그런 건 요 근래에 와서 생긴 거지, 뭐.

겨울철 추위와 싸워야 하는 버스 운전수

"겨울이면 밑에 가마니를 깔고 짚신을 신죠. 발이 제일 먼저 어니깐, 버선에 솜 넣어 가지고 신었죠. 히타가 없고, 그 구멍으로 바람이 '쉭쉭' 들어오니깐, 아유, 차 안에 사람 몇 명만 타면은 사람 온김에 차안이 허옇게 되는데."

(아무래도 계절에 따라서 힘든 때가 있죠?) 그렇죠. 겨울이 힘들죠. 그땐 히타라는 게 없어요. 크라치를 밟으면, 그게 쇠로 되어 있어 가지고, 서로 닿아서 '찌꺽찌꺽' 소리가 나요. 크라치하고 브레키 밟은 페달 그 밑에 파이프가 있어 가지고 그 안에 쉬보가 있어서 작동을 따로 하게 되는데, 그게 닳아 가지고는 철판에 자꾸 닿으니깐, 그걸 근본적으로 고치지 못하고, 산소로 떼워 버린다고. 자꾸 그게 쇠끼리 부딪쳐서 소리가 나니까 따 버린다고. 그리로 바람이 얼마나 들어와요. 그래서 밑에 가마니를 깔고 겨울이면 짚신을 신죠. (짚신을 신으셨어요?) 발이 제일 먼저 어니깐 버선에 솜 넣어 가지고 신었죠.

히타가 없고, 그 구멍으로 바람이 '쉭쉭' 들어오니깐, 아유, 차 안에 사람 몇 명만 타면은 사람 온 김에 차 안이 허옇게 되는데. 그래도 새벽에 나갈 때면, 아침에 이치방

(첫 번째) 차가 4시니깐, 사장이 3시 반경에 미리 나와 가지고, 도로에다가 미리 준비한 장작불을 펴 놓지요. 좌우지간 얼마나 추운지 옷을 입고 장작불 옆에 가면 옷에서 김이 무럭무럭 나지요. 그래서 차에 타고 가는데, 뭐 힘이 드는 차가 돼서 그런지, 그다지 추웠다라는 그런 건 없었죠. 그래도 여름만 못하죠. 여름에야 지금같이 해 길고 날 좋고 제일 좋지. 다만 낮에 잠이 와서 그렇지. 겨울에는 어렵지.

(히타가 없다는 게 상상이 안 되네요.) 그럼요. 요즘처럼 바람 막아 주는 장치도 없고, 사방에서 바람이 들어오고, 엔진에서 열이 나는 장치가 없죠. 지에무시 엔진은 신촌에서 출발하여 중랑교 거기에 가도 온도계가 요만큼 (손가락으로 아주 조금) 올라가는데, 그거 가지고 되겠어요? 지금 차 같으면, 겨울에 발동을 걸고 출발하기 전에 벌써 온도계가 올라가지요? 지금이야 후앙이 자동으로 되어 있어서, 30도가 넘으면 자동으로 후앙이 돌고, 안 넘으면 안 돌고 그러잖아요. 옛날에는 그냥 세르모타하고, 무랑크하고, 후앙하고, 3군데는 춥거나 덥거나 상관없이 계속 돌아가는 거죠.

겨울 같은 때는 앞에 라지에다에다가 신문지랑 박스랑 막아도, 중랑교에 가서 라지에다에 손을 넣으면 미적지근한데요, 뭐. 여름에는 그래도 창문을 열어 놓으니깐 좀 낫지요. 창문이라고 해도 위로 올리는 거라서 딱 걸리도록 고정해 놓으면 달랑달랑 해 가지고는 탁 떨어지고, 그러죠.

치열한 손님 유치 경쟁에 휩쓸리던 버스 운전수

(그때 서울승합에 차가 몇 대 정도 있었는지 기억나세요?) 그때 신촌교통, 서울승합, 대륙교통 이렇게 셋이 한 선로를 맡은 거예요. 그래서 같은 노선에 세 회사가 104대인가 있었어요. (서로 경쟁이 되었겠네요?) 그때는요, 지금같이 내가 못하면 뒤차가 태우겠지, 그거가 아니에요. 개인플레이에요.

"운전수끼리 갔다오면, 왜 남의 시간 가지고 갔냐고, 밀고 댕기면서 갔다오면 싸움박질하고…. 그땐 쎈 놈이 제일이었지. 그냥 앞에 갖다 대지요. 간격 떨어진 걸 내가 다 주워 먹는 것이 그게 경쟁이야. 그리고 그 차가 오면 쓱 가로막기도 하고."

차주가 한 사람이 3대 가진 사람도 있고, 2대 가진 사람도 있고, 많은 사람은 5대도 있었어요. 그때 차 사업이 좋았어요. 그래서 운전수끼리 갔다 오면, 왜 남의 시간 가지고 갔냐고, 밀고 댕기면서 갔다 오면 싸움박질하고…. 그땐 쎈 놈이 제일이었지.

버스 기사들은 대부분이 극장 파하는 시간, 기차 시간에 맞추려고 했죠. 처음에는 엉망이었죠. 기사들이 어떻게든지 마음적으로라도 차주에게 한 푼이라도 더 벌어 주려고 노력을 많이 했죠. 앞차하고 뒤차하고 맨날 욕을 해대고 서로 주먹다짐하고 그래도, 참 그래도 금방 또 풀어지고 술 한 잔 하고 화해하죠.

▼ 종공합승 버스 기사 시절의 종암동 종점에서(1965년)

만약에 동대문에 가면은, 왕십리에서 오는 기동차가 있었어요. 그게 온다든지, 올 시간이

되었다든지, 아니면 여기 국제극장, 동양극장, 저 단성사, 종로 5가에 있는 평화극장, 동대문에서는 왕십리서 오는 기동차, 그러니깐 머리를 많이 쓰는 거지. 몇 시에 파한다, 몇 시에 나온다 그걸 알죠.

처음에 나갈 때는 앞차를 무조건 밀어 버리는 거야. 밀어 버려서 거기 가서 버티고 있는 거야. 앞차가 가는데 또 안 가면 그 차량과 경쟁하고, 밀어 버리고 그러는 거지. 동대문이면, 동대문극장, 그런 데에 서 가지고 있는 거야. 그러면 차장들이 "신촌 가요, 신촌" 그러고 "청량리 가요, 청량리" 소리를 질렀어요. 그때는 차마다 어디 간다고 소리를 질렀죠.

"처음에 나갈 때는 앞차를 무조건 밀어 버리는 거야. 밀어 버려서 거기 가서 버티고 있는 거야. 앞차가 가는데 또 안 가면 그 차량과 경쟁하고, 밀어 버리고 그러는 거지."

(차에 어디 간다거나, 번호를 써 놓지 않았나요?) 차에다 써 놓기는 했는데, 어디서 어디로 간다는 거만 써 있지요. 차장들이 소리 지르고, 또 모르면 차장한테 와서 물어보면, 어디 가는 차 타라고 가르쳐 줘요. 지금처럼 몇 번 몇 번이 없었어요. 그 후로 1번, 2번이 나왔죠. (60년대 후기인가요?) 그렇죠, 그때서야 번호가 나왔죠.

(차주를 잘 만나야겠네요?) 차주를 잘 만나야 한다는 거보다는 자기가 잘해야 돼요. 왜냐면 그때 당시만 해도 다른 기사들보다 서비스 공장에 더 있었다든지, 다른 사람보다 차에 대해서 좀더 안다든지, 그런 것을 급수로 해 가지고, 수준이 높으면 차주가 노는 날이면 일부러 와서 기다리지요. 한쪽에 가서 '내가 약주 한 잔, 막걸리 한 잔 대접한다' 고 그러면서, 돼지고기 먹이고 꼬시는[29] 거죠. 그러니 급수가 있는 사람은 차주가 찾아가서 선불도 얼마 주는데, 그 선불 받으면 안 되죠. 그걸 받았다가 차주에게 매어 있는 사람도 있어요. 그게 뭐냐면, 사글세방에 있다가

29 유혹하는.

전세를 들어가면 다음에는 돈 백만 원이 있어야 하잖아요? 그러면 차주한테 선불로 돈 백만 해 달라 하면 월급에서 반을 까게 되요. 그러면 더 좋은 데 있어도 꼼짝못하고 팔려 있는 거지.

1할 경제가 되기 전에는 전부 개인플레이였죠. 전부 자기 차 자기가 벌어서 먹었는데, 1할 경제가 되면서 조수가 없어지고 여차장만 둘이 생겼잖아요. 그게 언제쯤이냐면, 내가 69년도 세브란스 병원 전에 가기 전에는 1할 경제가 아니었어요. 그때는 버스회사 소속이었어요.

69년도 세브란스 병원 가기 전까지도 차주들이 차 한 대당 전부 공합으로 되어 있었죠. (공합이요?) 전부 1할 경제, 말하자면 그 날 하루 차 백 대가 벌잖아요. 백 대가 뛴 탕 수가 있잖아요. 일호 차가 8탕을 뛰었고, 다른 차는 고장 나서 3탕을 뛰었다면, 그걸 탕수로 계산해요. 백 대가 전부 80탕을 뛰어서 만 원을 벌었다면, 그 만 원을 80으로 나누는 거예요. 그래 가지고 노나 가지는데, 3탕 뛴 사람은 3탕 값만 주고, 8탕 뛴 사람은 8탕 뛴 만큼 주는 거죠.

"당시 회사에서는 차 번호 몇 호차 몇 호차 해서, 요금 올린 그라프를 만들어 가지고 서로 경쟁시켰지."

1할 경제를 할 때는 회수권이 있었잖아요. 회수권을 시로 가지고 가면 시에서 차에 대한 세금을 얼마 떼고, 한 회사에서 많이 벌었든지, 적게 벌었든지 상관 안 하고 탕수로만 계산을 해서 나누어 주죠. 그전에는 내가 많이 벌면 내가 많이 먹고 그랬는데…. 지금은 많이 타는 걸 싫어하잖아요?

당시 회사에서는 차 번호 몇 호차 몇 호차 해서, 요금 올린 그라프를 만들어 가지고 서로 경쟁시켰지. 그래서 그때 당시에는 회사에 들어와 가지고, 탕수로 계산해서 일당을 주었지요. 모든 차주끼리 똑같이 나누어 먹는 게 아니죠. 자기 차 고장 나면 '오늘은 좀 손해 보는구나.' 그렇게 생각했죠. 다른 차주랑 그렇고 그런 건 없었어요.

(차들끼리 경쟁이 되니까, 아무래도 부담이 좀 되겠어요?) 내 비위에 안 맞으면, 뭐 차로 밀어제끼는데, 그 재미로 그냥 하는 거예요. 말하자면 3분 배차라면 3분 뒤에 내 차가 나오는데, 한 정거장 가면 나도 한 정거장 가지요. 앞 차가 손님을 많이 태운다고 기다리고 있으면 간격이 붙어 버리죠. 만약 앞 차가 두 정거장 앞에서 기다리고 있고, 내가 한 정거장 가면, 손님이 있을 리가 없지. 그러면 또 앞 차랑 배차가 늘어진다고. 그걸 보고 쫓아가고 추월을 하는 거지. 그냥 앞에 갖다 대지요. 간격 떨어진 걸 내가 다 주워 먹는 것이 그게 경쟁이야. 그리고 그 차가 오면 쓱 가로막기도 하고.

▲ 기사 숙소인 금풍여관 앞 (1960년대 초)

운전수가 적어서 좋았던 시절

옛날 1할 경제 때는 좋았어요. 막말로 다른 데 쓰지 않고 차에서 번 거로 치면 2년이면 차 1대를 또 만드니깐. 그 정도로 수익이 좋았어요. 1할 경제 돼 가지고는 각 회사에서도 차 1대당 보통 백 5십 내지 2백만 원씩은 벌었는데 사고비니, 기사, 정비 그런 거 다 떼어 주고도 백 5십 이상씩 돌아가지요. 버스 3대 가진 사람이면 차 값은 그냥 있고. 뭐, 그 다음에 간섭하는 거 없고. 정비도 1할이 돼 가지

"옛날 1할 경제 때는 좋았어요. 막말로 다른 데 쓰지 않고 차에서 번 거로 치면, 2년이면 차 1대를 또 만드니깐. 그 정도로 수익이 좋았어요."

고는 니 차 내 차 할 거도 없이 다 고쳐 주고, 그랬다고. 운전수도 알아서 다 배차하고….

옛날에는 진짜 수입 잘 올리고, 일 잘 하면 차주가 기사를 붙잡았어요. 그때에는 쌀 1가마, 연탄 백 장을 더 줬어요. 차주가 일 잘하고 그런 사람 있으면 암암리에 주는 거예요. 운전수가 부족해서, 기사 어디 못 가게 하려고요. 차주가 마음에 안 들어 그냥 운행을 안 하면, 관둘까 봐 차주가 벌벌 기었지요. 저녁에 끝나면 차주는 가끔 돼지고기와 술을 사 줄 정도였지요.

"옛날에는 진짜 요금 잘 올리고, 일 잘 하면 차주가 기사를 붙잡았어요. 그때에는 쌀 1가마, 연탄 백 장을 더 줬어요."

식사는 대개 차주 집에서 같이 하지요. 차가 3대가 있는 집은 밥상이 3개가 있어요. 바로 종점 앞이 차주네 집이니깐, 아침에 들어가서 먹고, 점심때 가서 먹고. 만약 운전수가 싫다고 하면 밥값을 따로 주죠. 그러면 자기 마음대로 사서 먹어요. 식사 시간이 일정하지 않아서, 위장병 있는 사람이 많아요. 나는 그때 당시에는 먹는 거로 해서 탈이 생긴 적은 없었어요. 어딜 가든 많이 주는 걸 좋아하니깐, 속이 튼튼한 건 다 조상들이 준 거지요.

▶ 서울승합 시절에 한강 마포쪽(현 마포대교 북단) 모래사장에서의 직원 야유회(1967년)

다른 기사들은 속이 안 좋아서 고생하신 분들도 많았어요. 그때에 소화제로 훼스탈이니 활명수니 있었는데, 그걸 안 먹고 소다를 먹었는데, 근데 그게 속을 더 안 좋게 만들어요. 우선 속이 더부룩하고, 내려가지 않고 그러니깐, 트름하다가 소다 먹고, 처음에는 10g 먹다가 20g 먹고, 30g 먹다가 나중에 위가 빵꾸가 나서[30] 죽어 버리는 거지. 소다를 그렇게 많이 먹었어.

지금 생각해도 운전하다가 몸 아프다고 쉬는 사람들이 있긴 있었어요. 지금같이 직업병이니 하는 말은 근래에 와서 듣는 거죠. 그전에는 일하다 다치면, 특별하게 차가 잘못해서 다치고 그러면 차주가 입원을 시켜 주거나, 치료하라고 얼마를 주든가 그러지. 일하다 그런 거라고 해서 차주가 돈 주고 그런 거는 없었어요.

그때는 뭐 사람도 많지 않고 노선도 많지 않고 그랬어요. 지금이야, 이쪽으로 저쪽으로 워낙 길도 많고, 사람도 많지만요. 지금도 버스 못 다니는 데는 마을버스 다니잖아요? 그때는 그렇지가 않으니깐 한 회사로 묶었지요. 나중에 모래내로 길이 터지고, 서교도 터지고, 다리도 놓으면서 대륙교통은 그리 나갔지요. 신촌교통은 지금 국방대학 자리 거기 있잖아요, 거기로 가고. 서울승합은 여기서 출발했지만, 회사 이름이 서부운수가 되었지요.

당시 11시 반에 예비 사이렌이 불고, 12시에 통금사이렌 불었잖아요? 버스 정류장 근처에서 호각소리가 나고, 좀 늦어도 경찰에게 "나 운전수인데." 그러면 그냥 가게 했어요. 그때 운전수들은 다들 스스끼복를 입었고, 운전수 모자도 써서 쉽게 알 수 있었으니까. 스스끼복은 청바지 색깔인데, 아래위 붙은 거예요. 서비스 공장 같은 데 가면

30 위에 구멍이 난 상태를 말함.

입는, 게, 그게 스스끼복이에요. 그때는 운전수들이 그런 걸 많이 입었어요. 반장화 신고, 하얀 카바 씌운 모자를 쓰고 다녔지요.

(그럼 딱 보면 알겠네요?) 그럼요. 통금 걸려도 운전수라고 면허증 보여 주면, 어서 가라고 하지요. 통행금지 걸렸을 때, 술 먹고 고약하게 하기 전에는 다 보내 줘요. 다른 사람들은 통행금지를 겁냈지요. 그렇지만 그 당시에는 지금처럼 밤에 얼큰하게 술을 먹고 그럴 돈들이 있었나요? 그래서 밤이 휑했지.

박봉의 운전수 수입과 버스 노조 활동

(버스회사에서 노조가 결성이 되었나 보죠?) 그럼요. 6 · 25가 나고 나서, 그때는 노조가 맥을 못 썼죠. 이름만 노조라고 했죠. 노조 사무실은 운전수들이 놀면서 화투도 치고, 잘 사람은 자고, 술 먹고 게걸게걸 떠들고, 말하자면 노인정이랑 비교할 것도 없었어요. 그래도 말만 운수노조라고 이름만 지었지. 회사에서 하자고 하는 대로 했죠. 지금처럼 노조에서 되니 안 되니 그런 거 못했죠. 맥을 못 썼어요. 그냥 간판만 있었지.

"이름만 노조라고 했죠. 노조 사무실은 운전수들이 놀면서 화투도 치고, 잘 사람은 자고, 술 먹고 게걸게걸 떠들고, 말하자면 노인정이랑 비교할 것도 없었어요. 운전수들이 마음대로 배짱부리고 그럴 때인데도 착해서 그런지, 몰라서 그런 건지."

(임금인상이나 그런 거 요구하는 일은 없었어요?) 그때 회사에서 임금을 안 올려 줘서 노조에서 임금을 올리자고 의논하는 그런 생각을 가져 본 적이 없어요. 그리고 그런 건 몰랐어요. 지금처럼 민주노총이니 뭐니 해서, 올해는 물가가 얼마 올랐으니 임금을 얼마 올려야 된다고 그러는데, 그전에는 그런 말을 하는 사람도 없었고, 그리고 회사

▲ 버스 기사 시절의 한강 마포 당인리발전소 부근의 천렵 (1960년대 초)

에서도 그냥 차주가 알아서 주고, 회사에서 올려 주는 것도 없었고….

그날 등수 안에 들고, 그러면 차주가 돼지고기 좀 사 주고, 배고플 때니깐 사 주는 것이 고맙고…. 또 쌀 1가마니랑 연탄 백 장씩 주고 그러니깐, 그래서 뭐, 그냥 차주한테 월급 올려 달라고, 그런 생각을 가져 본 적도 없고, 그냥 회사에서 조금 올려 준다 하면 올려 주는 거로만 알았죠, 뭐, 더 달라, 이거 가지고 안 된다, 그런 건 없었어요. 운전수들이 마음대로 배짱부리고 그럴 때인데도 착해서 그런지, 몰라서 그런 건지….

받는 돈 가지고도 만족하니깐, 욕심을 안 부리죠. 옛날 사람들이 욕심을 안 부리고 다들 그냥 사니깐, 지금처럼 뭐 투쟁을 해 가지고, 회사에 1년 매출이 얼마인데 너만 먹고 사냐, 더 내놔라, 이런 건 못하고, 그냥 그거로 만족하는 거죠.

(지금의 버스 운전기사들의 수입과 그때 당시의 버스 수입을 비교하면 어떤가요?) 어휴, 지금이 훨씬 낫죠. 일도 지금은 오전, 오후 이렇게 나눠서 하잖아요. 또 1주일에 1번씩은 놀고, 그러고 지금은 1달에 백 6십~백 7십만 원 가지고 가는데, 물론 다 따진다면야 3백만 원을 주면 잘하겠어요? 자기네 쓰기에 달린 거지. 안 그래도 옛날에 계 들고, 적금 들고 해도 집 한 칸씩 장만하고 그랬지. 지금 젊은애들처럼 펑펑 쓰면 3백을 줘 봐요, 그래도 마찬가지에요. 쓰

기에 달린 거지.

사실 이런 걸 생각해 보세요. 여기서 기차 타고 부산을 간다 그러면 애들 데리고 가잖아요? 가게 되면 자기 자가용을 가지고 가잖아요? 그러면 기름값만 해도 벌써 얼마입니까? 먹는 거야 지들이 먹는 거지만…. 기차 타고 가는 거하고, 휘발유 들여서 휴게소에서 먹을 것 다 먹고 가는 거하고….

우리네 자가용 같은 거 굴릴 생각도 못했어요. 병원에 있을 때 의사가 별로 쓰지도 않은 차를 이 선생 가지라고 해도 휘발유값 겁나고, 주차하면 주차비 줘야 하고, 그래서 필요 없다고 받지 않았어요. 그래도 여지껏 살았는데, 강남 가는데 그냥 한 30분 일찍 나가서 지하철 타면 막히는 것도 없고 좀 좋아요? 그걸 구태여 차를 가지고 나와서, 길이 막혀 제대로 가지도 않는 거, 여름에 볕이 내리쬐는데, 에어콘도 달려야 찬바람이 나오지, 서서 있으면 찬바람이 나옵니까? 그래서 3백만 원을 줘도 모자라요. 옛날같이 검소하게 하면 집 사고 애들 공부 가르치고도 충분하지요.

(근무조건을 따지면 너무 좋아진 거네요?) 그렇죠. 그때는 차도 나쁘고, 커브 한 번 돌려면 핸들에 매달려 가지고 '찌거덕 찌거덕' 해서 돌리면, 지금처럼 이게 '스르륵' 다시 돌아오는 게 아니라, 다시 돌려야 돼요. 크라치 한 번 밟을려면 그 딱딱한 걸 힘을 주어야 하고, 이 짓을 그 새벽부터 밤늦게까지 하는데, 그래도 쓰다 달다 한 번 말을 안 하고 살았죠. 그래도 무릎 아프거나 관절염 같은 건 아직 없어요. 이제 있겠죠, 뭐. 옛말에 일하다 죽는 법 없다고, 그게 다 맞는 말이에요.

먹고 사는 게 바빠 운전수는 여가생활도 없었다

(명절이나 이럴 때는 제대로 집에 가서 차례 지내기는 어려우셨죠?) 그렇죠. 그때 나 같은 사람은 명절 같은 때, 사람이 더 없어서, 차주가 떡값이라고 더 주고 나와 달라고 그랬어요.

그때 당시만 해도 차례라는 게, 아버님이나 큰형님 계시니깐 그때 그 두 분이서 했지. 그냥 먹고 사는 데만 어떻게 할까 생각을 했지, 한가하게 누구 제사이고 따져서 다니고 그럴 수가 없었죠.

집안에 누가 상을 당하거나 그러면 열 일을 제껴 놓고도 가죠. (그럴 때는 근무시간 조절이 되나요?) 그렇죠. 그때는 일당이니깐, 나중에 월급이 되었지만. 물론, 그 당시 월급 받는 사람도 있고 일당도 있고 그랬는데, 월급으로 받는 사람은 여유가 있는 사람이고, 일당으로 받는 사람은 그날그날 살기가 아주 힘들었죠.

정말 나 혼자라면, 차주네 집에서 일만 한다면, 일당을 받아서 뭐하겠어요? 차라리 월급으로 받지요. 그런데 집에서 아버지, 조카들 먹여야 하니깐, 쉬는 것도 아니고, 여가가 있는 것도 아니니깐, 그땐 뭐 먹고 사는 것만 알았지, 나만 살아야겠다는 건 없고, 그래서 일당이었지. 급하면 가불이란 것도 있었죠.

60년대에 가서 전부 월급으로 바뀌었죠. 병이 나거나 집안에 급한 일이 생기면, 스피아[31] 내고 가는 거죠. 대부분 스피아 운전수가 있는데, 그것도 미리 며칠 전에 얘기해야죠. 별안간에 누가 갑자기 돌아가셨다고 해도 천상

"나도 화투는 했어요. 남자들 하는 건 다 했죠. 화투도 하고, 담배도 피우고, 술도 하고, 거기서 그거 못하고 바보마냥 있으면 안 돼요. 회사에서 운전수끼리, 누구 어머니가 돌아가셨다, 누구 아버지 환갑이다 하면 가고, 집안일에는 잘 안 갔어요. 그게 그렇더라구요."

31 정식 고용 운전수가 아닌 예비 운전수를 말함.

"그때는 쉬는 시간에
화투를 많이 쳤죠.
나이롱뽕, 지꾸땡, 육백
그런 거 치고.
돈은 뭐, 담배 값으로
조금 떼어 놨던 거 정도죠.
크게 할 돈도 없지."

오늘은 일을 하고 내일 스피아를 구해야죠. 스피아는 거의 대기하는 거나 마찬가지고, 전문적으로 스피어만 뛰는 사람도 있었지요. 월급이라든가 일당이라는 게 메어 있지 않으니깐, 그저 자기 몸이 아프지 않을 때는 나와요. 나와서 일이 있으면 해 주고, 없으면 들어가는 게, 그건 자기 마음대로죠. 몸이 아파서 누가 회사에 안 나왔느냐 연락하고 그런 거 없지요. 주로 몸이 안 좋은 사람이 스피아로 많이 들어가죠. 아무래도 집안일 같은 데에는 참석하기가 쉽지 않았죠.오히려 회사에서 운전수끼리, 누구 어머니가 돌아가셨다, 누구 아버지 환갑이다 하면 가고, 집안일에는 잘 안 갔어요. 그게 그렇더라구요. 몇몇 다정한 사람들 중에서 며칠이 그 아버지 환갑이라면, 오늘 내가 노는 날을 미루고 그날로 쉬어 버려요.

그때는 쉬는 시간에 화투를 많이 쳤죠. (돈을 좀 걸고 치기도 했습니까?) 그때는 나이롱뽕, 지꾸땡, 육백 그런 거 치고. 돈은 뭐, 담배 값으로 조금 떼어 놨던 거 정도죠. 크게 할 돈도 없지.

(운전수들 술은 많이 마시나요?) 같이 모여서 일부러 술을 마시려고 해도 시간이 안 맞습니다. 서울승합 운전수들은 신촌 로타리 앞에 있는 창천 해장국집이니, 대성반점이니 뭐니 해서, 그냥 아무 집이나 가면 거기 앉아들 있죠. 그럼 같이 있고, 서로 불러서 한 잔씩 하고 그러죠. 술은 돌아가면서 사기도 하고, 또 내일 일 나가야 하니깐 적당히 먹고 들어가지요.

나도 화투는 했어요. 남자들 하는 건 다 했죠. 화투도 하고, 담배도 피우고, 술도 하고, 거기서 그거 못하고 바보마냥 있으면 안 돼요.

집안 뒷바라지로 인해 뒤늦은 결혼과 분가

(할머님은 어떻게 만나셨나요?) 큰형님의 작은 어머니가 우리 집사람과 능곡에서 한 동네에 살았어요. 작은 어머니가 소개를 해서 35살에 결혼을 했어요.

(왜 그렇게 늦게 하셨어요?) 너무 가난해 가지고, 나는 벌었는데, 아버님은 6 · 25 때에 그래 가지고 해소병[32]으로 나중에 돌아가시고…. 일종의 화병이죠. 콜록콜록 해 가지고 고생을 하다가 68년도에 돌아가셨죠. 그래, 아버님이 해소병으로 누워 계시죠, 큰형님이 말하자면 정신이 정상이 아니고요, 둘째 형님은 결혼해서 나가고, 내가 그때만 해도 버스를 해서 일당을 받았어요. 어린 것들이 고만고만한 것들이 있죠. 그때만 해도 직업이라는 것이 막노동 이런 것이 없었으니까요.

(실제적으로 가장 노릇을 하신 거네요?) 원인은 그거예요. 그때 아버님이 해수병에 걸리셨고, 어머님이 계셨죠. 또 형수가 있고, 조카가 둘이고, 그리고 내 밑으로 동생들이 넷이 있는데, 걔네들이 그땐 어리니깐, 그리고 또 뭘 할래야 할 것이 없었어요. 어디 공장에 들어가서 1달에 밥값으로 50만 원이라도 벌려고 해도 어디 들어갈 때도 없었어요. 지금처럼 공장지대 이런 거도 없었고, 서비스 공장 이런 거였었고, 방직공장 그거죠 뭐. 지금같이 미원공장, 무슨 공장 하는 식으로 일자리가 없었어요. 일하기가 힘들어요. 자기가 안 하려고 한 것이 아니라 일할 자리가 없었죠.

일당 받으니깐, 우리 형수가 신촌 로타리에 나와 가지

"벌기는 넉넉하게 버는데, 뭐 장가 갈 밑천이 있어야 말이지. 그래서 결혼할 때가 됐는데, 옛날이나 지금이나 돈이 있어야 결혼을 하지. 나이 서른이 넘었는데도."

32 해수병. 한방에서 연거푸 기침을 하는 증세를 말함.

▲ 뒤늦은 결혼식(1965년)

고, 더울 적에는 런닝이랑 빤스 갖다 주고 일당하고 맞바꾸는 거야. 식구들은 그거로 살고. 그러니 벌기는 넉넉하게 버는데, 뭐 장가 갈 밑천이 있어야 말이지. 그래서 결혼할 때가 됐는데, 옛날이나 지금이나 돈이 있어야 결혼을 하지. 나이 서른이 넘었는데도….

셋째 아들은 보나마나라고, 옛날에는 사진만 가지고 와도 어른들이 된다고, 이 신랑이면 좋다, 이 색시면 좋다, 그래서 혼인해라 하면 하잖습니까? 사진 보고 원해도, 맘에 들어도, 결혼할 시기가 넘어도, 불알 두 쪽만 갖고 갑니까?

나는 키는 작지만 땅땅한 것이 아주 몸뎅치가 좋았죠. 35살 돼 가지고 버스노동조합 애들이 "색시만 있으면 시작해라, 우리가 어떡하던지 준비하마." 그러더라고요. 전공합승 노조에서 돈을 수렴해서 걷어 가지고, 서대문에 미미예식장을 잡아 주고 도와주어서 나는 할 수 있었지. 말하자면 친구들이 보내 준 거와 같은 거지. 그래 가지고 결혼을 해 가지고, 신혼여행은 시발택시 타고 남산을 한 바퀴 돌았지요. 옛날에 서울 사람들은 남산 갔다오면 신혼여행 잘 한 거죠.

그래 가지고, 그 이듬해 딸 하나 낳은 것이 죽었네요. 그래서 살림이라고 시작했지요. (분가하셨습니까?) 결혼하고 바로 회사 가까운 데로 사글세방으로 분가했죠. 식구들은 원래 고향이었던 도화동[33]에 살았죠. 분가한 곳도 같은 도화동이었어요.

33 마포구 도화동.

(근데 혼자 계셨으면 돈을 모으셨을 텐데, 집안 돌보느라고 못 모으셨겠어요?) 원래가 나이 먹은 사람 같으면, 제대하고 아무리 늦어도 60년대에는 결혼했겠죠. 근데 뭐 65년도 35살에 결혼을 했으니깐 늦었죠. 옛날에 연애결혼이 있었는데, 뭐 다들 안 하려고 하지. 다들 중매결혼하고 그러는데, 백 마디 떠들면 뭐해, 돈이 있어야 하지. 안 쓰고 모았으면 장가 갈 밑천을 하고도 남았지.

(혹시 회사 내에서 서로 소개해 줘서 결혼하는 경우도 있었어요?) 어, 그거 있죠. 있기야 조금 있었죠. 운전수와 차장이 결혼하는 경우는 있죠. 같이 팀을 이루어 생활하다 보면 눈이 맞고, 상대방의 마음을 이해해 주게 되지요. 또 상대방의 생활력을 알 수 있게 되면서, 마음에 들면 서로 결혼하는 경우도 많이 있어요. 차장과 조수가 결혼하는 경우도 간혹 있지요.

"도화동 있다가 모래내를 거쳐 여기(북가좌동) 이리로 왔죠. 그때만 해도 모래내에 차가 없었어요. 연대 앞에서부터 여기까지는 길이 질어서 '마누라 없이는 살아도 장화 없이는 못 산다'고 해서 신촌으로 다시 나갔죠."

(당시 혼인할 때에 함 파는 게 있었나요?) 있었죠. 왜요, 얼마나 심했는데요. 일제 시대에도 있었어요. 그때는 나무로 된 진짜 함을 지었죠. 왜정 때는 돈이 없어서 함을 팔고 돈을 받는 것은 없었고, 그 골목에 와서 "함 사시오, 함 사시오" 하고 소리치고 나서, 들어가서 먹는 정도였죠. 함값으로 돈을 받는 것은 나도 안 봤으니깐 잘 모르겠구요.

나 결혼할 때에도 함 값이 있었죠. 도화동에서 5시에 출발해서 우리 집사람이 살았던 행신동[34]까지, 그게 얼마나 멀어요. 지금은 10분이면 가지만, 예전에는 3시간씩 걸렸어요. 그래서 밤에 와 가지고 함 팔고. 그때 동료 친구들 5~6명이 함을 메고 택시 타고 왔죠.

도화동 있다가 모래내를 거쳐 여기(북가좌동) 이리로 왔죠. 모래내, 여기가 신촌교통, 서울승합이 있었고, 그때만

34 지금의 수색을 거쳐 일산 가는 중간.

해도 모래내에 차가 없었어요. 연대 앞에서부터 여기까지는 길이 질어서 '마누라 없이는 살아도 장화 없이는 못 산다' 고 해서 신촌으로 다시 나갔죠. 거기서 살다가 북가좌동 바로 버스 종점 앞으로 왔죠. 뭐. 차 타고 댕길 것도 없이, 한 10분 20분 전에 나와서 가고, 그래서 여기 80번지에 전세로 왔죠. 세브란스 병원 와 가지고 80번지로 왔죠.

좋은 조건의 세브란스 통근버스와 앰뷸런스 운전 시절

69년에 세브란스 병원으로 옮겼어요. 처음에 기사 모집 공고가 나왔을 때 관심이 없었는데, 당시 버스 회사 사장인 장금백 사장이 권유하여 세브란스에 들어가게 되었지요. 시내버스 일당만큼 받을 수 있고, 근무가 편하다고 해서 들어갔지요. 당시 세브란스에는 출퇴근용의 44석 자리 버스가 있고, 병원장이 타는 코로나 짚차가 2대가 있었어

"시내버스 일당을 받을 수 있고, 근무가 편하다고 해서 들어갔지요. 직원용이기 때문에 낮에는 놀았지요. 당시 시내 차주보다 운전수 수입이 더 좋았던 시절이었지요."

▶ 앰뷸런스 기사 시절의 아내와 큰아들(1971년)

요. 나는 버스를 운전했는데, 직원용이기 때문에 낮에는 놀았지요. 당시 시내 차주보다 운전수 수입이 더 좋았던 시절이었지요. 앰블런스를 운전할 때에는 마산까지 끌고 간 경우도 있었어요. 졸지만 않는다면 앰블런스 운전이 훨씬 편해요.

나는 특수면허를 가지고 있어서 포클레인, 부르도저, 트레일러 등 대형차도 운전할 수 있었어요. 어지간한 건 다 처리했는데, 미션, 베아링, 쪼인트, 라이닝을 비롯해, 마스터실린더의 고무 등이 잘 나갔으며, 이것을 혼자서 고쳤어요. 거기에서 90년도까지 20년간 근무하고 정년퇴직을 했지요.

▲ 세브란스 병원 정년퇴임식장에서의 부부(1993년 2월 24일)

고생 끝에 얻은 삶의 여유와 현재의 여가 생활

우리는 원래가 6형제예요. 전부 남자들만 있지요. 도화동에서 낳고 자라서 지금도 서울 시내는 40년대부터 환해요. 마포 고향에 배 들어오던 것, 조깃배 들어오던 것 기억나요. 새우젓배 들어오는 마포강, 거기는 먹는 음식만 들어오는 데죠. 땔감은 강원도에서 뗏목으로 들어와서, 현대자동차 서비스 있던 거기로 모이고, 그렇죠. 여의도 비행장, 신설동 비행장, 전차 다니던 것, 어디 어디 종점, 내가 잘 알죠.

결혼 이듬해에 큰아들을 잃고, 그 후에 아들 낳고, 딸 낳고, 다시 아들 낳았지요. 세 놈을 결혼해서 내보내고, 손주 놈 세 놈 있고, 그냥 저냥 살아갑니다. 큰놈은 분가해서 옆의 삼성아파트에 사는데, 둘이 남대문에서 장사해요. 두 늙은이만 있으니깐, 손주 놈들 7살까지 맡았죠. 작년까지 봐 줬어요.

예전부터 운동을 계속했지요. 처음에 시작한 것은 유도였어요. 왜정 때에 지금 마포경찰서 길 건너, 바로 거기에 형무관이 있었어요. 거기서 총각 때니깐 57년도인가, 56~57년도 넘어가는 때에 거기서부터 유도를 하기 시작했어요. 그러다가 형무관이 헐리는 바람에 소공동 유도대학원에 들어가 계속했지요. 도화동에서 그곳을 지금은 한 코스로 갈 수 있지만, 그전에는 광화문에서 내려서 소공동까지 걸어갔지요. 거기서 관둘 때에 1단까지 땄어요.

"우리는 어렵게 자라서 그런지, 지금도 이렇게 욕심 없이 살고 있어요. 욕심이 없는 게 제일 마음이 편하죠. 그래도 애들 전부 시집장가 다 보내고 분가시켰죠. 사는 날까지는 자식 도움 받지 않으려고 하는데, 아직까지는 괜찮아요."

그러고 나서 이대 입구에서 다시 십팔기를 했는데, 그것은 3단까지 땄어요. 그것도 다니기 싫어서 안 다닌 것이 아니고, 도장이 헐려서 없어지고, 사범들이 또 이민가면 없어지고 해서 그랬지, 운동이 싫어서 안 댕긴 것은 아니지요. 그래도 나이가 먹으니깐 젊은 애들하고 대련하기가 어렵더라고요.

근래에는 헬스를 시작했어요. 총각 때부터 지금까지 운동하는 것이 몸에 배어 가지고 계속하고 있어요. 술과 담배도 좋아하죠. 술은 1주일에 1번씩 소주 2병 정도는 먹죠. 술은 아무 때나 안 먹어요. 나이도 있고, 껄덕껄덕 그러면 보기도 좋지 않고, 그래서 토요일 날 1번 먹고, 그러고 1주일 동안 안 먹어요. 예전에는 잘 먹었는데 나이 먹어 실수할까 봐 잘 안 먹어요. 그래도 운동을 해서 그런지 술이 센 편이에요. 운동을 제일 목적으로 삼았죠. 어떤 볼 일이 있어도 그걸 나중으로 밀고 운동을 먼저 하지요. (운수쪽에 종사하는 분들은 특히 건강에 신경을 많이 쓰시잖아

▲ 작은아들 졸업식장의 가족들(1992년)

요.) 그렇죠.

(지금 70~80세 되는 분들이 젊을 적에 무척 고생하셨잖아요?) 그게, 뭐 팔자소관이니깐. 늦게 태어나든가 하면 모를까, 그게 뭐 억지로 되겠어요? 다 태어날 때, 넌 세상 나와서 고생 좀 하라고 정해져 있지요. 지금 한 칠십부터 팔십 되는 사람은 엄청나게 고생한 사람이야.

해방 되었다고 좋다고 하는데, 그게 그거요. 아이고. 그게 고생 정도가 아니라, 죽을 고비를 많이 넘겼지요. 그때 상황은 죽느냐 사느냐 긴박한 상황 아니었어요? 그건 나만 알고 있는 거지, 누구한테 전쟁 통에 싸웠던 것들을 이야기할 수가 없었어요.

"다 태어날 때, 넌 세상 나와서 고생 좀 하라고 정해져 있지요. 지금 한 칠십부터 팔십 되는 사람은 엄청나게 고생한 사람이야."

가끔 며느리가 운전을 부탁하는데, 요즘은 잘 하지 않아요. 뭐, 요즘 차는 전자장치라 예전의 차하고 너무 달라요. 나이도 먹고 해서 운전을 잘 하지는 않지요.

우리는 어렵게 자라서 그런지, 지금도 이렇게 욕심 없이 살고 있어요. 욕심이 없는 게 제일 마음이 편하죠. 그래도 애들 전부 시집장가 다 보내고 분가시켰죠. 사는 날까지는 자식 도움 받지 않으려고 하는데, 아직까지는 괜찮아요. 어디 심심풀이로 나가서 담배 값이라도 할려고 했더니 그게 잘 안 돼요. 아직도 건강하니 일을 할 수 있어요.

기술도 경력도 없으니까네, 가장 핫바리 일을 했는 기라

—다양한 직업을 경험한 이종철의 일과 삶

박경용(영남대학교 인문과학연구소)

구술자 이종철(남, 74세)은 1931년 경북 금릉군 감천면 양천동(하로)에서 소작농이자 농업노동자의 2남 중 둘째 아들로 태어났다. 땅 한 뙈기 없었던 어려운 가정형편이라 부친이 광복되던 무렵 병으로 사망한 14세부터 26세 입대 전까지 남의 집 꼴머슴에서 시작하여 모내기, 짐 나르기 등 온갖 품팔이를 하며 생계를 도왔다. 군 제대 후인 29세 때 결혼함과 동시에 대구로 이사하여 아이스께끼 장사와 솥 공장 주물공, 어류 행상, 리어카 노점 장사, 건설현장 철근공, 농사, 섬유 공장 노동(잡역부 · 탈수공 · 야간경비) 등 60대 중반까지 평생을 노동으로 생계를 꾸려 왔다.

슬하에 3남 2녀를 두고 있는데, 지금은 장남을 제외한 모든 자녀를 혼인시킨 후 부인과 함께 대구광역시 서구 비산동 자택에 거주하고 있다.

학교 문턱에조차 가 보지 않은 무학에다 전형적인 프롤레타리아 계급에 속하는 구술자는 어려운 시대를 온몸으로 부딪히며 살아온 이 땅 민중의 전형이라 할 수 있다. 구술자는 아무런 유산 없이 자녀 양육을 포함하여 자신과 가족들의 온전한 생존을 위해 평생을 육신 하나로 지탱해 나왔기 때문이다. 이 점에서 우리는 구술자가 걸어온 50년 동안의 노동생활에 주목하는 것이며, 어려운 시대를 살아온 이 땅 민중의 삶을 이해할 수 있는 본보기로 삼을 수 있다.

이 자료는 2004년 2월~8월에 걸쳐 이루어진 4차례의 면접에 의해 얻어진 것이다. 구술자는 당시 대구 달성공원에서 오후 산책을 마치고 귀가중이었는데, 섬유노동 경력을 확인한 후 면담 제의를 하자 '막걸리나 한 잔 하자'

◀ 구술자 이종철 씨(2004. 4)

면서 흔쾌히 응하였다. 인터뷰 장소였던 선술집에는 당시 5~6명의 노동자들이 술을 마시며 이야기를 나누고 있었다. 모두들 술기운이 오르자 이야기 소리가 커져 인터뷰 하는 데 상당한 어려움을 겪기도 했다. 이후의 면접은 1차 면접 때 받아 두었던 전화번호로 사전 약속을 한 후 비산동 자택에서 1차 면접을 보충하는 형식으로 이루어졌다. 이때 구술자의 부인도 함께 참여하여 보완적인 진술을 해 주었으며 앨범 열람도 가능하였다. 자료를 정리하는 과정에서 드러난 간단한 확인사항은 수 차례의 전화 통화로 해결하였다.

이종철의 가계도

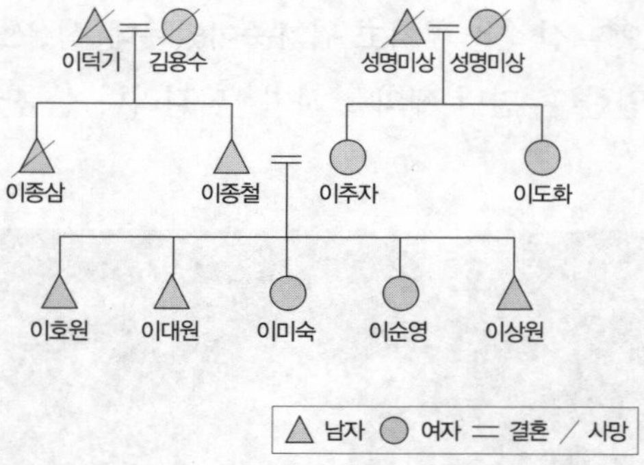

이종철의 생애연보

1931년(1세) 경북 금릉군 감천면 양천동 3구(하리 혹은 하로 마을)에서 소작농이자 농업 노동자의 2남 중 두 번째 아들로 출생.

1945년(15세) 부친의 사망으로 이때부터 입대 전까지 고향에서 12년간 날품팔이 농삿일로 가계를 돕기 시작.

1953년(23세) 형이 5사단 소속으로 한국전쟁에 참전하여 행방불명.

1955년(25세) 눈이 나빠 병종 판정으로 두 차례나 소집이 면제되었으나 공병으로 입대. 군 복무중 유복자 조카가 5일 만에 죽고, 형수가 집을 나감은 물론 모친마저 병으로 사망.

1960년(30세) 제대 후 22세의 이추자와 결혼하여 대구 비산동에 정착. 대구 수창동 솥 공장에 들어가 주물공으로 2년 동안 일함.

1962년(32세) 자전거로 10년 동안 시내 일원에서 어류 행상.

1972년(42세) 아내의 노점 일을 도우면서 4년간 건축현장의 철근공으로 일함. 대구 비산동 오스카 극장 및 달성공원 등에서 8년 동안 리어카 노점일.

1984년(54세) 경북 청도군 매전면에서 4년 동안 농사.

1988년(58세) 대구 논공공단과 성서공단, 서대구공단 등의 섬유 공장에서 잡일과 탈수공, 야간경비 등으로 7년 동안 일함.

1995년(65세) 서대구공단 솜 공장 야간경비를 끝으로 50년 노동생활 마감.

2004년(74세) 현재 부인(68세)과 함께 비산 6동 자택에 거주하며 소일.

먹고 살기에 바빠 학교 문턱에도 못 가 보다

내 나이 올해 일흔 넷인데, 호적이 2년 가량 늦어. 내가 태어난 곳은 경상북도 금릉군… 지금은 김천시가 되었지만 당시는 금릉군이지. 감천면 '하로' 카는데… '양천동 삼구' 혹은 '하리' 라고도 하지. 고 얼마 안 돼. 고 인제 옛날로 봐 가지고는 우리로 봐 가지고는 김천시 거기하고 한 1km밖에 안 떨어졌어.

내 어릴 때 가족은 부친이 지차[1]로 분가했기 때문에 부친과 모친하고 형과 나였지. 아주 단촐해. 부친은… (아버지에 대해서는 다소 말하기 어려워하며) 하~ 그거 말할 게 뭐 있어…. 부친은 남우(남의) 집 머슴살이했지. 가진 거라곤 아무것도 없었어. 모친도 같은 면 감천에서 태어났지. '도구리' 카는데… 6 · 25 전쟁 후 내가 군에 있는 동안 병으로 돌아가셨지.

"낫 놓고 기역자도 모르는데 집이 가난하고 한께 참 바가지 들고 얻어먹지는 않았지만은 한 12살, 13살 먹어 가지고 꼴머슴 하면서…."

어릴 때 아버지는 남우 집 머슴 살았어. 참! 그때만 해도 먹고살기가 바빠 학교 문턱에도 못 가 봤지. 공부 못했다 카모 부모에게 욕도 되는 수가 있는데… 아마 부모한테 욕도 되는 수가 있는 기라. 내가 못 배웠다, 못 배웠다 이카면 [그 책임이] 부모들한테 돌아가는 기라. 내가 못 배운 거를… 고생하는 것도, 고생한 것도 그래 말하자면은… 우리 클 적에만 해도 참 고생 안 하고 큰 사람이 어디 가나 한 30명 중에 1명 있을까 뭐 그 정도밖에 안 되거든. 일제 [강점기] 동안에 그래 할 적에… 그래밖에 안 되지만은… 그런데 내가 인제 얘기하다 보면 못 배웠다고 뭐 그래 지끼다(말하다) 보면… 그거 못 배웠다 카면 부모한테

1 맏이 아래 형제.

밖에 원망이 돌아가지 않거든…. 그래서 나는 이제 어디 가도 못 배웠다는 소리 안 해요.

쌀 1가마 지면 큰 일꾼으로 쳐 주다

배운 놈이나 못 배운 놈이나 지가 살아 나가는데 열심히 살아 나가는데 거기 부모가 어떻게 키워 줬던 간에 키워 준 게 그기 부모지 뭐. 아마 부모가 대통령보다도 우리 부모를 제일 앞세워 놓고 그 다음에는 아마 대통령 뭐 잘하네 모하네 뭐 누가 어찌 하니 뭐… 해야 되지. 그렇다 보니까 이제 참 그 다음에 낫 놓고 기역자도 모르는데 집이 가난하고 한께 참 바가지 들고 얻어먹지는 않았지만은 한 12살, 13살 먹어 가지고 꼴머슴 하면서…. 그런데 그때는 난 머슴살이는 안 한다 했지. 그런데 이제 여름으로 바뀌면 아무데나 거 가 가지고 뭐 좀 거들어 줘라 뭐 좀 거들어 줘라, 좀 잘 사는 집에 가 가지고…. 그래 바쁠 적에는 그때는 마 농촌에 바쁠 적에는 마 조금만 해 줘도 되거든. 옛날 돌 짜게고 하는 것도 그 붙들어 주기도 하고… 인제 그라믄 밥 한 숟갈 얻어먹기도 하고… 인제 아마 그래. 그렇게 살다 본께. 그때만 해도 농사 곳에… 그 변소 푸는 거 똥장군, 뭐 쌀 1가마 졌다 카면 그건 큰 일꾼이라 카거든. 쌀 1가마, 방앗간에 가가 지고 쌀 1가마 졌다 카면. 그러니깐 인제 나도 내가 생각해도 내가 엄청 성실한께 모두 동네에서 모두 일을 막 시키는 기라. 그래하다 본께…

*"그 변소 푸는 거 똥장군,
뭐 쌀 1가마 졌다 카면
그건 큰 일꾼이라 카거든.
쌀 1가마, 방앗간에 가가 지고
쌀 1가마 졌다 카면
그러니깐 인제 나도
내가 생각해도 내가 엄청
성실한께 모두 동네에서
모두 일을 막 시키는 기라.
그래하다 본께…"*

형님은 6 · 25 전쟁 때 군에 가서 전사하다

"6 · 25… 그래 7월 달에 7월 달에 말하자면 휴전이 됐는데… 휴전되는 고 이틀 앞두고 그놈의 실종 통지서 받았어… 그래 그 뒤부터 지금까지 행방불명되고 지금도 행방불명됐지."

내 형님하고는 6살 차이지. 죽었어. 아마 형님은… 형님 이야기해 줄까? 6 · 25 사변 때 27살 먹어가… 6 · 25 사변 때 27살 먹어 가지고 군에 가 가지고… 사실 볼 거 같으면, 우리 형님도 똑똑한 것 같았으면 [군대] 빠질 수도 있었어. 나이가 많아 가지고 빠질 수도 있었는데… 약골, 약골, 나는 그래도 신체가 좋았지만 우리 형님은 아주 약골이라. 하지만 우리가 두 번째 후퇴할 무렵[2] 결국 군에 간기라. 그렇게 빽 없이 빽 없는 놈은 가는 기라. 거 가 가지고… 그래 가 가지고… 6 · 25 사변에 형님 군번을 내가 외웠는데… 92 제주도 군번인데… 9255인가 9256인가 뭘로 나가는데 금방 잊어버려서 모르겠네. 그래 가지고 이북에 지금 살았는가? 6 · 25… 그래 7월 달에 7월 달에 말하자면 휴전이 됐는데… 휴전되는 고 이틀 앞두고 그놈의 실종 통지서 받았어. 그때는 실종 통지서는… 나도 못 배워서 실종 그게 뭔지…. 그 전사라 카는 것은 하도 그런 걸 많이 봤기 때문에 [알지만], 실종 통지서는 우리 형님 것 받았는데 그래 그 뒤부터 지금까지 행방불명되고 지금도 행방불명됐지.

그렇게 되어서 짧은 기간이나마 결국 내가 어무이를 모신 택이지. 인제 그런 거 이야기 할라 카면… (한숨을 쉬며) 지금도 그래 이북에 포로가 많고 또 남한에도 그거 뭐 카노? 저 인민군들 포로가 얼마나 많은데…. 허나 포로하고 나오고… 군대생활도 했고. 하마 같이 군대생활도 했고. 그러니깐 그런 이야기할라 카면 참 한풀이를 또 어디가

2 이른바 '1 · 4후퇴'를 의미.

할 줄도 모르는 기라. 당시 형님은 5사단 소속으로 수도사단과 함께 작전에 참여했어. 하지만 정확히는 몰라도 형님은 어느 전투에서 실종된 이후로 아직 아무런 소식도 없어.

형님이 군에 가기 전에는 저들하고도 친하게 지내기도 했는데… 말하자면 인민군이 김천꺼정 왔을 때, 낙동강 방어선 때문에 시간이 상당히 지체되어 약 2달간은 친구가 되어 함께 구불렀는 기라. '군관 동무', '여성 동무' 하면서…. 나와 형님은 저들을 참 좋아했어. 저들이 소를 몰고 와서 잡아 주라고 하면 형님이 도축해 주기도 했으니까. 그러면 소 내장을 얻어오기도 했지. 저들은 이미 전쟁 준비를 철저하게 한 것 같았어. 절대 부녀자 건들지 말게 하고, 사람들에게 함부로 욕지거리도 못하게 했어. 이처럼 (형님이) 저들과 잘 지냈으므로 만일 포로가 되어 저쪽에라도 있으면 살았을지도 모르지. 어디든지 살아 있을 거라고 생각되고 또 그렇게 믿고 싶지만, 전쟁터에서 실종되었으므로 한편으로는 이미 죽은 거나 다름없지. 죽었다고 봐야지. 하지만 살아 있을 거라는 희망에서 명절 때만 형님 제사를 지내.

"만일 포로가 되어 저쪽에라도 있으면 살았을지도 모르지. 어디든지 살아 있을 거라고 생각되고 또 그렇게 믿고 싶지만, 전쟁터에서 실종되었으므로 한편으로는 이미 죽은 거나 다름없지. 죽었다고 봐야지. 하지만 살아 있을 거라는 희망에서 명절 때만 형님 제사를 지내."

[6 · 25 참전자 관련] 연금은 직계가족 외에는 해당이 되지 않아서 지금은 아무 관련이 없어. 그전에는 전사자만 돈을 좀 주고 그 외 실종자 이런 경우에는 아무것도 없었지. 박정희 정권 들어서서는 돈을 조금 받기도 했어. 당시에는 6 · 25 참전 실종자라도 증거만 있으면 전사자로 인정받았는데… 우에 마실에 '김용덕'이라는 사람이 형님과 함께 군에 갔는데… 보증을 서고… [군에서 형님 관련 내용을] 참으로 봤는지 안 봤는지 모르지만, 어머니가

살아 계실 때 3번인가 4번인가 연금을 받았어. 1년에 1번 얼매씩 돈을 줬는데, 곧바로 어머니가 죽고 난 뒤에는 끙깃어(끊어졌어). 형수가 있으면 유족연금을 매월 받을 낀데…. 형님이 군에 갈 적에 형수가 어린애 하나를 배어가 있었는데… 낳자마자 5일 만에 죽어 버렸어. 딸인데… 그기 살았으면… 참 실지로 보면은 골빙이(골병) 덩어리지요. 그때는 배가 고파서 죽을 지경인데…. 내도 못 살아서 살았으면 참 천덕꾸러기였을 낀데…. 내 마음이 나빠서가 아니라 (경제적으로) 못살면 다 천덕꾸러기 되는 기라. 내 군에 있을 때 형수도 뭘 기다릴 낀데 카면서 곧바로 어디로 가 버리고….

아버지는 내 14살 때 하모 돌아가시고… 8 · 15 해방 되던 해에 죽었지. 아주 그 아께 무엇을 못 배웠다 카면 부모한테 욕하는 것이기 때문에 안 칸다. 그래 또 우리 어무이(어머니)도 그렇고. 아마 아주 참 뭐. 뭐. [집안이] 형편없이마….

신체검사 병종 판정받아 3번이나 불합격되었지만, 결국 군에 가다

그런께 이제 우리 형님은 군에 가면서… 우리 가족이라 해 본들… 그럼 형수가 있었거든. 형수가 있으니 그래 형님이 군에 갈 적에도… 단지[3]에 쌀 1말 없이 군에 갔거든. 그리고 나도 인제 그때부터 인제 내가 노력해 가지고 멕여 살리고 뭐 그렇게 했지. (착용하고 있는 약간 짙은 색조의 안경을 가리키며) 하지만 내 눈 보라 카니깐. 내 눈이 나빠

3 사기로 된 소규모 독으로서 예전에는 곡식 저장 용도로 많이 활용했다.

요. (면담자의 권유로 술잔을 들이키고 난 뒤에) 젊었을 때보다 [내 눈이] 더 나뻐지만은…. 그때는 이놈의 자슥… 병신만 아니면 군에 막 보내고…. 내… 뭐 경우 봐서는… 내 군번은 인제 알지만… 이놈의 자슥들… [내가] 상구(매우) 눈이 나빠 가지고… 이거 무슨 이유인지는 몰라도 세 번째 영장이 나와 가지고 구마(그냥) 군에 합격시켜 버리더라고. 그래 마 집에는 쫄딱 망했지. 내가 있어야지 뭐이라도… [벌어 가족들을 먹여 살릴 건데….]

[당시] 남의 일하면 그래도 남의 일하는데 품돈… 품이 얼만고 가르쳐 줄까? 그게 고까금(곡가금)[4] 카는데…. 쌀 1되 싹 깎아서 주는 기라. 하루 점루락(종일) 쎄(혀)가 빠지게 일하면 하마 쌀 1되 주는 기라. 모를 심어도 그렇고, 논을 매도 그렇고, 무슨 아무 지게질을 해도 쌀 1되씩 그거 품밖에 없는 기라. 그것도 아주 성실한 사람을 동네에서 일 시키지. 조금 무슨 히미푸시레(희미하게)[5] 하는 거는 그런 거도 못해.

그러니까 내가 8 · 15 해방 되어 14살… 그래 인제 내가 한 열 한, 아마 6 · 25 사변 전에… [전쟁이 나기 전에] 한 3년 전부터 우리 집이 조금 낫아져서… 나도 일하지, 우리 형님도 일하지. 그래 가지고 형님 장가 가고… 형님도 장가 늦게 갔거든. 그래 장가 가 가지고 그래 참 살다 보니 그래 형님… 그래 나는 눈이 나빠 가지고 뭐 동네 사람이 군에 안 간다고 이 캤어. 안 간다 캤는데…. 그래 영장 나와 가지고…. 그러면은 그 얘기 할라 카면 헌불(화)이 나서 얘기를 못해요. 군에 갔다가… 가 가지고 고마 우리 집은 하나도 남김없이 없어져 버렸어. 우리 모친도 내 군에 있을 적에 돌아가셨고 우리 형수는 내 마 군에 입대하자 뭘

"그래 나는 눈이 나빠 가지고 뭐 동네 사람이 군에 안 간다고 이 캤어. 안 간다 캤는데…. 그래 영장 나와 가지고… 그러면은 그 얘기 할라 카면 헌불(화)이 나서 얘기를 못해요. 군에 갔다가… 가 가지고 고마 우리 집은 하나도 남김없이 없어져 버렸어."

4 穀價金.
5 일을 분명하고 야무지게 하지 못하는.

기다릴 낀데 [하며] 어데 가 뿔고(가 버렸고). 우리 가족은 인제 내 홀로 남았는 기라. 내 홀로 인제 딱 남았는 기라. 군에 제대를… 그리고 그때 내 그날 쿠바 전쟁이 붙어 가지고… 전쟁, 곧 일어난다 일어난다 이 캤어. 쿠바 전쟁이… 그때 날 뭣이라… "당신은 아무 가족도 없으니까, 그 왜 쿠바 전쟁하는데 그 왜 저 지원하라" 이 캤어. 그래도 나는 "아~ 아~ 나는 안 한다" 캤어. 하여튼 왜 그런지 군이 마 싫은 기라.

내가 군대 생활 한 곳은 1101 야공단.[6] 그때만 해도… 허~ 그거는 왜? 그 얘기 다 할라 카면…. 논산, 마을 이름은… 모르겠고. 내가 간 훈련소는 22연대 9중대… [많은 세월이 흘러 자세한 건 잊어버렸지만] 그건 다 알아요.

(반쯤 남아 있던 술잔을 비우며) 군에는 24살 때 갔지. 그때는 이미 [전쟁이 끝나] 정전이 되어 있었고… 호적이 늦어 실제로는 이보다 나이가 더 많아서였지. 36개월이 정상인데 뭣 땜에 1개월 누락되어 37개월 근무한 택이지. 그런데 제대비 탈라고 또 늦어 38개월 군에 있었어요. (상당히 격앙된 목소리로) 제대를 해야 하는데 1개월 있어야 제대비가 나온다고 해. 제대비 나오면 준다고 외상술도 먹었는데… 술집에서는 술값 받을라고 [주인이] 부대 담 모퉁이에 기다리고 있었고…. 그래 제일 억울한 게 제대를 해 나온께… 그래 거기서 참 말하자면 그때만 해도 논 1 마지기만 팔아 버리면 [군에 가는 것] 빠졌거든 전부… 마~ 응. 그러지 않으면 똥두간(똥구덕)에 빠지든 등신 아니면 가는 기라. 그래 인제 그럼 내 군대 가기 전에 뭐 훈련받기도 했고, 고마 우리 형님 일제 때 일제 때 많이 고마 훈련 많이 받았고…. 조요[7]는… 우리 형님도 조요는 안 가

6 야전공병단.
7 일제 강점기 강제동원 인력(징용).

고… 조요라 카는 거는 그 해당이 안 되니까. 조요는 아니고….

그래 [내가] 군에 갔다 온께… 군에 갔다가 제대를 뜩 해 오니깐… 그때는 제일 못 사는 기, 요시(요즘) 내가 장마다(항상) 보는 '아침마당' 에 9시에 드라마… 수요일 날이가? 이산가족 그거 나오거든. '이금희' 하고 그 나오는 거. 그 나오는데 그 이제 보면, 당신 아께 사십 몇 살이라 했어? 사십 몇 살? 아! 사십요? 사십 넘어서 아께 우리 아[아이] 사십 다섯이라 캤지? 사십에서 사십 몇 살 그때는 6 · 25 때가 아니라…. 아닌데… 이산가족을… 그거 6 · 25 보다 이산가족으로 부모를 찾는 사람이 더 많다. 나는 이를 지낀 기라. 그거는 아마 먹고 살기 어려워서 그런 기라.

내 제대하고 나온께, 어디 품 들 데가 없어. 어디 품 들을 데가…. 그저 내가 일할라꼬, 일을 하고 싶은데, 하마 일을 하고 싶지만 밥만 먹이 주마(먹여 준다면)… 그 집에 가 일을 한긴 데 할 데가 없는 기라요. 그래 가지고 참 그라면 내가 억울하다 카는 게 무엇이냐 하면… 제대를 해 나오니까 둘이 앉아가 술을 먹지. 내 친구하고 둘이 앉아가 술을 먹는데, 저 순경이 온다 카거든. 37개월 복무하고 온 놈은 내빼요. 내빼요. 군에 안 간 놈은 앉아가 술 먹어요. 그래 신분증을 보자 카거든. 군에 안 간 사람은 군에 안 갔다 왔으니까 그때 뭐 도민증인가 뭐 그걸 보여 주는데… 나는 내 제대증이 있거든…. [그런데 순경이 나보고] "가자" 이 카고, "당신 가자" 캐요. (다소 의아해 하며 되묻자) 어디로 가긴…? [대구 성서에 있던] 50사단에… 군에 갔다 온 놈은 또 훈련받아야 돼. 또 거기 가서…. 제대증을 보여 주었는데도 그래요. 그게 정말 억울한 거지. 그거보

"군에 갔다 온 놈은
또 훈련받아야 돼.
또 거기 가서… 제대증을
보여 주었는데도 그래요.
그게 정말 억울한 거지.
그거보다 더 억울한 게
어디 있노? 군에 안 간 놈은
여 앉아 술 먹고, 군에 간 놈은
또 50사단 훈련 보내고…"

다 더 억울한 게 어디 있노? 군에 안 간 놈은 여 앉아 술 먹고, 군에 간 놈은 또 50사단 훈련 보내고….

어디 하소연 할 수도 없고… 거기서 다시 훈련받았지. (다소 어이가 없다는 투로) 그 가 보면… 총은 녹이 슬어 있지. 군대 생활 오래 한 놈이… 그 언 놈은, 상사 말도 듣지 않고…. 그 가면, 내 가서 보니깐 개판이라. 개판… [말하자면 그 당시 군대생활 한 마디로] 더럽고… 뭐고 이루 말할 수 없었지. 먹는 것도 이루 말할 것도 없지. 피복, 피복을, 옷을 피복이라 카거든. 일종계, 이종계 그런 게 있거든. 내 빤스, 새 빤스 한 번 못 타 입고 제대했어. 전부 이가 있고 뭐 한 거, 똥칠한 거, 냄새나는 거 그 헌 빤스 받은 거…. 피복 나온다 카면, 본부로 나오거든. 나오면 그런 것 하고 난닝고도 전부 그런 거 입고. 각개복[8]이고 뭐고 이런 것도, 한 번 내 제대할 때 사아지[9] 나오데. 아마… 사아지 주봉 제대할 때 나오데. 내 제대할 때…

29살에 군 제대를 했지만 남은 것이라고는…

내가 그러면 제대는 29살에… [했으니까…] 군대를 상당히 늦게 간 편이지. 그래. 아께 [말했듯이 어릴 때부터] 눈이 나빠 가… 그렇더만…. [소집이 면제되었지만 영장이…] 어떻게 또 나오더만… 그만 눈… 그렇지만 [신체검사 받으러] 가 보니 병이 있거든… 징집검사 가도 눈이 나빴는데… 병종[10]으로 떨어졌다가… 한 번 떨어지면 2년간 늦어졌는데… 또 나오고 또… 그래도 [군에] 갔다 카니까…. 그거보다 더 억울한 게 없는 기라. 그때는 아마

8 군에서 입는 일종의 훈련복.
9 피복의 일종.
10 丙種. 신체검사 후 체격 등급에 따라 甲種, 乙種, 丙種… 등으로 구분.

도 누구에게 업혀간 기라. 그래 사지 멀쩡한 놈은 그렇고… 돈이 있는 놈은 전부 빠져 버리고…. 그래 그게 아마 제일로 억울한 기라. 군에 가니 다리 절뚝거리는 병신도 들어오고…. (혀를 차며) 참! 틀림없이 중간에 무슨 농간이 있었던지…. 아마 무슨 잘못이 있어 성한 놈은 빠지고 대신으로 들어왔을 끼라.

제대를 한 후에는 고향으로 하마 고향으로 갔지. 그럼 뭐 어디로 갈 데가 있었겠어요? 고향에 가 가지구는 고향에 갔더니 땅이 뭐 있나. 초가집, 우리 형님하고 나하고 집 하나 지었는 것 초가삼간 하나 있는 거… 우리 어무이(어머니) 돌아가시니께 남을 준 게… 그때는 왜 남을 줬냐면… 고 깨끗이 있으면 내가 안 팔았을 낀데…. 그 사람들 날매키로(나처럼) 없는 사람들이논께… 농사를 지어야지 짚이 있지. 이어야(새 것으로 만들어 덮어야) 되거든. 짚을 이어야 되거든. 그래 내가 휴가를 온께, 내 이름을 누가 부르면서, "저~ 저 사람 주는 건 좋은데… 너 팔아라. 저 사람들 전부 다 짚이 없다. 지붕을 이어야지 되거든. 그래 버리면 너 제대할 적에는 물이 새 가지고는 저거 집 넘어간다. 함부래 팔아라" 카더라고. 누가 살 사람이 있다 카니케…. 그래 팔아 가지고… 그래서 "난 뭐~ 귀대 일자 되면 부대 들어갈게. 그래 파이소" 이 카고…. 그때만 해도 내가 무슨 시건(세건)[11]이 나 가지고 그래 팔아 가지고…. 그때는 쌀, 나락 1근에 얼마, 얼마 이래 장내[12] 내놓는 게 있었거든. 하마 나는 2근 내면 3근 되었거든. 아~ 그런 게 있어. 그때 그것도 서로 먹으려고 뭐, 뭐 하거든.

그래 그런 걸 그런 사람이 하나 있으니까 집을 팔아 가지고 내 나락, 그게 인제 고까금으로 따져 가지고 나락으

"제대를 한 후에는
고향으로 하마 고향으로 갔지.
그럼 뭐 어디로
갈 데가 있었겠어요?
고향에 가 가지구는
고향에 갔더니 땅이 뭐 있나."

11 '세건' 혹은 '철' 등으로 표현하기도 하는데, 일반적으로 상황을 잘 분별할 수 있는 능력이 있음을 일컬을 때 쓴다.

12 長利. 양식이 부족하던 춘궁기의 세칭 '보릿고개' 시절에 곡식을 꾸어다 활용한 후 가을 농사를 지은 다음 갚아 주는 행위를 말하는데, '장내쌀 내어 먹는다' 고 표현한다.

로 나와 가지고…. "내년에 그럼 너 제대할 적에 나락으로 바꾸도록 그렇게 그래 하라" 고 해서… (술안주를 따로 주문하자 손을 저으며) 아니라. 아니라. 그래 그랬는데. 참 제대를 해가 오니까 그거밖에 없는 거야. 인제…

군 제대 후 결혼하여 대구에 정착하다

내 결혼은 제대하던 해, 29살에 결혼을 했나? 맞아. 결혼을 한 게… [대구] 달성공원 뒤에 여기 여 처자(처녀)한테 결혼을 어떻게 했는 기라. 부인은 22살이었는데, 일본에서 태어나 일본에 살다가 국민학교 2학년 올라가기 전에, 해방되기 직전에 나왔다 카데. 장인은 일본에서 구레용(크레용) 공장과 제재소 했다 카던데, 한국에 와서도 염매 시장 떡전골목[13]에서 제재소를 운영하고 있었지.

"처가는 대구 달성공원 뒤에 있었는데 매 일반으로 살기가 곤란하여 마당에서 그냥 자리 펴고 식을 올렸어."

뭐 옛날에는 [결혼을] 어떻게 어른들이 하라고 하면 하는데, 그때는 어른들이 모두 돌아가시고 안 계셔서…. 제대를 하니께… 누가 "너 장가갈래?" 하길래… 그래 총각 때 장가 안 갈려고 하는 사람 없거든. "예! 가지요" 했지. 그래 뭐 여기 중신을 해가 장가를 왔는 기라. 뒤에 알고 보니, 내 고향 한 동네에 사는 할마이(마누라) 이종 사촌오빠가 다리를 놓은 기라. 중매쟁이만 오갔고 선은 보지도 않고 결혼식 올렸지. 처가는 대구 달성공원 뒤에 있었는데 매 일반으로 살기가 곤란하여 마당에서 그냥 자리 펴고 식을 올렸어.

그래 장가를 가 가지고 김천으로 갔는데, 아무것도 없어 먹고 살 길이 막막한 기라. 1달 만에 대구로 나왔지. 할

13 혼수용 떡 전문점이 밀집해 있는 골목으로서 대구 동아쇼핑센타와 약전골목(약령시) 사이에 있다.

◀ 이종철과 이추자의 결혼식 (1960년)

마이가 자꾸 가자는 기라. 할마이는 처갓집으로 들어갔는데, 나는 성주에서 노가다 하는 처사촌 오빠를 따라 곧바로 나갔어. 할마이도 처가에 머물면서 아이 갖기 전에는 미싱 일하는데 도와주면서 같이 돈 벌었지. 1년도 못 되어 돈 10만 원 모아 골방이지만 전세를 얻어 독립한 거야. 그래 가만히 생각해 보는데… 내 산 거… 당시 아무것도 없어 숟가락도, 오봉 하나도 없어 방바닥에 그릇 놓고 밥 먹었지.

대구 수창동 '싸앙녕' 솥 공장에서 일하다

그래 장가를 가가 보니까… 우리 처형이… 처형은… 인제 남편이 인제 나하고… [관계가] 그 뭐 카노?

아 ~ 동서. 동서가 왜 여기 수창동[14] 여기. 수창동… 전매청 바로 옆에… 그 '싸앙녕' 카는 솥 공장, 뗏놈[15] 솥 공장이 있었어.

그러면 거기 주물[16]이지. 솥 공장이 있었는데… [위에 동서가] 거기에 댕겼는데… 장가 와 가지고 가만히 이야

14 대구광역시 중구 수창동.
15 중국사람.
16 鑄物.

기를 해 보니까… 아니 1년에 상여금을 명절 때마다 3만 원씩 받는데, 이것만 해도 촌에 남우 집 사는 것 새경[17] 그거 비슷해. 내가 볼 적에는… 그게 헛 탐이 나 가지고…. 그런데 내가 거기 부탁 못하고 그냥 나와 버렸다니깐. 그래 와 가지고 처음 살다 보니께… 그 뭐~ 뭐 카노? 인제 내가 아이스께끼,[18] 죽었다 깨나도 아이스께끼 장사밖에 못하는 거야. 여름에… 그래 아이스께끼 장사를 먼저 해 가지고 돌아댕기는데 몸은 삐쩍 말랐지. 그래 처형도 [그렇게 사는 나를] 보고 안타깝고 하니까, 그래 그 내외간에서 그래 내가 이간[19]께 '이 서방!' 카면서…. 그 당시 [동서는] 그때 거[기] 댕겼는데 슬쩍 "거[기] 댕기면 어떻겠노?" 카더라고…. 그런께 그때만 해도 인제 우리 동서 하는 말이, "저게 일할 줄 아나? 모르나?" 이래요.

날 보고 직접 그러지는 않고 속으로만 그런 거지. (반쯤 남아 있던 술잔을 비우면서 약간의 뜸을 들인 후에) 하루는 동서가 "자네! 거기 말해 놓았으니 나와 볼래?" 캐요. 당시는 내 기운 시고(세고) 일 잘해도… 일해 주고 밥만 먹여 주라고 해도 그런 일자리가 없었어. 일자리 취직을 시키니깐 거[기]서 인제 마 일 잘한다고 마… 이래 돼 버렸어요. 당시 '싸앙녕' 솥 공장은 대구에서 제일 규모가 커서 직공들이 30명을 넘었어. 촌에 소여물[20] 가마 같은 커다란 가마솥을 주로 만들었지. 곡식이나 무엇을 찧는 씨(쇠) 호박[21]도 맨들고…. [솥 공장 물건들이] 무겁거든. 전부 다 무거운 기고 마… 심 박아 가지고 마… 만들어 내고…. 고시끼[22], 그들은 '고시끼'라고 해 그걸. 하마 고시끼 씨(쇠)[23] 노쿠는(녹이는) 데 그 불통 그걸… 그것에 막 들락거리고 막 먹고 했지. 막 1년 지나 버리니깐 몸이 허에. 막 힘

17 머슴의 노동에 대한 대가로 지불하는 곡식이나 돈.
18 아이스크림. 예전에는 통에 넣어 어깨에 메고 거리를 다니면서 팔기도 했다.
19 李家.
20 소의 먹이.
21 가운데가 밑으로 깊이 파인 형태로서 소량의 곡식을 찧거나 빻는데 쓰는 생활용구.
22 쇠를 녹이는 소형 용광로를 중국말로 표현한 것.
23 鐵.

줄이… 막 힘이 다리 힘도 오르고 거서 막 힘… 이거 마내가 그저 최고라 했는기라.

여태까지 굶주리고 굶주리고… 그래 군에서 골병들고, 골병들고 못 먹어서 못 먹은 환자거든. 그렇다고 거 가닌께 허연 쌀밥에다가 막 기름 두웅 둥 떠 가지고 콩나물국 아니면 '시나나빠' 뭐 그런 거 곰국만 딱 한 가지거든. 허연 쌀밥에다가 국에다가 마 먹다가 한여름에는 가지국 그것밖에 없고… 그건 또 맛이 이만 저만 뭐, 힘이 막 있어야 하는데….

나는 수창동 솥 공장에서 기술 없는 신참이므로 주로 힘으로 하는 불통, 고시끼를 봤지. 고시끼는 씨 노쿠는 불통인 택이지. 중국말이지. 고시끼에 고철을 40 내지 50관을 넣고, 돌을 넣고… 그런 다음 탄을 두어 소쿠리 정도 집어 넣고 불을 때어 씨를 노키지. 돌을 넣는 것은 쇠를 맑아지게 하시 위해서지. 왜놈 말로 '이모노' 라 카는 것은… 넣으면 아주 맑은 씨 물이 나와. 한 번은 고철 속에 커다란 대전차지뢰가 나왔어. 내가 발견했어. 가만히 살펴보이 깡(뇌관)은 없고 화약이 누런 기 꽉 들어 있어. 터지면 공장 다 날라 간다 카면서… 화약을 다 커낸 후 노캈지.

"나는 수창동 솥 공장에서 기술 없는 신참이므로 주로 힘으로 하는 불통, 고시끼를 봤지. 고시끼는 씨 노쿠는 불통인 택이지. 중국 말이지. 고시끼에 고철을 40 내지 50관을 넣고, 돌을 넣고… 그런 다음 탄을 두어 소쿠리 정도 집어넣고 불을 때어 씨를 노키지."

솥 공장에서 솥이 만들어져 나오는 과정이나 원리는 지금이나 매한가지야. 먼저 흙으로 모양을 떠서 맨들고, 그 안에 심을 박아 형틀을 맨든 후 씨 물을 부으면 돼. 고시끼 일을 해 놓으면 솥 맨드는 기술자가 씨 물을 가져다 붓지. 기술자는 심박아 가다(형틀) 만들고 씨 물을 부어 솥을 만들지.

솥 공장 월급으로는 3식구 생활이 어려워…

그때 솥 공장 다닐 때 월급은 할마이하고 살림 사는데… 하마 살림 사는데 딱 맞을 정도였어. 그때 내 거 가가지고… 그래 1달 [첫]월급을 받았는데… [내가 거기서 워낙 일을 잘하니까] 1년 앞에 들어온 사람하고 월급이 내카 똑같아 버려. 안 그러면 만 원, 만 5백 원 고래밖에 안 주는데…. 하마, 난 만 2천 원… 또 1년 앞에 들어온 사람도 만 2천 원 받으니…. 난 만 2천 원, 대번에 첫 월급에 만 2천 원… [을 받았으니…] 그게 인제 그건 뭐 내 자랑은 아니고 사실이라 뭐.

"그런데 만 얼마씩 받을 적에는 그 생활에 어느 정도까지, 또 방세 얻을 거 그거 밀릴 정도가 됐는데… 어린애 한 개 놓고 나닌께… 대번에 쌀 얼마씩 [밖에] 못 먹지. 대번에 생활이 안 돼.. 아이 기저귀 사랴, 2만 원 하는 사글세 주랴…"

"먹는 거 될까 말까인데… 그러면 방세 걱정도 되지…"

그런데 그래 그카다 본께, 인제 내가 뭐 몇 살인가 할 때 우리 큰놈, 그놈을… 어린애를 뜩 낳았네. 그런데 만 얼마씩 받을 적에는 그 생활에 어느 정도까지, 또 방세 얻을 거 그거 밀릴 정도가 됐는데…. 어린애 한 개 놓고 나닌께, 대번에 쌀 얼마씩[밖에] 못 먹지. 대번에 생활이 안 돼. 아이 기저귀 사랴, 2만 원 하는 사글세 주랴, 또 먹어야지. 옛말에 '아[이] 밸 때는 논 사고 아 놓을(낳을) 때는 논 판다'는 것처럼, 우리 집 아 놓기 전에는 쌀 5되 묵었는데 아 놓은 뒤에는 1말 묵었어. 젖도 먹이지. 그때는 다른 것 먹을 것도 없고 오죽(오직) 밥만 먹으이까네…. 그러면 내 머리 속에 무슨 생각이 들었나 그러면… 자~ 어린애 하나 때문에 내 씨(혀)가 빠지게 해 가지고 여자 굶기는… 먹는 거 될까 말까인데…. 그러면 방세 걱정도 되지…. 얼마나 그래 뭐 거기서 한 20개월, 이십 몇 개월, 2년이 조금 못 돼요. 그냥 그래 하다가 갑작스레 아이 하나만 낳을 게 아니

▲ 아내와 장남(1959년)

라 이거 둘 낳아 버리면 이 생활이 어찌 되노? 나는 그런 마음이 문득 갑작스레 드는 기라.

돈을 더 버는 것보다도 이거는 도저히… 이거는 아마 앞 일이 없어. 아무것도 없어. 이거는 아마. 사람이란 것이 뭣이 쪼매 뭘 쥐고 있어야지 힘이 나지. 다만 마 대번에 앞이 안 보여 아무것도….

내 그 맨 먼저 신혼 방을 차린 곳은 대구 비산동이지. (손을 들어 손가락으로 어느 방향을 가리키며) 여– 여– 바로 여 넘어… 달성공원, 바로 달성공원 지금 담 쌓아 놓은 바로 옆에 거… 아께 말했지만 결혼한 처음에는 처가에 잠시 있다가 할마이하고 1년간 돈 벌아 전세 얻어 거기로 나온 거지.

"달성공원, 바로 달성공원 지금 담 쌓아 놓은 바로 옆에 거… 아께 말했지만 결혼한 처음에는 처가에 잠시 있다가 할마이하고 1년간 돈벌아 전세 얻어 거기로 나온 거지."

(아무래도 안주가 부실한 것 같아 식당 아줌마를 불러 재차 안주를 주문하자 괜찮다고 하면서 손을 저어 사양하며) 내가 왜 그 공장에서 나왔는가 하는 과정을 말할라치면… 그래 가지고 갑작스럽게 뭐… 주물 공장에 이래 보면 씨 바가지 가지고 이래 붓거든. 그러면 요래 돼 있는 게 그게 '소바' 라 캐요. 이래 되어 가지고…. 그래 인제 있다가 무엇이 갑작스레… 솥 다 끝나고 나는데…. 목욕하라 카든지 안 하라 카든지 목욕탕에 안 있으면 밖에도 나오지도 못해요. 그거 일하고 나면… 그래 목욕탕에 들어가 가지고 막 씻겨 제낀다 혼채… 거 인제 왕 서방이라고, 거 지배인이… 나~ 그 공장 지배인이… 대구 '싸앙녕' 카면 중국 뗏놈 솥 공장 카면, 대구 사람 카면 대구에서 최고 부자라

고 캤어. 그 사람이….

중국 뗏놈 '싸앙녕', '싸앙녕'… 이름이 공장 이름이 '싸앙녕' 이라. 그래 그 사람들은 날 보고 "이구야!"[24] 그 사람들 말이 "그 이구야! 왜 목욕 때는 혼자 씻고 이러냐?" 그 카데. "난 바쁜 일이 있어서. 아~ 아~ 나 인제 일 안 해" 하면서 화딱질을 냈지. 그래 사무실에 가 가지고… 그 사무실에는, 사무실에 이래 가면 고 호랭이라고 카는 그 양반이 나를 마 굉장히 잘봤는 기라 마. 기운 시고 일 잘한다고… 엄청 잘봤는데… "나 일 안 해" 가 가지고 이 캤지. 사장이나 뭐 거기 아무 놈이라도 말리는 기라. "나 일 안 해." "왜! 왜! 안 해?" 카면서 서로 지꼈지. 그래 인제 거서 중국말 배워 내 기억하거든. 키 큰 놈 보고 '덕호사,[25] 덕호사' 이 카고… '응. 덕호사.' 저보고 '덕호사' 오라고 해서… "나 일 안 해" 다시 이 캤지. 그러면… 그런께 설에 그 뭐 카나? 요새말로 설에 보너스라 카나? 뭐 아마… 그러면 거기서는 상여금 카거든. 하마 상여금이지. '저 사람이 일을 많이 하고 그런께 상여금을 많이 주자 안 주자' 카는 것에 대해 자기들끼리 싸웠는 모양이라. 마 그러니께 그러면 1년 되고 2년 되고 그 사람들도 인제 급수가 있는데 동등하게 많이 주면 저 사람들이 불쌍하다. 그게 다 있거든. 그래 가지고 그 밑에 사무실에 일보는 사람이 날 부르더니만 "이번에 보너스 나오면 되게 많이 나올 거고, 적게 나오면 되게 적게 나올 것이다" 이 캐. 그 소릴 듣고 보너스 얼매 받고 나 가지고 2달, 마 그러면 설 샜지. 인제 설에 인제 설 새고 3~4달 있다가 아이스께끼 나올 때까지 보고 있다가 나와 버렸지.

24 이씨(李氏)!

25 '키가 큰 사람' 이라는 뜻으로, 구술자를 지칭했던 중국말.

자전거로 생선 행상을 시작하다

(그러면 [솥 공장에서 퇴사한] 그 뒤에는 또 어떻게 생계를 꾸려 나갔습니까? 솥 공장 입사 전에도 아이스께끼 장사하셨다고 했는데… 할머니가 약 2년 정도 하셨다고 하던데요? 그것으로 생계유지가 되던가요?)

아이스께끼 장사만 한 게 아니고… 그거는 여름 한 철 장사니까…. 그것만 하면 겨울에는 굶어 죽으라고? 고기 장사 하면서 5년은 더 했지. 고기가 도가로 들어오지 않는 날이면 놀 수는 없고, 그때는 아이스께끼 통을 자전차에 실었는 기라. 그래 뭐 아이스케이크 장사… 그래 뭐, 뭐 하니께…. 어~ 아이스케이크 장사… 아! 참, 내가 말 잘못했다. 아이스케이크 장사 하면서 인제는 거기 지리[26]를 인제 내가 알았는 기라. 공장을 댕기면서… 그러면 자갈마당[27]에 수협 있지? 자갈마당에… 자갈마당에 수협… 고기 도가. 건어물 도가 카기도 하고…. 수협이라… 내가 [아이스께끼 장사하면서] 고리 앞으로 매일 고리 댕겼으니까, 고기 도가가 여 있구나 [하는 것을 이미 알고 있었지. 그래서 일할 생각으로…] 자전차 끌고 가 가지고 그때부터 고기 마 사 가지고….

아이스케이크 장사 해 봤거든. 그래 장사를 해 봤으니 고기 싣고 스스럼없이 [팔러 다닐 수 있었지.] 마~ '삼마![28] 뭐 사소' 하며 막 떠밀거든…. 여러 동네로 골목으로 다니면서 팔았지. 인제… 그러면 내가 대구 50사단에, 여 있을 적에… [앞에서도 말했듯이, 제대 후 다시 붙잡혀 가서] 50사단에 가서 훈련을 받았거든. [따라서 근처의] 그

26 地理. 도로사정을 의미함.
27 대구광역시 중구 도원동의 태평로 남쪽 노변 일대(태평네거리~달성네거리)로서 옛날부터 자갈이 많다 하여 이렇게 일컬어졌는데, 집창촌으로 유명하다.
28 꽁치.

지리를 알거든. 그러면…

(고기 도가가 있던 자갈마당으로부터 상당한 거리에 있었으므로 다소 놀라며 되묻자) 아 ~ 그리 댕기고 그랬지. 그 오십사단 있는 데, 옛날에 50사단 있는 데, 그 장기동, 무슨 용산동… 죽전동, 감삼동 일대는 물론 두류공원 주변의 성당동, 중리동… 산 밑의 상리동까지 모두 다녔지. (팔을 들어 이리저리 가리키며) 하마 여서부터 저리 해 가지고, 밤고개 저 짝에 그 시립병원 있는데 하마 그리 앞으로 해 가지고, 그쪽에 난민주택 있는 데로… 그때 마 다 이름들… [외우고 있었지.] 그리 해 가지고 50사단으로 그리 한 바퀴 돌면 하루해는… [거의 저물지….] 각기 자주 다니는 자기 구역들이 있었어. [고기 팔러 다니는] 자전차 부대[원]들이 사방으로 쫘악 퍼져 나가거든. 어떤 이는 신동재를 넘어 칠곡까지 가기도 하고, 또 어떤 이는 백 6십리 길 김천까지 자전차로 다니기도 했거든.

"그 50사단 있는 데, 옛날에 50사단 있는 데, 그 장기동, 무슨 용산동… 죽전동, 감삼동 일대는 물론 두류공원 주변의 성당동, 중리동… 산 밑의 상리동까지 모두 다녔지."

"[고기 팔러 다니는] 자전차 부대[원]들이 사방으로 쫘악 퍼져 나가거든. 어떤 이는 신동재를 넘어 칠곡까지 가기도 하고, 또 어떤 이는 160리 길 김천까지 자전차로 다니기도 했거든."

그러니까 솔 공장 있을 적에는 살이 쪄 가지고 얼굴이 좋았는데…. [고기 행상할 때에는] 비쩍 말라가… 점심 먹으려니 아깝고 사 먹으려 하니 아깝고…. 사실대로 얘기하자면… 아직까지 본전을 못 채운 경우에는 음식이 먼저 입에 들어가지 않지. 식구들 생계가 달려 있고, 못 채우면 빚이 되는 판인데…. 또 그 당시에는 술집, 대포집은 더러 있어도 시내에 식당은 별로 없었거든. 때로는 막걸리 한 잔으로 때울 때도 있고… 쫄쫄 굶으며 다니기도 많이 했지.

흔히 많이 먹는 고기들을 파는 '일반먹기'를 하다

나는 '일반 먹기'를 주로 했어. 흔하고 [고객들도] 많이 찾는 고기… 고등어 카는 전갱이, 삼마 카는 꽁치, 칼치에다 빵게와 도로묵이 등이지. 물치, 물치 대가리도 했지. 언제 한 번 여~짜(이쪽) 세질 가(삼거리) 큰장[29] 고개 넘아 가는 데서 물치 대가리 갓고 돈 많이 벌아 봤다. 내가 또 고래 고기 전문이었거든. 고래 고기도 많이 팔았어. 특수한 고기로는 돔, 가오리 등인데 이것은 또 따로 공판하는 곳이 있고…. 나는 별로 취급하지 않았어.

"나는 '일반 먹기'를 주로 했어. 흔하고 [고객들도] 많이 찾는 고기… 고등어 카는 전갱이, 삼마 카는 꽁치, 칼치에다 빵게와 도로묵이 등이지. 물치, 물치 대가리도 했지. 언제 한 번 여~짜(이쪽) 세질 가(삼거리) 큰장 고개 넘아가는 데서 물치 대가리 갓고 돈 많이 벌아 봤다."

모두들 자전차로 팔러 다녔기 때문에 '자전차 부대'라 불렀지. 2백여 명 되었지. 모든 사람들을 알지는 못해. 하지만 가까운 여나므 명과는 계도 맨들어 3~4년간 했지. 공판장에서 번호를 단 사람들[30]이 손가락으로 신호하여 가격을 매기면 그것 지켜 보고 있다가 물건 사다가 팔지. 서로 [값]싼 고기 먼저 차지할라꼬 싸우기도 해. 경매 떨어지는 것 보고 있다가 중매인들, 중상들 손으로 얼마, 얼마 하는 것 보고 있다가 싼 물건 나오면 '와~' 하면서 마악 달라붙는 기라. 한 3년 정도 하고 나니 나도 중상으로부터 치부(외상)가 되더라고. 공부는 학교 문턱 앞에조차 가보지 않았지만, 장사에는 남 뒤지지 않았어. 원카 열심히 했으니께…. 2백여 명 중에 열 손가락 안에 들었지. 고기 도가 댕기던 사람들, 자전차쟁이들은 '이종철' 카면 지금도 알아주지. 물건 가져가는 것이 1, 2등을 다투기도 있으니….

하지만 어쩌다 장사 안 되어 쌀 단지 들여다보면… 쌀

29 대구시 중구 대신동에 있는 지금의 서문 시장으로서 평양, 강경과 더불어 조선 시대 3대 시장이라 일컬어질 정도로 규모가 컸다.

30 중매인. 수협을 통해 어획물을 상인들에게 중개하는 사람.

쪼매 남았으면 술 맛도 없고…. 이거 어떻게 살꼬 하면서 걱정도 되고…. 그때는 사람들이 밥알만 바라보고 살았으니…. (잠깐 동안 생각에 잠기더니) 실지로 나는 자식들한테 "너그들 클 적에는 교육 같은 것 생각도 못해 봤다"고 말하지. 밥만 먹이고 학교 가 버리면 그만이지. 아이들한테 관심을 줄 시간이 없었으니까….

거기서 내가 근 10년 [지속적으로 고기] 장사를 했으니까… 그 무렵 아이들, 아이들이 그때 둘, 둘인가 그래. 그래 가지고… 그때 할마이는 집에서 살림만 했지. 응. 아직 아이들이 어리니께…. 아이들이 계속 나서 나중에는 넷이나 딸리고… 내 혼채 뛰었지. 할마이 아프고 난 뒤… 내 고기 도가 갈 수 없는 처지에서는 할마이가 만두 파느라… 그때부터는 고생 많이 했어.

"쌀 5되도 벌고 2되도 벌고, 하마 쌀 3되도 벌고, 4되도 벌고… 고정적은 아니지. 그래 버니까 제법 살기 괜찮았어."

고기 장사할 때 벌이는 그런 대로 됐어. [많이 벌 때는] 하루 쌀 5되도 버는 수도 있었고… 응. 지북(제법) 많아요. 그래 우리가 돈으로는 계산을 못해 줬지만… 쌀 그 고까금이 쌀이었거든. 그러면 쌀 1되 벌면 참… 촌에서는 쌀 1되 벌 데도 없고… 사실 보면. 그런데 쌀 1되만 버는 것도 어찌 저찌 연명해 나가지. 그리고 쌀 5되도 벌고 2되도 벌고, 하마 쌀 3되도 벌고, 4되도 벌고… 고정적은 아니지. 그래 버니까 제법 살기 괜찮았어. 큰소리 쳤어. 큰소리 쳤지만 우리 집(집사람, 부인)에 병이 덜컥 났네.

아내가 병이 나 쓸개수술을 하는 바람에 많은 돈이 들다

그래 인제 병이 뭐 그래 걸려 가지고… 그 쓸개, 우리 집에 쓸개 수술했어. 할마이가… 몸이 바싹 말라 들어가면서 먹은 것 소화도 안 되고 눈자욱에 황달기운이 들어 처음에는 '황달' 이라고 생각했지. 약국에 가니까 묵은 감기라 하여 한약을 지어다가 탕약으로 달여 먹었지만, 전혀 차도가 없어. 그래서 인근의 성광병원으로 가니 당시 조 박사가 "왜 이리 오래 동안 놔두었냐?" 면서 야단을 쳤어. 수술을 한 후 이십 며칠 만에 퇴원했는데… 사람 잃어버리지 않나 상심했는데 수술도 잘되고 나아진다 카니 정말 기분이 좋았어. 요즘에 쓸개 수술 그 아무것도 아니지. (면담자가 동의하며 고개를 끄덕이자) 하마 요새는 아무것도 아니지. 그때는 그게 대수술이라. 늑막염 가지고도 사람이 죽어나는 판국이었으니까네 아주 큰 수술이지. 아마 한 35, 6년 전에는… 하마 아주 대수술이고… 뭐. 그러면 돈 그때 뭐 모아 논 거 앵금 없이(한 푼도 남김없이) 싹 다 썼지. 그래 살다가 본께 그래도 살았어. 그래도 우리 할마이 그래도 지금까지 살고 있어.

"아마 한 35, 6년 전에는… 하마 아주 대수술이고… 뭐. 그러면 돈 그때 뭐 모아 논 거 앵금 없이(한푼도 남김없이) 싹 다 썼지."

그 내 내가 인제, 그거 참 질문 잘했어. 고기장사를 왜 치왔나? 도가, 고기 도가, 요 빚이가 치부 카거든. 치부, 치부 카는 것은… 이거 그때만 해도 '만 원 씩 도(줘)' 이 카면… 이종철 앞으로 만 원어치 막 치부되거든. 막 외상 가[져] 가거든. 하마. 거기 인제 우리 할매 병이 나 버리니깐 그거 갚을 힘이 없어. 그런데 내가 5만 원이 없는데, 그때 돈으로 한 5만 원씩 빚을 창고에 주고받고 주고받고…. 거래처에 거래가 되어가 있었는데… 가만히 생각해 보니까 내가 생각할 적에는 그래, 나도 화토 만질 줄 알고 뭐, 뭐 할 줄 알거든. 그런데 돈이 있으니까 빚부터 져요. 사람이… 하마 복장이 좀 커지고, 하마 커지고요. 그래서 가만히 생각해 보니 [고기] 도가 빚을 안 가지고 내 현금으로 장사해야 되겠다 [하고 생각했지]. 그렇게 다 해 주고 나서 우리 할매 병이 덜컥 났네. 워낙 우리 할매는 애껴 가지고 저 촌에 소를 2마리 누구 사 준 거야. 김천에 사 주었던 그거까지 싹 다 팔았지. 자갈마당에 성광병원이라고 알지? 아마 거기 이십 몇 만 원, 이십 몇 만 원, 내 재산이라고 카는 게 전부 20만 원밖에 안 돼. 삼십 뭐 몇 년 전에….

"애껴 가지고 저 촌에 소를 2마리 누구 사 준 거야. 김천에 사 주었던 그거까지 싹 다 팔았지. 자갈 마당에 성광병원이라고 알지? 아마 거기 이십 몇 만 원, 이십 몇 만 원, 내 재산이라고 카는 게 전부 2십만 원밖에 안 돼. 삼십 뭐 몇 년 전에…"

당시 그거는 큰 돈이었지. 크구 말구. 이루 말할 것도 없지. 그래 죽는 사람 살릴 그거라. 거기서 또 다 얘기할라 카면 한정 없고…. (눈을 지그시 감고 약간 생각에 잠기더니) 그래 고기 도가 3천 6백 원, 3천 7백 원인가? 그게 3사람한테 걸린 게… 3천 몇 백 원 걸려가 있었어. 그것도 큰 돈이지. 그래 그거 떼먹어 버렸어. 안 줬어. 그러면 내가 왜 이 말을 하냐 하면은, 당신이 남에게 돈 빌려 줘도 받을 만한 놈한테 잡져야지(질책해야지). 도저히 못 받을 사람한테는 절대 잡지지 마. 당신 생명이 위태로와. 돈 받으러 나한테 집에 어떻게 해 가 찾아왔는데…. 집에 집구석에 천지 뭐 죽을 지경인데 내 성질에 눈물나는 기라. (다소 격앙된 투로) "시발 마 내가 고기 도가 못 들어가는 것은… 너희들이 그러면 날 살려야지. 내 고기 도가 9년간 장사했는데 너희들한테 치부했는데 살려야 되지. 돈 받으려 하니 돈이 있나?" 캤어. 그거 왜 그 카냐 하면은 또 우리 할매 퇴원시켜 놓고 그래 거기 생긴 게… 지금 서른 몇 살 먹은 게 [수술한] 그 뒤로 하나 또 어린애가 생긴 거라. 그것도…

처음에는 잘 아는 사람 아니면 치부하기 어렵지. 외상 물려가 못 갚으면 더욱 어려워지거든. 먹고 살아야 되니까 치부를 하긴 하는데… 만일 치부를 해야 하면 중상[31]과 고정적인 거래를 해야 하고 돈은 되는 대로 갚아 나가지. 신용이 떨어지면 곤란해. 죽기 살기로 해 봤자… 그때 돈으로 삼마, 삼마 카면 여 꽁지인데 곳곳이 이름이 다 틀려. 저 고기가… 틀리는데 그거 1방탱이[32]에 백 2십 바리짜리 대구리 바쿠 카는데 그거 1박스 해 봤자… 그거 3백 2십 원, 3백 3십 원, 3백 7십 원 그래밖에 안 갔어. 당시 삼마, 꽁치지. 3마리에 10원 정도 했거든. 아이스께끼는 1개 1전 했고….

(약간 머뭇거리며) 어~. 백 2십 바리(마리)에… 요새는 그러면 7바리에 오천 원씩 받고 이렇데. 그 물가 뭐~ 그것만 받는데 그러면 그때 돈으로 3천 얼마 했다 카면… 그래 10방탱이 된다 카면, 그것도 큰 돈이지. 촌에 가면 큰 돈이지. 그래 내 떼먹었다 하면 할 수 없이 이거는 마… 결국 못 갚아 줬지.

고기장사는 노는 날이 없이 매일 하다

고기장사는 노는 날 없이 거의 매일 나가지. 날씨관계에 따라 다른데… 특히 바람 부는 날에는 고기가 하나도 안 나오는 기라. 어쩌다 배에서 얼캇다는(얼렸다는) 고기를

31 仲商. 중간상인.
32 일정 양의 고기를 담는 용기의 일종.

보기도 했지만은 그때는 얼음이나 냉장고가 없었거든. 고기만 들어오면 노는 날 없이 매일매일 나가. 비가 오더라도 고기만 있으면 나가서 집에 가 와 맨들어 놓았다가 팔지. 비 많이 오면 집에 들어와 있다가 또 나가 팔지. 싱싱한 거는 당일 팔고… 팔다가 남은 거는 집에 가지고 와서 소금 간 쳐 놓았다가 팔지. 이전에는 어데 비닐종우가 있었어? 냉장고가 있어? 주로 가마니로 덮어 다니면서 팔았는데… 파리가 붙어 여름에는 시[33]가 끓으면 파이지. 5방탱이 정도 [자전차에] 실으면 한 짐이라… 시장에다 노점을 채린 적도 없고 오죽 외곬으로 자전차를 몰고 댕기면서 10여 년 동안 쭈욱 했는 기라.

"비가 오더라도 고기만 있으면 나가서 집에 가 와 맨들어 놓았다가 팔지. 비 많이 오면 집에 들어와 있다가 또 나가 팔지. 싱싱한 거는 당일 팔고… 팔다가 남은 거는 집에 가지고 와서 소금 간 쳐 놓았다가 팔지. 이전에는 어데 비닐종우가 있었어? 냉장고가 있어?"

고기 판 대금은 주로 돈으로 받았어. 성서 쪽… 그 농사곳 묵은 집 많은 동네에는 간혹 양곡으로 받기도 했고… 나는 간이 커서 외상을 더러 놓기도 했지. 골목을 다니다 보면 어떤 때는 골목에서 아주머이가 나와서 "아저씨! 아니 고기 장수요!" 카고 부르면서 다음 달 몇 일이 우리 딸 월급날인데 고기 좀 주라고 해서 주기도 했어. 예전에는 처녀들이 베 짜는 공장에 더러 다녔거든. 특히 50사단 부근에는 군인 가족들이 많았는데, 10일이 봉급날이거든. 봉급날 맞추어 외상 더러 주었지. 가끔씩 떼이기도 했고….

그때부터 이제 내가 할게… 내 직업이 거기가 직업이고… [고기 도가] 도꾸이(단골)가 그만치 많은데… 거[기]서 물건을 안 주니까 갈 데도 올 데도 없고…. 그래 가지고 우리 할마이가 보기에 같잖도 않았던 모양이지. 아이는 너(넷)이지… 아이는 너이가 생겨가 있지. 딸 둘, 아들 둘 생겨 가… 그래 가지고 그때 학교… 아이가 학교에도 댕겼어.

33 상한 생선에 생기는 벌레.

물론 돈이 많이 들어가던 때지. 먹는 것도 그렇고…. 그때는 먹는 거 그거 가지고 먹는 게 제일 크지. 하마, 당연히 생각할 여지도 없어. 반찬 같은 건 생각할 여지도 없어. 그래 가지고 내가 이제 [일도 못하고 기운이 없이] 뚝 떨어져 있으니까 그래 우리 할마이가 막 장사한다고… 뭐 인제 막 뭘 사러 댕기고 설쳤지. 하마 설치지.

아내와 함께 극장 앞에서 리어카 노점도 하다가 노동도 하다가…

당시 셋방 같이 사는 이웃 사람이 할마이한테 [노점 장사하라고] 연주(소개)를 해 주었어. 오스카 극장 앞에 리어카 노점 하던 사람이 사정이 있어 부산으로 이사 간다고…. 없는 돈에 다행히 주위에서 누가 변통해 줘서 당시 소 1마리 값인 권리금 수만 원 주고 리어카까지 사서 시작한 기라. 도로가 노점이지만 자릿세, 텃세 카는 거… 권리금이 있었어. 도로가이지만 자기 자리가 모두 있었다고…. 남이 함부로 못 앉지. 그때 오스카 극장 앞에는 리어카가 대여섯 대 됐을 끼라. 고때 만두는 내가 젤 첨 했고… 번데기, 고디도 팔고, 강냉이도 삶아 팔고… 붕어빵, 호떡… 갖가지 있었지.

▼ 저들끼리 잘 자라 준 자녀들 (차남, 장녀, 차녀, 삼남, 1975년 무렵)

그래 내가 수협에 거 있었으니깐…. [나는] 이제 고기는 못하고…

자갈마당에 역곡 골목 안에 거기 멍게 같은 거 그런 거 해삼 도매상이 있어. 그런 데는 돈만 가져가면 싼 거 사 가지고 팔거든. 그래 멍게 장사 이제 마 멍게 장사 같은 거 자전차에 싣고 내 고기 뭐 [이전에 장사]하던 그런 데 막 댕기며 팔았거든…. 그런데 그거 팔아 봤자… 그거는 도저히… 멍게 그거는 물 빠지면… 고마 그거는 도저히… 하마 쌀 살 돈도 아니고 생활이 안 돼요. 그러니까 우리 할마이가 하는 말이… 오스카 극장 앞에, 오스카 극장 앞에 거 인제 그래 뭐 만두 뭐. 이 카면서… 같이 만두장사나 하제요. 그래 같이 했지. 그러면서 나는 또 노동도 했으니까…. 내 다 이야기 할라 카면 한정 없지…. (술을 한 모금 마신 후 약간 생각에 잠기더니) 뭐. 내가 맨들고… 만두 그걸 마 밀가루 1관씩 빼 가지고 만두 그걸 파니께… 우리 할마이하고 [뒤에 또 다른 노점 차려 가지고] 나까지 파니께… [극장 관객과 행인을 대상으로 리어카에 노점을 채려] 파니께… [예상보다 장사가 잘되어] 아! 이거 내 눈이 번쩍 뜨이데… 하마. 이거는 몇 곱이 남냐 하면은…. 그래서 지금도 가루, 밀가루 만지는 사람은 몇 십 곱 남는다 하는 거, 하마 만두 여 지금도 빵 이래 구워 가지고 하는 거 그거 또 고기빵 카고…. 그거는 몇 십 곱 나오거든.

"당시 소 1마리 값인 권리금 수만 원 주고 리어카까지 사서 시작한 기라. 도로가 노점이지만 자릿세, 텃세 카는 거… 권리금이 있었어. 도로가이지만 자기 자리가 모두 있었다고… 남이 함부로 못 앉지."

"고때 만두는 내가 젤 첨 했고… 번데기, 고디도 팔고, 강냉이도 삶아 팔고… 붕어빵, 호떡… 갖가지 있었지."

그래 나는 인제… [만두 장사하는 데] 하나는 맨들어야지. 하나는 맨들어야 되요. 손으로 [만두를] 맨들어야 돼. 아이들까지 거들었지. 그래 그때만 해도 비닐 종이가 없으니까 [밀가루를] 떼어가 와 가지고 [반죽한 것이] 그거 굳기 전에 빨리 맨들어야 돼. 빨리 하마 만들어가 삶아 가지고 또 자전차에 실어다 주고. 그기(그것이) 어떻게 장사가 됐네. '아이고! 이제 됐다' 생각했지. 이래 되다 보니 그런데 이제는 아이들이 문제야. 아이들 돌볼 시간이 없어. 하지만 우리 자슥한테 내가 지껄이는 그게 이래요. "너그들 인생에 내 공부는 못 가르쳐 줬지만…. 또 공부라 카면 내 이해가 돼. 공부는 못 가르쳐 줬지만 너그들 배는 안 골렸다. 그 어려웠던 때라도 내 배 안 골렸다. 난 그건 자신 있게… 부모로서 자신이 있다. 하마 배 안 골렸다." 그래 우리 아이들 다 그것 때문에 다 잘 살고… 하마, 배는 안 골렸다 이렇게 말하지.

"아! 이거 내 눈이 번쩍 뜨이데… 하마. 이거는 몇 곱이 남냐 하면은…"

아내가 노점하는 동안 철근공으로 일하다

(술잔에 술을 채우고 권하면서) 집짓는 철근일은 어떻게 시작하게 되었습니까?

(남아 있던 술잔을 다 비우고 나더니) 그 카다 보니, 그 사람은 고기 도가 가 가지고… 그 '심진철' 이라 카는 사람이 있었는데… 그 사람 고기 도가 가 가지고 돈 못 벌어 가지고 촌에 땅 마지기 있는 것 다 팔아도… 식구도 내캉 비슷한데 고기 도가 가서 돈을 못 벌어 가지고 자꾸 망하고 나는 흥해졌고…. 그 카다가 인제 나는 우리 할마이 아파 가지고 그만 쫄딱 망해 가지고 고기 도가도 못 나가고 타락이 되어 가지고 있는데… 그래 인제 아께 멍게 장사를 한 번 어쩌다가, 그래 멍게 장사도 거 내 눈에 그게 헐타가 바싸다가… 고기 도가도 헐타가 바싸다가 할 때가 있거든. 요새는 어찌 보면 고정적이라고 내 봐요. 냉장고, 전부 냉장고 다 있거든. 하마 [점포마다] 냉동기 3대씩은 있으니까…. 그렇지만 그때는 뭐 얼음으로 자꾸 해 가지

고 헐타가 바싸다가… 매일 시세가 실시간마다 틀리거든. 그래 참 망해 가지고 이 사람이 나보다 앞에 도저히 고기도가 장사가 안 되니까 자꾸 촌의 토지만 팔아먹고 안 되니까, 이 사람이 그만 철근 일을 했는 기라. 노가다 이거 말하자면 집 건축일을….

나캉 나랑 같이 장사하던 사람이… 내 이름으로 한 번씩 치부도 해 주고 그랬는데… 거어서(거기서) 하던 사람이 안 되니까…. 나는 했고… 그래 이 사람이 와 가지고 나 인제 그렇다는 걸 알고는 오더니만 내 이름을 부르는 거야. "이종철이! 너 나한테 일 좀 할래?" 이래. 그래서 같이 다녔지. 그래 인제 우리 할마이는 말하자면 이제 오스카 극장 앞에 거 장사 하고…. 그래 그때 댕기는데 그래 뭐 거기 댕기는데 '하찌모시' 카는 거. 왜? 오함마[34]로 때려 가지고 철근을 끊거든. 그래 오함마로 때려가 그래 길이 재고… 거기 가 가지고 일을 해도 누구한테 뒤 안 떨어져요. 한 번만 봤다 카면… [모두 해내지요].

"그때 그 시절 인제 [일당으로] 4백 2십 원 받았어요. 내가 하마 일당이 4백 2십 원이지. 아마… 그러면 인제 '싸앙녕' 저게 저기에서 만… 내가 만 얼마 받았다 캤고… 결국 와 가지고 이리 연결시켜 보면… 그러면 하루 노가다 일당이 4백 2십 원."

내가 [철근공] 그 일을 할 때가 보자 나이가 얼마였더라? 그걸 확실히 인제… 한 40살쯤 되었는가? 그래. 그래. 한 그 정도…. 아마 그 정도인기라. 아마… 그래 그 사람이… 그래 그러면 나는 무엇이냐? 그럼, 그때 그 시절 인제 [일당으로] 4백 2십 원 받았어요. 내가 하마 일당이 4백 2십 원이지. 아마… 그러면 인제 '싸앙녕' 저게 저기에서 만… 내가 만 얼마 받았다 캤고. 결국 와 가지고 이리 연결시켜 보면… 그러면 하루 노가다 일당이 4백 2십 원. (면담자가 '사 삼 십이~' 하면서 계산을 하자) 그래! 4백 2십 원이면 20원… 왜 줬냐 하면은 내가 자전차가 있기 때문에 자천차만 있어도 재산이라 그게 또… 자전차에 물건 뭐

34 딱딱한 물체를 두들기는 쇠덩이로 된 건축 도구로서 해머(hammer)의 일종.

오함마 같은 것 한쪽에 씨(쇠) 뭉태기 싣고 댕기는데 그러면 빵구 때우라고 빵구 값 20원, 그걸 내가 먹어….

자전거에는 공사장의 물건… 뭐 [자재] 싣고 댕기는 것보다도 [공동으로 사용하는 도구들을 주로 싣고 다니면서] 일했지. (술잔을 들이키고 나서) 그런께 내 무식자이지만… '이거 뭔교?' 물어 보면 대반(재빨리) 알아요. 이거 뭔 물건인고 하면 알아요. 4년 동안 하고… 4년 동안 하면은… 사람이 계속해서 할 수 있나? 겨울에는 놀아야지. 1달에 보통 얼마나 일을 했냐면… 한여름에도 20일 하면은… 1달에 20일 하면은 아주 최고고…. 15일 하면 보통이고…. 10일, 그리고 1주일 하는 사람도 있고…. 그러이 돈은 별로 되지 않는 기라.

"1달에 보통 얼마나 일을 했냐면… 한여름에도 20일 하면은… 1달에 20일 하면은 아주 최고고… 15일 하면 보통이고… 10일, 그리고 일주일 하는 사람도 있고… 그러이 돈은 별로 되지 않는 기라."

그런께 [만두 노점하는] 저서도(저기서도) 나는 아주 그래, 우리 할마이 또 장사하는 것 다 해 줘 놓고…. 하마 그런께 몇 년 동안 [철근공으로 건설현장을 이리저리] 따라 댕기닌께… 우리 할마이가 고만… 할마이가 많이 바빠지거든…. 노가다 갈라카면 벤또 싸가야 되지… 그 벤또 카면 왜놈 말이지만 [일하려 나갈 때마다] 도시락을 싸 갖고 가야 돼. 그래 그놈 싸 줄라네 바쁘고…. [벌이는 별로 시원찮고…따라서 할마이는] "당신 함부래 그 일 치우라" 고 해서… "나하고 같이 같이 장사하자" 고… [하데.] [할마이의 그런 제의에 대해] 응. 우째 가만히 생각해 본께 그게 맞아요. [철근공으로 일해서] 하루 나는 4백 2십 원 받는데, [할마이는 노점 해서] 하루 천 원도 벌고 8백 원도 벌고… [했으니까….]

"[철근공으로 일해서] 하루에 나는 4백 2십 원 받는데, [할마이는 노점해서] 하루 천 원도 벌고 8백 원도 벌고… [했으니까….]"

아내와 각각 노점을 차리다

그때는 인제 만두만 아니고 딴 것도 마 하는 기라. 그래 딴 거 한 거 이야기하려면 한정 없어. 그래 내가 또 물건 뭐 어데 또 딴 걸 장사하는데… 아~ 그래 벌거든. 달성공원 거기서도 열합[35]하고 소주 팔고, 뭐 해삼 팔고, 뭐 팔고 멍게 팔고 뭐 팔고 뭐 다 그런 게 있지.

그럼 할마이가 장사하느라고 아이들은 어떻게 키웠냐고? 장사… 아이들 그거는 이렇카면 요새 아이들 참 귀하지. 아주 말할 것도 없지. 그 당시에는 그냥… 아주 마 어디가 죽어도 그것 가지고… 먹고 살기 위해서 그거 뭐 할 수 없어. 그거는 참 뭐… 그래 요새 아이들… 우리 며느리가 아이들 키우는 것 보면… 그러나 또 그게 참 사실 그래 키워야 돼.

"할마이는 오스카 극장 앞에서 만두 대신 쥐포나 수리미(오징어포), 번데기, 낱 가지 담배, 성냥 등을 팔았고… 나는 나대로 칠성 시장 등에서 물건 해다가 리어카에 싣고 극장에서도 하다가 달성공원 등에도 다니며 팔았지."

어~ 이거 이야기 다 할라카면… (상당한 과정과 곡절이 있는 듯한 태도로) 둘이서 만두를 하다가 너무 일손이 많이 가는 기라. 그래서 할마이는 오스카 극장 앞에서 만두 대신 쥐포나 수리미(오징어포), 번데기, 낱 가지 담배, 성냥 등을 팔았고…. 나는 나대로 칠성 시장 등에서 물건 해다가 리어카에 싣고 극장에서도 하다가 달성공원 등에도 다니며 팔았지. [예전에] 수협에 댕기는 바람에 수산물에 대해서는 내가 알거든.

그러니까 그래 바꿔 가지고 언제 우리 할마이 막 구루마에 실어 놓고 그래 아이들… 오스카 극장에서 만두 노점을 처음 시작할 그때는 우리 꼬마가 우리 지금 33세인 제일 꼬마가 돌이 갓 지난 상태였지…. 저 누우(누나)가 아

35 '홍합' 이라고도 부르는 해산물(조개류)의 일종.

◀ 리어카 노점(1980년대 초)

이를 보고 또 업고 댕기면서 [엄마] 젖 맥이고 하마 우리 할마이 젖 맥이러… 하마 젖 물리고 젖 맥이고 또 가고…. 저 누우가 업고 댕기면서… 젖 맥이러 데리고 오고 또 집에 데리고 가고. 그러면 나는 또 그래 노가다 일 있으면 돈 벌고, 그래 댕기다 보니께…. 오스카 극장 앞에 내가 우리 할마이랑 둘이 교대로 하마 장사를 좀 크게 벌리니께… 아이들 돌보는 기 너무 소홀했는 기라.

그래 나는 지금도 그래. 제일 제일 아마 내가, 내가 그 덕으로 아이들한테 덕으로 투자한 게… 인자 '승리약방' … 아마 '승리약방' 아주무이 주인이 어떻게 좋던지…. 딴 사람은 그 약방 앞에 구루마 대 놓고 벌렸다 카면 쫓아 버리든지 안 그러면 파출소에 전화 걸어 가지고 쫓으라 카고 이라는데…. 어떻게 우리가 거 장사 하니께 봐 줬어. 지금은 그 약방이 거 없지. 지금은 저 내당동 이 짝 내당동 여기 어 내당동이 아니고 이 짝에 … 여기 뭐 어데고? 아마 요기에 약방이가 있어. 그런데 참! '승리약방' 에 가면… 이거 내중에 테레비에 나와도… 그분들이 어찌 보면 날 살린 거야. 그러면 마 거서 하니께… .

거서(거기서) 아~ 그러면 84년도… 거 평리동 넘아가는 넓은 소방도로 길을 냈어. 골목이 솔았을(좁았을) 때는 장사 잘되었는데 길을 뜩 내고 나니 사람들이 확 흩어져서 그런지 하마 장사가 안 돼. 그러면 그 오스카 극장 앞에 거 구름다리라 카는데 그 건너는 것… 그 다리 논 것 그게 83년도인가 그래 놨을 끼라. 84년도 놨는가? 그건 나는 확실히 모르겠어. 고 정도 돼서 놨어. 그거 놓고 나서 장사 안 돼. 그거 참 이상하데. 그래 그거 장사 안 되어 치아 버리고…. 나는 응 장사 안 되면 치아 버려야지.

*"뭐 고디, 고디 5원, 10원,
50원 카면…
고디 그 까만 것
쪽쪽 빨아 먹는 것,
50원 카면 아주 크고…
아마 10원, 20원, 5원
그래 판 것이지.
그럼 또 열합하고, 해삼하고,
뭐하고, 뭐 해 가지고
또 소주 한 고뿌…"*

*"그래 장사하는데, 보통 내가
이래 벌적에는 [하루에] 3천 원,
3천 원… 하마 3천 원
보통 이래 버는데..".*

그래 그때 돈 번 게 내가 이래 생각해 보면 그래요. (막걸리를 한 잔 쭈욱 들이키고 나더니) 참! 사람 건방진 놈도 셌다고 보거든. 뭐 고디, 고디 5원, 10원, 50원 카면… 고디 그 까만 것 쪽쪽 빨아 먹는 것, 50원 카면 아주 크고… 아마 10원, 20원, 5원 그래 판 것이지. 그럼 또 열합하고, 해삼하고, 뭐하고, 뭐 해 가지고 또 소주 한 고뿌… 그때 얼마에 팔았는지 지금은… 얼마 받고 그래 장사하는데, 보통 내가 이래 벌 적에는 [하루에] 3천 원, 3천 원… 하마 3천 원 보통 이래 버는데…. 그러면 그때 월급이 조금 올라가지고… 나도 그 무렵 노가다 일 조금 해 봤다 캤거든…. 그런데 이 사람들 그때 7백 원 받았을까, 8백 원 받았을까 고 정도예요. 하루에 일당이… 나는 두 내외간이지만 3천 원 이상 벌고 앉아 있는데… 그 사람들이 건방지다 카는 것이 웬 뜻이냐 카면은, "그 소주 한 고푸 주소" 하고… 저들이 지금 먹고 가면서, [다소 비아냥거리는 투로] "나도 이런 장사할까?" 카는 거야.

[이들이] "나도 이런 장사 해 볼까?" 그러면… "그래 해 보이소. 이런 장사 한 번 해 보이소" 카지. 그렇게 할 적에 저들은 어떻게 마음을 먹고 했는지 몰라도…. 내가 생각할 적에는 [이들이] 서글프다는 심정으로 말한 것 같애. 오 원, 십 원… 이래 팔거든. 그러니께 '7백 원, 8백 원 모으려면 니까진 게 하루 종일 팔아도 그래 못 모을 끼라' 는 투로… 아~ 그 사람들이 그럴 거라. 아마 시뻐(쉬워) 보인 기라. 그래 내가 가만히 있다가 그 사람이 가고 나면은 뒤통수 쳐다보고, '에이! 이 자슥들아! 철근… 저거 일 하면 [나도] 니 월급 니 일당은 받는다.' 그래. 그게 인제 사람 사는 게 그래. 그래 가지고 뭐 카더니만… 고만… 그래 나도. 그때부터 고만….

노점 장사하면서 단속도 많이 당하다

노점 장사는 시간 장사라 카이. 아침부터 밤늦도록 지키고 앉아 있지. 할마이는 아침 일찍 일어나 학교 가는 아이들 밥해 주고 일찍, 아침 7시쯤 나가지. 낮에 종일토록 장사하다가… 잠이 와서 졸기도 하지. 밤에는 극장 마감 시간이 끝난 후에도 한동안까지 했지. 늦게까지 공장에 다니는 사람들도 많았으니께…. 이들에게 팔기 위해 보통 새벽 2, 3시까지 장사했어. 그때는 벌어 먹으라고 그런지 그렇게 되더라고. 할마이가 고생 많았제.

수시로 길가 불법 장사라고 단속하지. 3~4번씩이나 대구 경찰서꺼정 들어갔다 나왔어. 한 번에 1만 원, 나중에 올라서는 3만 원씩 하는 벌금까지 수없이 냈어. 허가는 무

"경찰서 가기를
저거 집 가듯이 가기도 했어.
첨에는 조금씩 하다가
자꾸 붙들려 가니까
자꾸 많이 하더라고…
내 빼고 하느라 애 먹었어."

슨 허가? 리어카 장산데…. 도로가에 한다고 뭐라 카모 피하고, 또 나가라 카고… 이랬지 뭐. 그라다 보면 또 순경에게 붙들려 가기도 하고…. 내 혼차 가는 게 아니라 여럿이 모두 가고 했어요. 경찰서 가기를 저거 집 가듯이 가기도 했어. 첨에는 조금씩 하다가 자꾸 붙들려 가니까 자꾸 많이 하더라고…. 내 빼고 하느라 애 먹었어요. [단속 나오면] 어디로 숨어야 하니 죽을 뻔도 했어요. [싣고 있는] 음식은 많지. 그래도 그때만 해도 장사가 됩디다. 요새는 장사 안 돼.

노점상끼리 계모임도 하다

저축은 하기야 쪼매씩 해도… 인제 그러구로 사는 기… 아[이]들 공부시킬라고 하니 그 다 들어가요. 뭐 있어야지요? 짝때이(막대기)가 없으이 일 날라카이 애 먹지요. 뭐.

"그때만 해도 아이들이 많이
죽고 했으니께…
내 머리에는 만일 누가
아[이]라도 덜컹 죽으면
혼채(혼자)
어디 가서 묻을라고…"

노점 하는 사람끼리 모여 서로 돕고 친목을 위해 계모임도 했지. 6, 7명인가 모여 '송죽계'를 맨들었지. 상당히 오래 동안… 한 17년 동안 했지? 내가 계장[36]을 한 십칠년 동안 했어. 그 이야기를 한 번 해 줄까? 참! 오스카 극장에서 장사하는데… 그러면 그 없는 사람들끼리 노점상 하는 사람들끼리 서로 모아 가지고 8월에… 나는 계장을 하면서… 나는 뭐냐? 아 ~ 그때만 해도 아이들이 많이 죽고 했으니께…. 내 머리에는 만일 누가 아[이]라도 덜컹 죽으면 혼채(혼자) 어디 가서 묻을라고…. 그 계원이, 당신이 나와 같은 계원이면 함께 손 붙들고 같이 가 가지고 같이 묻

36 契長. 계모임을 이끌어 나가는 대표자.

는 게 그기 하마… 또 부모 있는 사람 부모 죽으면 그 울력으로 다문 그래 [얼마씩 돈을] 내어 가지고 서로 도울 수 있지. 그런 계를 '우리 하자' 캐 가지고 했지. 참! 그래 어떻게 그 안을 마 누가 냈던 간에 그래그래 했다 이기라.

▲ 노점 송죽계 야유회(1970년대 중반, 경주 불국사)

내 17년 동안… 물론 계금, 회비도 모았지. 서로 도울라면 돈이 있어야지. 경조사 카는 거… 경사나 흉사나 그 말이지? 하마 그래. 그거를 위해 계를 모았은께…. 내 나하고 계원간인께 니가 자슥한테 타 먹든지 아버지한테 타 먹든지 누구한테 타 먹든 1번 타 먹고… 아무래도 2번 자꾸 연달아 못 타 먹는다. 하마 그런 거는 있었지. 1번 타 먹을 때, 응 그렇지. 그때 쌀 3말, 쌀 1말인가? 술 5말 아~ 그래 마 그랬지. 내가 볼 적에는. 또 내중은(나중에는) 올라서 쌀 1가마니, 그때는 조금 나아져 쌀 1가마하고 또 돈 얼마까지 모아 주었지. 그런데 그것 돈 푼 안 되는데…. 그러면 또 거서 '돈을 너무 많이 모은다 안 모은다' 카는 실랑이도 있었고…. 이거. 그래 난 사연을 알아. 응 사연을 알아요. 그래 돈이 많으면, 뭐 결국에 돈이 많으면….

"그때 쌀 3말, 쌀 1말인가? 술 5말 아~ 그래 마 그랬지. 내가 볼 적에는. 또 내중은(나중에는) 올라서 쌀 1가마니, 그때는 조금 나아져 쌀 1가마하고 또 돈 얼마까지 모아 주었지."

17년 동안이나 하다가 이제는 내가 안 해. 거꾸로 되었지. 그렇게 하고 나니께… 이것이 17년인가 18년인가 많이 오래 했어. [농사짓는다고] 청도 저 있을 적에도 그 계를 했어. 보니 마 여기 저들도 살기 좀 괘안코, 괘안커든. 그러이 이제는 아이 마 영 안 되데… 반대 방향이라. 깨진 게 아니고 내가 나와 버렸지. 그래 내 저쪽 공장 댕길 적에… 나는 오늘 계 모으는 날인께 그날 날짜인께… [회사의] 그 높은 사람한테 조퇴까지 맡아 가지고 고마 조퇴 맡아 가지고… "아이고! 나 오늘 조금 1, 2시간 앞에 가야 되겠습니다" 카고…. 씨가 빠지게 와 보면 이것들은… 오긴 오는데 서로 이야기를 할 여개도 없고…. 옳게 지낄 여개도 없고… 지질이 지 먹고 지 볼 일 본다고 전부 다 바쁘다 카면서 다 갔 삐려. [나는] 그렇게 어렵게 이야기 하고 왔는데… 저들은… 그래 가지고 뭐 나도 내가 인제 내 계 안 한다고 했어. 치아 버리고 나와 버렸어. 내 나와 버렸어. 나와도 지금도 항상 그 사람들이 머리에는 있어. [그런데] 만나 보면 아이라….

내가 노점 장사를 한 7, 8년, 아~ 8년, 7, 8년 됐는가? 수협에도 내가 10년 카지만 8년, 7년… 아마 확실히는 모르지만 7년, 8년 그래 했고… 아마…. 그래~ 청도에 내 또 농사지러 갈 때, 옛날 농사지었던 버릇 있었시니까…. 모든 게 그렇지만 그것도 때가 있는 기라. 인제 84년도에 안 되니께… 그만두었지.

청도에 농사지으러 가다

노점 일을 그만둔 후에는 청도 매전면으로 갔지. 가족들은 모두 대구에 있고… 뒤따라 이내(곧) 할마이가 왔지만… 농사짓겠다고…. 그러면 그때가 언제냐? 전두환 시절이거든. 84년도 카면 전두환 시절이거든. 그래 우리 집 지은 얘기는 안 했어. 그래 우리 큰 놈이 전두환 시절일 때 30만 원 월급 받아 올 적에 최고 돈 쓸 데가 있다 캤으니까. 하마 물가가… [많이 올랐기는 하지만… 가장 초기에는] 우리 아이 20만 원도 받고, 30만 원도 받고 1달에…. 말하자면 아마 이래 받았는데…. 전두환 정권 때 우리 아이가 우리 집을 사 가지고 내가 2백만 원이 빚졌지. 그거 갚을라고 한께 우짯고 싶은 마음[37]이 드는데…. 우리 아이가… 큰 놈이 월급이 올라가는데… 아~ [매월] 30만 원을 가져온께….

우리 아들은 못 배웠으니까 제일 핫바리(가장 격이 낮은) 다녔거든. 모기장 짜는 데… 그것도 일종의 섬유 계통이지. 기술자인 택이지. 뭐 그저 그런… 그거 지금까지 하고 있어. 하고 있는데… 그래 내가 하루는 "너 기술이 그만큼 좋은께 우리 집하고 전부 해 가지고 우리 식구, 우리 사우(사위)하고 전부 공장 하나 하자" 이켓는데…. 그건 [아들이] 반대해요. 그래 나는 지금도 [그런 제안을 한 것을] 후회하고 있어. [아들은 지금 그 계통에서] 2백만 원 이상 받아.

그럼. 80년대 30만 원 받았으면 그게 큰돈이지. 그때 그래. 그때 내 시건(세건)[38]에 그때 제일 쓸 게 있었다 이 말이라. 아마 그때 가치가 제일 있었다 아이가? 지금 3백만 원, 4백만 원짜리, 천만 원짜리보다 그때 쓸 돈이 참 있었다. 우리가 집을 샀으니까 빚을 갚아야 되거든. 그래 갚으면 한 2년 만에 갚아야 되는데 몇 개월 안 돼가 다 갚았다니까.

(그때 왜 공장하자는 의견에 [어르신이] 반대했습니까?)

37 '어떻게 할까' 하는 염려스런 마음.

38 '사려 깊은 판단이 가능한 분별력'을 일컫는 말인데, 여기서는 개인적인 '판단' 혹은 '평가'의 기준을 의미함.

어데(아니야). [큰아들] 자신이 반대했지. 아무렴. 안 한다 카는데…. 지도(자신도) 무식한께 사기당할까 봐. 하마 내도 무식하지. 사기당하는 거 지도 지 눈으로 보거든. 망하는 거 보거든. 그러니까 나도 지금도 또, 주위 사람들한테도 내가 한두 번 그런 게 아니야. 욕심을 내지 마라 캤지. 이 정치 보라구. 과도한 욕심은 내지 말아야지. 어떤 전직 고위 정치인은 돈을 못 감추어 가지고 생 지랄하고… 자슥까지 욕보이고… 욕심이 너무 많으면 안 돼.

"고향에 땅이 닷(다섯) 마지기만 있아도 나 [도시로] 안나왔지. 몸 댈 언덕이라고는 없었으니… 내가 왜 청도 쪽으로 갔나 하면은…"

"워낙 없었으니께… 땅마지기만 있었으면 모르는데… (크게 웃으며) 그 정도 땅이 되면 우리 식구 한 30명 정도는 먹여 살릴 수 있을 거라 생각했거든…. 허허허!"

고향에 땅이 닷(다섯) 마지기만 있아도 나 [도시로] 안 나왔지. 몸 댈 언덕이라고는 없었으니…. 내가 왜 청도 쪽으로 갔나 하면은… 그것도 인제 어느 친구가… 이 카면 내 자랑 같지만은…. 나보다 1살만 밑이라도 [내 주위에서는] 날 보고 '형님!' 이케. 나보다 1살만 밑이라도 '형님!' 이 카거든. [어느 날 그런 한 친구가] 고 그래 오더니만… 그래 그 사람하고 비산동 저 오스카 극장 앞에서 장사하면서 [사귄 친구인데…] 그래 내가 살라면 사실 또 지금도 그렇고… 촌에 가고 싶다. 촌에 가 조용히 살고 싶다. 내 이 사람 많은 데… [부대끼며 살기 싫다]. 이거 마 내 마음은 그렇다. 이놈이… 그랬더니만 저그 처갓집에 청도 저 매전면 산 알매이[39] 4백고지… 말은 5백고지라 했지만… 4백 몇 고지라. 그[기] 데리고 가 가지고, 결국에 가 가지고 그놈을 마 소개를 붙이는 기라. 그~ 돈은 쪼매 참 내 앞에 쪼매 있는데… 그래 내 오기 바람에 사 가지고… 워낙 없었으니께… 땅마지기만 있었으면 모르는데… (크게 웃으며) 그 정도 땅이 되면 우리 식구 한 30명 정도는 먹여 살릴 수 있을 거라 생각했거든…. 허허허!

그래 사 가지고 그래… 한 7천 평 사 가지고 거기서 농

39 높은 지대.

사를 짓다가… 2정보. 1정보가 3천 평이거든. 대부분이 밭이 조금 딸린 비탈진 산이고, 논은 한 7백 평밖에 안 돼. 2정보면 거… 거기에 우리 자슥 둘째 놈, 그때도 우리 둘째 놈은 어디 남우한테 일한 거 떼이는 게 반천이야. 내~ 내 이 점포가 있어도 여기도 와 가지고… 우리 둘째 놈은 뭐냐 할 것 같으면 중학교 때부터 기술자로 마… 희망하는 게 뭐냐 하면 야는 전기 계통에 전기….

(약간 말을 더듬으며) 어~ 어~ 전기 계통에 그래 그 어떻게 해 가지고 중학교 졸업하고 모다(모터)[40] 맨드는 데 공장으로 편입됐는 기라. 거기서 좀 배우더니만 이놈도 이제 모다 일 하고 고 그때 그 시세가 아마 뭐 이러다가 그래 이놈도… 난 철이 자꾸 바뀐다고 이래 봐요. 하마 그래 요새 시세 없지. 가가(그 아이가) [모다 점포를] 채릴 적에는 … 돈 어찌 보면 벌지. 하마 모다 하나 수리하는 데 얼매, 얼매. 응? 그러면 모다 1개 수리하는 데 얼매인데 자기가 남우 집 직공 생활하면 일당이 얼맨데… 그게 나오거든. 하마 그게 나은 게 그럼 모다 하나 수리하고 그러면 그거 그러면, 그때는 그놈도 무식자이지만…. [그렇게 해서 돈을 벌어] 지금은 40평 아파트에 살고 있어.

그래. 인제는 또 시세가 없어. 왜 시세가 없냐? 그걸 이야기 할라카면 정부를 욕하게 되지. 그러면 아께, 아께 날 보고 그 내가 어데 섬유계 쪽 모기장 그 섬유계 쪽에 있었느냐 캤지? 섬유 계통에… 옛날부터 대구 카면 섬유 아이가? 그런데 이제는 전부 다 도꾸이가 문 닫은 게 마 지금 한정 없다 카이. 지금 생각하이 어쩌면 그때 판단을 잘핸 것도 같고…. 그렇지. 우리 자슥은 하고 있었거든. 내 아주 절대 지금 생각하지만… 자식한테 말했지. 만일 사람은

40 motor.

마음이 편하면 된다. 너 그만하면 된다. 그 말이야.

[청도 농사지을 적에] 논에는 나락 심고 밭에는 채소와 팥, 콩 등을 주로 심었지. 채소 농사가 돈이 좀 되었고…. 허! 허! 그래도 내가 젤 잘 지었제. 거기 마을은 진주 강씨가 수대에 걸쳐 살아오고 있았는데…. 그리 농사 오래 지은 사람들보다 내가 옳게 채소 농사지어 온(큰) 돈 했지. 경운기로 청도 시장에 내다 팔았지. 팥 농사도 지어 좀 팔았고… 논 농사는 쌀 좀 해서 먹고… 아이들하고 좀 갈라 먹고… 그 사람들, 별거 아닌 것을… 촌놈들이라 그런지… 자기가 알고 있는 기술을 자꾸 숨기려고 해. 공장에서도 그랬지만… [농사짓는 거] 잘 가르쳐 주지 않아….

"논에는 나락 심고 밭에는 채소와 팥, 콩 등을 주로 심었지. 채소 농사가 돈이 좀 되었고… 허! 허! 그래도 내가 젤 잘 지었제."

"그리 농사 오래 지은 사람들보다 내가 옳게 채소 농사지어 온(큰) 돈 했지. 경운기로 청도 시장에 내다 팔았지. 팥 농사도 지어 좀 팔았고… 논 농사는 쌀 좀 해서 먹고… 아이들하고 좀 갈라 먹고… "

(막걸리를 몇 모금 들이킨 후 입술을 닦아내며) 한때 우리 둘째 놈이 [농사지을라고] 거[기] 왔어. 그래 내가 앞질렀지. 그래 남의 공장에 댕겨 보이 월급도 잘 주지도 않지. 아버지가 이 뭐시 풀은… 깨가 깻잎을 봐도 모르고… 콩잎을 봐도 콩이 무슨 콩인지 뭘 봐도 아무것도 모르던 아이들이거든. 그런께 아부지가 한께 기대를 걸고… 내가 거[기] 1년 있으니까 거[기] 와 가지고… 그래 지가 하마 지금 우리 며느리하고 와 가지고 1년 딱 짓더니만… 안 할라고 해. 안 되지. 하마. [해 보다가 안 되니까] 그래 거 아버지한테 간다 소리도 없이 [가 버린 적이 있어.] 마 그래 아버지… 그래 청도 그 매전에… 그 다 얘기 할라카면…

(사연이 많아 정리가 필요한 듯 약간 뜸을 들인 후) 내가 가 가지고 그 길 냈어. 하마 거[기] 가 본께 [올라가는 길이 나빠] 전부 소 질매[41]로 가지고… 비료도 소 질매, 손자 할배도… 파는 것도 소 질매… 집에도 이러카면 십 리 될까? 되면 우리가 40 · 30도, 15도 각도로 따져도, 20도 각도 따

41 길마. 소 등에 짐을 싣기 위한 안장과 같은 장구(裝具).

◀ 청도 매전면 농가(1980년대 중반)

져도 아마 그 올라가는데도 그렇고 내려오는데도… 옛날에 한 그 재래식 아주 옛날에 하던 그런 식으로 해 가지고 그래 가지고… 고거 그 마실에 가 가지고 내가 길 내자 하마 땅 값보다… 땅 값은 백 6십만 원 주고 샀는데 길 내는데 백만 원 내가 내어 버렸다 칸께… [거기 올라가는 길을] 하모 내가 내 버렸다 카니까. 첫 번에 50만 원, 뒤에 50만 원을 내가 낸다 카니까… 하마 그 마실 사람이 껌쩍 시퍼 가지고(깜짝 놀라서) 하자 카는 기라. 응. 그 사람들은 오래 동안 거기 살아온 진주 강씨 집안인데, 위에 자기들 산소 있지. 그래서 나는 살다가 팔고 가 버리면 그만이지만 당신들은 산소도 다녀야제 카면서 하자켓지. 그 카다 보닌께… 길을 올라가다 보니 그 뭐 카노? 그 돌 깨는… 그 뭐 아이 내… 이걸 마 이걸 에아[42]로 가지고 아무리 두드려도 이놈이 겁내는데… 막 딴 데도 까줏고 뭐 까줏고 뭐 다 올라 가지고….

42 air. 공기 진공식의 드릴.

한때, 둘째 아들도 농사지으려고 하다. 하지만…

"그래 오더만은 그래 사 달라 하고… 그래 사 주고, 애인하고 둘이 그때만 해도 결혼 안 했으니…."

"그들 머리에는 [농사짓는 일이] 힘들다고 하는 것보다는 수지가 안 맞는다 이기야. 하마… 젊은 사람 머리는 또 다른 모양이야. 하마. 마 그래 인식하는 기라."

그래 하루는 집을 뜩 내려온께 우리 아들이, 둘째 아들이 왔는 기라. 그래. 일을 하다가도 아버지! 뭐 어쩌구 저쩌구 하길래… 그래서 나는 그러면 "너들 농사도 이거 괘안테이. 그래 괜찮은께 일할 만하는데… 너들 홀몸이라도 한 놈이 올라가 가지고 일하면 그게 느그 땅이다. 아버지 죽어도 느그들 준다고 했지. 토지까지 다 준다" 고 했지. 비록 농사지을 수 있는 토지는 얼마 안 되지만…. 그래. [둘째 아들이] 거 와 가지고 하더만은… 그래 3일 농사짓더니만… 고놈아가 우야냐 카면, "아버지! 경운기 1대 사 주이소. 사 주면 내 할께요" 그 카는 기라. 그래 오냐. 그래 경운기는… [사 줄게] 했지. 나는 마 그때만 해도 50 그때 내가 50 몇 살 됐을 끼라. 오십 하마 대여섯 됐을 끼라. 그래 그때만 해도 참 경운기는 보통 만져 보지도 안하고 겁이 나 가지고… 그러나 그 까불진(경사가 가파른) 길을 내도… 그런데 왜놈 말마따나 아부나이거든(위험하거든). 겁나거든. 그래 오더만은 그래 사 달라 하고…. 그래 사 주고, 애인하고 둘이 그때만 해도 결혼 안 했으니…. 하마 애인이지. 오늘날 같으면…. 올라와 가지고 한 해 농사지으니 그 수지가 안 맞거든. 안 되거든….

응. 그렇다 보니 이놈도… 내가 지금까지 한 번 자슥한테 한 번 딱 졌어. "너 그때 가시나한테 뭐, 뭐 어째 이래 3백만 원 니 안 가 내려갔나?" 내 이카니깐… 자슥이 뭐 카냐면 "3백만 원 안 돼요." 이 소리만 하고 주고받고 한 일이 있었어. [그런 후에 짐을] 싹 싸 가지고 아부지한테 내려간다는 말도 없이 쫙 내려가 버렸어. 농사가 힘이야 물론 들지. 그래 하지만 그것보다는… 그들 머리에는 [농사 짓는 일이] 힘들다고 하는 것보다는 수지가 안 맞는다 이기야. 하마… 젊은 사람 머리는 또 다른 모양이야. 하마. 마 그래 인식하는 기라. 그 후 여러 가지 조건이 맞지 않아 한 4년 짓다가… [팔아 버렸지.]

4년 만에 드디어 땅을 팔다

(둘째 아들이 못하겠다고 떠나 버린 사실을 상기하듯) 촌에 농사지으며 살라꼬 오긴 왔는데… 그렇지만 농사는 실지로 가족 없이도 안 되고… 또 농사지어 봤자 수지가 안 맞아요. 또 시골 생활 해 보지 않은 우리 할마이가 전기조차 들어오지 않는 그곳 사정에 잘 적응하지도 못하고… 실지(실제로) 거기는 시장도 멀고, 교통사정도 안 좋고… 대구에 있는 공장 댕기는 아이들 돌보느라 왔다 갔다 하고… 또 평생 농사일 몰랐으니까네 할마이가 참 고생이 많았을 끼다. 그라고 농사지어 봤자 돈이 안 되니까… 할마이는 차라리 노가다를 해도 이보다 낫겠다며 대구 나가자고 해 많이 싸우기도 했지.

"농사지어 봤자 돈이 안 되니까… 할마이는 차라리 노가다를 해도 이보다 낫겠다며 대구 나가자고 해 많이 싸우기도 했지."

4년 만에 할 수 없이 [땅을 팔려고] 내놓았는데… 살 사람 더러 와요. 자슥 내려가고 길도 냈으니께…. '평당에 3천 원만 도가(주라)' 이 캤는데…. 3천이면 7천 평이면 얼만데… 삼칠에 21일, '2천만 원만 도고' 한거야. 그래 막 부산서도 오고… 그게 이상하데….

땅값이 좀 오르긴 한 셈인데… 그래. 하지만 길 내고 개

간하는 데 얼매나 공을 들였다고… [처음 그 땅을 구입할 때] 나는 백 6십만 원 주고 사가 왔는데… 뒤에 이웃 사람들한테 들은 얘긴데… 내가 바가지 썼다 카나? 백만 원만 줘도 될 토지라나?

어쨌든 2천만 원에서 다 받았으면 좋지. 막 사람들이 오는데 와도 언(어느) 놈이 천만 원을 줄라카면 파는데…. 내 마음에는 천만 원을 주면 파는데 값을 누가 줄라카는 놈은 없고 "얼마요" [하면서] 값만 알고 가 뿌리니깐 안 돼. 그러니까 내가 오늘 너무 지끼네…. (술잔을 들이키며 한숨을 돌리고는) 그러니 어떡해. 천만 원을 준다 캐도 사려고 해야 팔지. 그래 2천만 원 돌라 캤는데…. 삼칠에 21일, 이렇게 해 놓고 2천만 원 돌라 캤는데 이놈들은 [희망하는] 값을 [제시하지] 안 해. 그래 저 밑에 절도 있고 우리가 제일 알매이라… . [만일의 경우] 물을 인제 오염시킬 수도 있거든. 그러니까 인제 그 밑에까지 전부 다 별의별 사람이 다 와 가지고 노인 뭐하는가 싶어 거어도(거기도) 올라와 보고… 마 알매이까지 올라가면 마 절판처럼 너르거든. 그러나 그래나도(그렇게 해 놓아도) 언 놈이 값을 떡 안 놓아.

"천만 원을 준다 캐도 사려고 해야 팔지. 그래 2천만 원 돌라 캤는데…"

그러나 아이고~ (생각이 잘 나지 않는 듯 한탄조로) 저 짝어데 있는 그 사람이 그래 마 그냥… 그래 거[기] 있는 사람이 하나 오더니만은 "천만 원을 줄게 파소" 카는 기라. 저쪽 그 창녕, 창녕에 있는 사람이 와 가지고 "그래 천만 원 줄게 파소" 이 카는 기라. 내가 성질이 고약하다면 고약하고 좋다면 좋은 기라. [화가 나서 속으로] 대번에 '이 놈의 새끼, 뺨마대기(뺨) 쎄리뿔라 그만…' 캤지.

아! 천만 원 준다 카니까… 너무 헐값으로 먹을라 칸다는 생각에 화가 났지. '야 임마. 이 땅이 그저 생겨난 줄 아나? 개간 하는데 든 비용만 해도 수백만 원이 들었는데 천만 원만 하겠나? 사려고 하면 사고, 사기 싫으면 치아 뿌지. 이눔의 새끼가 죽을라고…' 나 [속으로 이렇게] 성질나서 허 허~. 나중에 그랬어. 그 말하고 가 뿌렸어. 서이가 오더니만 가 뿌렸어. 며칠 있다 또 달려와 가 우리 할마이한테… 아~ 내외간에도 비밀이 없어…. 우리 집에서 내가 '뭐 얼마만 됐으면 팔았을 낀데…' 이케 말해 버렸는데…. 그게 비밀이 없고… 마 또 그 사람들 또 오니까 고마 우리 집에서는… [할마이가] 지금도 그래 내하고 촌에 있기 싫어 가지고… 팔아 버린 기라. 그래. 아휴 쪼매만 더 주면…. 온카(엄청나게) 마 반가버가(반가워서) [할마이가] "쪼매만 더 주면 팔지" 이 캤는 기라. [결국 팔긴 팔았는데…] 하지만 [청산하고] 가져온 돈이 총 2천만 원이 안 돼. 순수한 땅값은 천 3백만 원 정도뿐이야. 그때 소 네 마리가가 있았는데… 큰 소 2마리 3백 2십만 원하고, 송아지하고… 모두 팔았지.

"[청산하고] 가져온 돈이 총 2천만 원이 안 돼. 순수한 땅값은 천 3백만 원 정도뿐이야. 그때 소 4마리가가 있았는데…. 큰 소 2마리 3백 2십만 원 하고, 송아지하고… 모두 팔았지."

다시 대구로 와서 둘째 아들을 결혼시키다

그래가 인제 그걸 접어 버리고 대구로 다시 온께 인제 우리 자슥이 아께 모다 캤지? 그 우리 아들 인제 결혼도 시켜야지… 결혼시켜야지. 그 둘째 놈인데… (배를 가리키며) [우리 며느리가] 이래 돼가 있거든. 하마 그래 왜 애인 델꼬 왔다 안 카든교? 사는 데 가 본께… 나도 지금도 내가 매일 내가 그 집에 있지만…. 그래 우리 자슥이 첫째부터 인제 돈이 그만큼 있은께…. 또 소를 멕여 가지고… 소 2마리하고 판께 근 한 2천만 원 가져 내려왔어. 응. 가져 내려와 가지고… 그때는 인자 자슥밖에 안 보이고… 사실 그래 자슥밖에…. [같이 사는 며늘아이 배 속에] 애[이]는 이래 돼가 있지. 애[이]는 놓지는 안 했지만은….

응. 그지 동거지. 저들끼리 살라꼬 본께… 사글세를 그때 30만 원인가 27만 원 응. 요새 그래 10만 원, 20만 원, 27만 원인가 사글세를 가 있는 거 본께… 뭐 집이 진짜 뭘 해 가지고 저들끼리 인제 산다고 그래 해가 있는데…. 그래 우리 할마이하고 둘이가 보니 그만… (약간 안타까운 표정으로 말을 더듬으며) … 나 저기 나는 또 고생했고, 나도 못살았지만… 고만 눈물이 핑 돌아가… 저것도 남우 집에, 남우 집에 있구나 싶어서… 그래 대번에 마 [아이들을] 불렀지. 니는 니대로 산다고 하지만, "아버지가 도지방 하나 얻어 줄게. 그래 5백만 원 정도 도지방 얻어 줄게" 캤어요.

"응. 그지 동거지. 저들끼리 살라꼬 본께… 사글세를 그때 30만 원인가 27만 원 응. 요새 그래 10만 원, 20만 원, 27만 원인가 사글세를 가 있는 거 본께…"

"그래 인제 성서 저리 [지리를] 알겠다. 성서 쪽 감삼동 거 가 가지고 도지방 8백만 원 주고 그때 인제… 하마 우리가 나가 버렸어. 이걸로 세를 놓고 거 나와 버렸지."

하마 내가 얻어 준다 했지. 그때 인제 도지방이 뭐 저그들 둘이 살고 하는 거는 곱을 [주고] 얻어도 5백만 원 시세이니… 그걸 나는 시세로 치지를 안 해요. 그래 마 이눔이 아께 농사 져가 3백만 원 가져갔다 했지? 돈에 찌들려가도 "아버지! 나 필요 없어요. 나 필요 없어요" 그래 카더니만… 그것도 이상해. 돈을 준다 캐도 안 한다. 그래 내놨다. 내 지금 사는 집에 지금도 뭐 양옥같이 이래 돼 있지만 아주 집이 좁아. 근데 [아들이 갑자기] "아버지요. 아이들이랑 5남매 전부 다 올라카면 [이 집이] 복잡한께 아버지가 고마 [좀 넓은] 도지방 얻어 가지고 어데 가 사이소" 그러는 거야. 그래 인제 성서 저리 [지리를] 알겠다. 성서 쪽

감삼동 거 가 가지고 도지방 8백만 원 주고 그때 인제… 하마 우리가 나가 버렸어. 이걸로 세를 놓고 거 나와 버렸지. 그래 자슥 거 살고, 그래 나와가 쪼매 있으니까, "아버지요. 나 점포 얻을랍니다" 해요.

둘째 아들에게 모타 수리하는 일을 하도록 해 주다

자기 기술 가지고 자기 일 할라고… 하마. 그래 점포는, 내 오스카 극장에서 장사할 적부터 그래요, 그때는 아[이]들이 한참 쪼매 좀 알라 카면은 [이것저것 생각해 보지 않고] 고마 콱 카거든. 그래서 나는 사회를 좀 안다고 이래 봐. 내 쪽을 보고 다른 것을 짐작하는 기라. 사회를 알아요. 그래서 신중을 기하라는 투로 말했지. 응. 그런께 그때 먼저는 [아들이] "아버지!…" 내 오스카 극장 앞에서 장사할 적에는… "아버지예! 아버지, 이거 하지 말고 내 기술 좀 있으니까 여 어데 점포 하나 얻어 가지고 아버지하고 같이 그 모다 그거 합시다" 이러 카거든. 그때 내가 하는 말이 내 그랬어. "네! 이놈아 너 안죽(아직) 멀었다. 응. 정신 차려라. 니 할 마음이 있거든…" 모다 이것도 각 공장을 댕기면서 곤치고 뭐 하면서 각 공장에서 부르고 막 이래요. 그런데 내가 본께… 그런데 그것도… 그런 도꾸이를… "니가 그 할 마음이 있거든 속되게(속히) 도꾸이를 잡아라. 응. 잡아라. [도꾸이를 많이] 잡아놔 가지고 놓은 후 아버지보고 의논해라" 이 캤어.

(술이 없는 것을 확인하고 아주머니를 불러 막걸리를 1병 더 주문하니, 그만 시키라고 손사래를 치며) 어~ 어~ 또 뭐~

"아들놈의 모다 일은 대부분 섬유 공장을 끼고 하는 것인께… 그래 가지고 매(계속) 모다를 하고 있지."

그런께 그놈이 어째 말 듣고 있더니… 그래 인제 지가 뜩 전세 준 거… 5백만 원 줄라 카는 거 내가 허락을 해야 되니… 그래 5백만 원 가지고 한 게… 내 이렇카면 '만년사' 카면서 저 이짝에 여 오거리 지나 가지고… 저~ 짝 아이고~ [기억이 나지 않네…] 침산 사거리에 그 사거리 '만년사' 쪼만한 거… 그 사람이 와 가 한 십 몇 년쯤 하고 있어. 거기서… 지금은 장사 안 돼요. 첫 번째 채려 가지고서는… 처음에는 거[기] 아파트… 그[것] 채리고 3년 만에 아파트 성서 창신 아파트 샀어요.

처음에는 벌이가 좋았다고 해. 응. 며느리도 그래. 그때는 벌이가 좋았는데… 지금은 그래 섬유 이거 공장이 인기가 없거든. 아들 놈의 모다 일은 대부분 섬유 공장을 끼고 하는 것인께… 그래 가지고 매(계속) 모다를 하고 있지.

첫 번째 들어간 섬유 공장에서는 청소 등 막일을 하다

청도 농사일을 접고 대구로 와가 아들 결혼과 모다 일 하도록 해 준 후에는 누구 소개로 섬유 공장에 댕겼지. 응. 그래 그 갔더니만 가서 된 일이 걸렸어. 성서 쪽 감삼동에서 다녔는데…. 수박, 논공수박 카면서 [달성] 논공 저 짝에 댕겼지. 거기에 공장 막 개업 돼 가지고 많아. 하마 거기에 막 불나고 할 적에 그 시절에 내 그 짝에… 막 땅 값이 오르고 할 적에 그래 거 댕기면서 내가 30 어 어데 30 어데 26만 원인가 그래 받고… 하마 집에 논께(놀고 있으니까)…. 할마이… 내외간도 그래… 노는 것… 안 좋아하지. 내외간도 아무리 오래 살아도 노는 거… [안 좋아해.] 저희가 [청도 땅을] 팔 적에는 [할마이] 지가 팔고 지가 해 놓고…. 그래서 집으로 와 가지고 날 멕여 살려라 카고 난 드러누워 있었거든. 정말 짜증내는 것은 답도 없어. 여자는 다 똑같아. 그래 할 수 없이 그래 거 [일하러] 갔지.

그래 뭐 내가 장사에는 그래도 조금 이력이 붙었다 카지만은 직장생활은 안 해 봤거든. 누가 그 가 가지고는 청소부 할란가 묻데. 이층 도지방 살 때 할마이가 다리를 놔 일층 사는 사람 소개로 들어갔지. 그 사람은 달성 논공공단[43] 비(베) 짜는 회사, 직물회사 다녔거든. 아마 '대류섬유' 지…? 거 다녔는데… 소개해 줬어. [내가] 기술도, 경력도 없으니까네 가장 핫바리… 기계 닦고 바닥 청소하는 일을 한 기라. 비 짜는 데는 이물질이 들어가면 안 되니까 하루 2차례씩 기계를 닦아 주어야 하지. 또 먼지가 많이 나면 좋지 않으므로 바닥 쓸고 조리개로 물을 수시로 뿌려 주어야 해. 그런 일을 한 기라. 여[기] 감삼동에서 거리가 얼매나 머노? 월급도 26만 원인가 27만 원인가밖에 안 조. 노가다만 해도 30만 원짜리가 쌥(많이) 있았는데…. 내가 그쪽 계통으로 원카(워낙) 모른께 그랬는데…. 하여튼 그 회사가 부도나서 그만두었지.

"기술도, 경력도 없으니까네 가장 핫바리… 기계 닦고 바닥 청소하는 일을 한 기라."

"월급도 26만 원인가 27만 원인가밖에 안 조. 노가다만 해도 30만 원짜리가 쌥(많이) 있았는데… 내가 그쪽 계통으로 원카(워낙) 모른께 그랬는데…"

(섬유 공장 들어갈 적에는 나이가 얼마나 되었습니까?)

그래 거기 지금도 이게 가만 따져 봐요. 엊저녁에도 내 바로 그 캤지만…. 이제는 머리가 확 가 버렸는 기라. 테레비 본 것도 [곧 잊어버리고 할마이한테 그거] "언제 봤노?" 카지. 참 이러 카면 내 여 불쌍하지만 확 가 버렸어. (나이 들어 더해지는 기억력 저하에 대해 한탄하는 표정을 지으며)… 우리 할마이하고 지끼거든. "언제 지꼈노?" 카면

43 대구광역시 달성군 논공면에 있는 공업단지.

서 되묻곤 해…. (기억을 더듬듯 눈을 지그시 감으며) 거기 왜 그리 갔는가? 그러면 거 댕길 적에 지금 내가 볼 적에는 57, 8살로 아마 그래 보고… 또 내가 그러면 아마 92년도까지 내가 직급을 올렸고…. 그때까지도 그래 말하자면은 내가 [염직 공장에서] 84만 원까지 받고 댕기고… 보너스 받고… 그러면 섬유 거 염색… 하마 월급 좋거든. 하지만 그게 하마 그거를 직공들끼리 이거 마 마 이거 말할 것도 없어. 내가 이렇게 하지만 직공도, 사장들도 정신 차려야 돼. 사장은 아무 말도 안 하는데 직공들이… 첨 들어간께 날 같으면 촌닭 잡아 논 것처럼 그렇거든. 처음에는… 아무래도. 이거 사람은 자꾸 등신 되는 기라. 반박해 버리면 그거는 박살나는 거야. 하마.

"그러면 거 댕길 적에 지금 내가 볼 적에는 57, 8살로 아마 그래 보고…."

공장생활 해 본께 일 때문에 그러는 것이 아니고… 아무튼 스트레스 쌓이는 일들이 많았어. 아께 내 [수창동 솔 공장] '싸앙녕' 캤지? 그런데 맨고로(그러한 곳처럼) 일 잘한다 카는 것은 사장이 다 알거든. 그렇지만 이거는 그기 아이야. 직공들 거기, 지 기술 쪼매 있는 것… 전기… 내가 이 카지만… 전기 스위치는 만져서 안 되는 게 있고 되는 게 있고… 너그 이리 이리 만지면 그런 거 가지고도 몰래 만지면… 내가 머리가 좋아 가지고 즈그 까무너뜨릴까 싶어 가지고 그러 것 같고 그래요. 한도가 있어야지. 그래 우리 자슥도… 제일 꼬마가 염색 [공장] 거 댕겨요. 지가 모다 기술자라고 카지만은 개뿔 마 마… 그 우에 높은 사람 있거든. 그래 그 염색 공장에서 그 보일라 전부 전기로 만들고, 우리 자슥도 지금 제일 꼬마 그[것] 알아.

두 번째로는 염색 공장 탈수공이 되다

두 번째 들어간 그 염색 공장은 어딘가 하면 비산동 염색 공단 여기가 아니고… 하마 저 성서, 그것도 알았는데… (기억을 더듬는 듯 안경을 만지면서 뜸을 들인 후) 거[기]서 그거 내… 그놈의 동네 이름이 마… 무슨 염직[44]인데… 거기는 우리 집 세놓은 데 사는 사람이 거기 다녔는데 소개로 가게 되었지.

염색 공장 거기서는 내가 탈수[45]했어. 아! 그거 알라꼬? 그러면 저 짝에서 염색해 가지고 오마(오면) 그 구루마가 있어. 그 구루마를 빼 가지고 오마 [염색한 천으로부터] 물이 줄줄 흐르거든. 그래 저 사람들이 우리 탈수하는 데 밀어 주면 되고 못 밀어 줄 것 같으면 우리가 가 가지고 같이 밀어 주고… 그걸 [탈수기구] 안에 주워 넣는 기라. 그래 그걸 고루 넣어야 하지. 가득 넣은 후 발로 꼭꼭 밟아 눌러 가지고 아주 두꺼운 거 가지고 탁 덮어. 그러고 나서 스위치를 넣어 빙빙 돌려 꽉 짜지. 나중에는 돌덩이같이 딱딱할 정도로 섬유가 엉겨 붙어 있으면 끄집어내지. 구루마에 담아 저쪽 불통으로 보내면 거서 펴 가지고 걸어 저 짝으로 보내고….

"[염색한 천으로부터] 물이 줄줄 흐르거든… 그걸 [탈수기구] 안에 주워 넣는 기라. 그래 그걸 고루 넣어야 하지. 가득 넣은 후 발로 꼭꼭 밟아 눌러 가지고 아주 두꺼운 거 가지고 탁 덮어. 그러고 나서 스위치를 넣어 빙빙 돌려 꽉 짜지."

그거는 또 인제 그래 버리면… 그게 인제 아이고… 불통으로 보내 열 기운으로 그[것] 말리면서 하마 쫙 피는 거지. 그 텐트 같은 거 기차 끄트머리처럼 쫙 이래 있거든. 그래 그리 해 가지고 나오고… 그러면 그 아가씨들이 이래 보고 마 전부 거기서 쫙 쫙 째 가지고 하마 나쁜 거는 나쁜 거대로 좋은 거는 좋은 거대로 그렇게 하면 되는 거

44 染織. 직물 염색.
45 脫水. 염색한 직물의 수분을 제거하는 공정.

지. 그게 응. 그 다음에는 품질 좋게 가공하는 거지.

탈수 공정에서는 일하는 사람이 내하고 단 둘이지. 탈수, 우리는 단 둘이 했거든. 공장에서 일한 종업원이 전부 몇 명이나 되는지…. 그런께 그게 숫자까지는 다 모르겠지만… 그래 직장[46] 카는 사람이 둘이고, 이 짝에 한 4~5명 되고, 그러면 7명하고… 그리고 탈수 2명하고, 또 이 짝에 어데 어찌 보면 한쪽에 한 30명 됐으면… 2교대 하니께… 2교대 하니께 12시간 노동이지. 그래 한께 한 60명쯤 됐을 거야.

"이 짝에 한 4~5명 되고, 그러면 7명하고… 그리고 탈수 2명하고, 또 이 짝에 어데 어찌 보면 한쪽에 한 30명 됐으면… 2교대 하니께… 2교대 하니께 12시간 노동이지."

공장 이름 그거 지금 기억 안 나는데… 무슨 염직 공장인데… 그거는 기억나요. 공장 앞에는 커다란 전기 공장이… 아 무슨 전기라 캤나? '부국전기' … 성서 그 이 짝 성서 들어가는 그 도로에서 멀어요. 하마 그게 내가 불만이었어. 하마 그것도 불만이었어. 공장에 퇴근시키고 출근할 적에 그 [통근버스] 놓치면 [일반]버스 있거든. [일반]버스 타고 가야 되는데…. 그 가까우면 좀 걸으면 되는데…. [일반버스에서 내린 큰 길에서 공장까지 걸어가려면] 엄청 멀기 때문에, 그기까지 가는 버스는 없기 때문에 그거 내가 불만이었어. 통근버스… 하마. 직장에는 뭐 지금도 그렇지. 딱 딱 갖다 주지. 그거 뭐. 내가 바로 시간 내에 바로 서 있으면 딱 딱 갖다 주는 기지.

"2교대 했는데 낮 근무는 아침 8시에 교대해. 야간 근무자는 전날 밤새도록 하고 다음날 아침 8시에 교대하는 택이지. 아침 8시에 교대면 또 매일 또 들어가고 나오고 그렇겠지."

2교대 했는데 낮 근무는 아침 8시에 교대해. 야간 근무자는 전날 밤새도록 하고 다음날 아침 8시에 교대하는 택이지. 아침 8시에 교대면 또 매일 또 들어가고 나오고 그렇겠지. (너무 하찮은 것을 물어본다고 생각하는 듯) 그~ 날 이상하게 보는데… 난 그것도 어줍다고(어리석다고) 봐요. 그건 뻔한 거 아는 거 안 그래. 그런께 아침 8시에 퇴근하

46 職長. 생산관리직의 중간 간부.

면 저녁 7시에 [집에서] 나는 출발하게 돼 있어. 또 저녁 8 시에 집에 가는 기라. 우리는… 그건 뻔한 기라. 그거는… 그런 것까지 계산될라 카면 복잡하고….

2교대 노동을 하다

그 공장생활의 하루일과를 알고 싶다고? 일하는 시간은 하루 12시간이지. 그게 12시간인데… 내 여 댕길 적에 불만이 한 개 뭐 있었나? 14시간 노동을 하는 택이다 이 말이지. [왜 그런고 하니] 일 나가서 가는데 오는데 1시간씩 걸리거든. 그래 그 2시간 보태 가지고 보태기 해 가지고 그래 14시간이지. 출퇴근 시간까지 계산을 따로 해 가지고 월급을 주는 게 아니라… 그거는… 월급은 백으로 잡아서 다 주겠지. 그거는 그리 공통적인 게… [출퇴근 시간] 그거를 월급[으로 쳐] 주나 안 주나 그거 [따지고] 하면 안 되지. 공통적으로 그래 한께.

"일하는 시간은 하루 12시간이지. 그게 12시간인데… 내 여 댕길 적에 불만이 한 개 뭐 있었나? 14시간 노동을 하는 택이다 이 말이지."

쉬는 날? 아 ~ 쉬는 날 얘기 카면은…, 3교대는 쉬는 날이 좀 많고, 또 3교대는 또 노는 날이… 그 공장 문 닫는 날이 없어. 1년 내도록 그렇지. [하지만] 지금은 2교대는 일요일마다 놀아야지. 하마 이 교대는 일요일마다 놀고, 3 교대는 지금도 3교대는… 그러면 요새 보니까… 뭐. 몇 시간 노동 그거 나 불만이라. 우리 자슥도 그거 불만이라. 아께 내 어데 댕긴다 캤지? 그거 불만이에요. 불만이 뭐냐? 왜 우리는 돈이 다는 아닌데… 3교대 한께 화토 쳐야 되지, 남자는 술 먹어야 되지. 응? 여가가 많아. 그러면 월급은… 공장 망하고…. 나는 직공 망한다고 이래 봐요. 우린 없이도 살았으니까. 2교대… 외국은 어찌 됐던 간에 2교대. 응? 하마 월급을 많이 주면 없는 사람 살아 나가요. 왜 없는 사람, 그래 그런 거 시간이 많으면 남자들, 당신도 남자지? 시간 많으면 술 먹어야 되지. 뭐 해야 되지. 뭐 해야 되지. 화토 안 좋아하는 놈 어데 있고, 뭐 언 놈 계집 안 좋아하는 놈 어데 있는데? 낭비는… 어데 쎘는데(많은데)… 그래 씨(혀)가 빠지게 일을 하다가 또 고마 딱 나설 적에는 바로 나서고… 난 그래요. 하마 3교대 이거 아주… 그리면 공장 사장이 얼마나 손해인가 난 알아요. 하마 몇 명이 하던지 그러면 2교대하면서 할 사람은 하고 안 할 사람 안하고 노동조합이 저것들이 무슨 저것들이 나 먹여 살리나? 할 사람은 하고 하기 싫은 사람은 안 하고. 월급도 뭐 대우 잘 해주니 뭐 하니 그 카지 말고 벌기 싫으면 나가라. 아무리 못 먹고 살아도 저 하기 싫으면 나가 버리는 것이 그것이 원칙이지. 뭣이 법이… 무슨 뭣은 어떻고, 어떻고 그래. 일하고 싶은 사람은 일 시켜야 돼.

*"3교대나 2교대나 똑같아.
아니 똑같아.
그러니까 아께(조금 전에)
말했듯이 낭비가,
낭비가 참 시지(세지).
없는 사람한테는 낭비가 시지."*

하루에 12시간씩 2교대를 하나 3교대 근무를 하나 피곤한 거는 별 차이 없어. 3교대나 2교대나 똑같아. 아니 똑같아. 그러니까 아께(조금 전에) 말했듯이 낭비가, 낭비가 참 시지(세지). 없는 사람한테는 낭비가 시지. 그러면 돈 많은 놈이 3교대 2교대 댕길 놈이 또 없고, 돈 없는 놈이 그래 3교대 2교대 그런 데 댕기지. 왜 돈 많은 사람은 여자 좋아하고 뭐 어데고 지 멋대로 설치고 돌아댕기는 그놈은 좋을런가 몰라도…. 그러나 사실 또 우리나라 국가적으로도 바로 그래 나가는 기라. 그래 왜 노동의 무엇이 어쩌고저쩌고 그 법이 난 모르겠지만, 왜 생 지랄하고 어느 나라는 어떻고 어느 나라는 어떻고 느그 나라 우리나라… 그럼 내 이러 카면 내 박정희 말로 한 마디로 지껴(말해) 줄까? 민주주의는 우리나라 민주주의고 미국 민주주의 아니다. 그래 사는 게 나는 좋다고 봐요. 우리나라 민주주의를 찾고 우리나라 이익 되는 식으로 하자 이런 뜻이지.

보험 때문에 마음 상하기도 하다

그 염색 공장에도 노동조합 이런 게 있지. 노동조합이 있으니까 거기 들어가서, 내 이야기 할게. 거기 들어가 가지고… 그리 뭐 카노? 요샌 건강보험 이 카지. 공장은 지금 같으면, 그때는 인제 뭐 무슨 보험이라고 했는데… 거 요새 보니께 건강보험 안 넣으면 안 돼요. 그럼 할 수 없이 내 혼자라도 들어가든지 가야 돼요. 뭐 그 카면 내 또 이야기하지. 그 이놈의 법이 저들이 무엇을 지랄하든지 그때마 돈이… 어찌 보면 나 혼자 앉아서 하자면 돈 액수까지 나와요. 나오는데, 우리 집에 인제 우리 큰 놈하고 서이가 있었는데, 큰 놈은 모기장 [공장에서] 거 죽을 듯이 일하는 게 고 하는 게, 사람 서이 너이 안 그러면 5직공이… 그렇지. 우리 큰 놈도 옛날에는…. 그런께 보험에는 우리가 처리 안 돼요. 하마 안 되기 때문에 내가 들어간께….

내 밑으로 모두 넣은 것이지만 이제는 그렇지. 인제… 지금도 내 밑으로 되어 있지. 그래 거 내가 그러면 오십 몇 살인데, 나도 그래요. "여 얼매 됩니까?" 캐요. 아휴. 나 [공장에 직장보험] 안 한다 캐도… 안 한다 칸께, "안 하면 안 돼요." 캐. 그 공장에 고 우에서 누지리는 께(누르니까) 그런가 몰라도… 안 돼요. 그럼 [서류를] 떼 오라 카면 떼어

▲ 비산동 자택에서 자녀들과 함께 한 회갑잔치(1992년)

다 줘야지. 우리 가족 다 떼어 오라고 카던데. 그런데 난 내 혼자만 떼어 갖는 거라. 공장에 댕기는 만큼 나 혼자만 들어가 있는 기라. (생각에 잠기는 듯 한동안 눈을 지그시 감고는) 그래 또 [다니던 공장을] 나와 가지고 어떻게 또 기분이 나빠가 나왔더니만…. 1년 지내 버렸는데 보험 카드에 거 돈 안 넣었다고 그놈이 날라 왔네. 날라 왔는데…. 이 같잖치도 않는 기라. 이게 희한한 기라. 그럼 난 그것만 떼어 주었는데…. 그놈의 공장을 나왔을 적에는 또 이놈들을 갔다가 이짝에 신고를 해야 된다는 걸 그것을 난 몰랐는 기라.

"보험 카드에 거 돈 안 넣었다고 그놈이 날라 왔네. 그놈의 공장을 나왔을 적에는 또 이놈들을 갔다가 이 짝에 신고를 해야 된다는 걸 그것을 난 몰랐는 기라."

"모르고 그냥 있었던 거야. 응 가만히 있었지. 그래 가만히 있었는데… 고거 참 애매하지. 그래 법 모르는 사람은 죽는 기라. 벌금이 얼마나 [많이] 나왔는지…"

모르고 그냥 있었던 거야. 응 가만히 있었지. 그래 가만히 있었는데…. 고거 참 애매하지. 그래 법 모르는 사람은 죽는 기라. 벌금이 얼마나 [많이] 나왔는지…. 그래 인제 내당동 동사에 가 가지고 그래 인제 물었지. 그래 보험에 대해 가지고 하는 사람에게 "주사 당신!" 카면서… 그래 내 지끼는 기 바로 거기라. 일반대로 당신 똑똑히 알아봐라. "당신! 그러면 우리 식구가 3식구가 돼가 있는데 내가 빼갔으면 이거 보험에 줄었나? 돈이 줄었나?" 카면서 고거 묻고… 그리고 "하마 보험에 줄었나?" 그 칸께 이 사람이… 내 화가 나 가지고… 이 짝으로 맨 글로(그곳으로) [고지서] 돈이 나온께… 사실 나는 그걸 몰라서 행동을 그래 했거든. 돈이 막 엄청시레 나왔는 기라. 그러나 고 내가 빼갔으면 이거 줄어야 될 것 아이가? 그러면… 거[기] 가 가지고 캐 논께…. 그래 그 공장에 가 가지고 어데로 넣었는가 그걸 떼 오라캐. 같잖치도 않지. 뻔히 다 알면서 떼 오라캐.

그 염색 공장에서 내가 거서 2년인가 여 뭐 1년도 조금 안 돼요. 난 짧아요. 전부 다… 청소했던 그 앞에 공장에서도 얼마 안 돼. 거[기]도 내가 마 그거 알았는데… 거[기]서 딱 1년을 있고, 1년 있다가 아마 퇴직금, 퇴직금 그거 나오거든…. 고거 때문에 내가 하마 이 짝에 취직이 됐는데…. 그것도 1달 더 참은 거 고거는 알겠고… 하마 그래 저[기]서 마 염색 공장에 가 가지고 많이… 성질 급해 가지고 그게… 고 얘기는 안 하고….

세 번째로는 솜타는 공장에서 일하다

그 염색 공장 나와서는… 그래. 거 나와 가지고 아께 캤지마는… 아따 소케(솜) 공장 바로 여 여 여 있는 저 아이고… (기억이 잘 나지 않는 듯 말을 더듬으며) … 그게 아이라. 염색 그 대구에서 제일 크다 하는 것 이름이…? 참! '갑을방직.' 하마 바로 그 옆에… 응. 거 소케 공장이 있어. 하마 솜 다리고 메엥(면화) 솜도 나오고… 뭐 솜도 나오고… 그 수위 한 2년 해 가지고… 그래 거서 돈 모은께 모은 거를 가지고 나는 그래 산다카이. 아 ~ 거기서는 월

"하마 솜 다리고 메엥(면화) 솜도 나오고… 뭐 솜도 나오고 … 그 수위 한 2년 해 가지고… 그래 거서 돈 모은께 모은 거를 가지고 나는 그래 산다카이. 아~ 거기서는 월급을 58만 원 받았제…? 아마."

급을 58만 원 받았제…? 아마.

솜 공장에서는 수위를 했다칸께. 그런데 수위는 수위가 거는 이상하거든. 어째 보면 수위가 아니지. [공장 주변을 살피면서] 그 돌아댕기는 걸 그건 또 뭐 카는데? 내 한 번 물어보자. 그럼 [직원들이] 전부 다 가고 수위라 카는 거는 안에 공장에 일을 하고 하는 데서 전부 응 뭐 출입구에서 맞는 게 수위인데, 입구에 거[기]~ 거~ 있는데, 나는 그 [직원들이] 가 뿌니 대문 뜩 닫아 버리고 전부 뭐 사람 하나도 없는데 서는 걸 그걸 뭐 아이고… 아! 경비. 하마 경비, 경비 캐도 되고, 수위 카기도 하고… 대문을 지키고 있으니 또 수위고… 밤에만 야간만 [경비를] 했어. 야간만 했는데… [나 혼자] 단 하나뿐이라.

"솜 공장에서는 수위를 했다칸께. 그런데 수위는 수위가 거는 이상하거든. 어째 보면 수위가 아니지 [공장 주변을 살피면서], 경비라고 해야 옳지."

"경로당에 있다가 그래 그 경로당 총무가 거 댕기다가, "그래 니 거 갈래?" 이캐. "그런 자리가 어데 있노? 담뱃값만 되어도 가지 뭐" 캤지. 그래 거 들어가 가지고…."

그 공장 돌아갈 적에는 전부 출근하거든 출근한께… 그래 그 공장을 내 혼자 지키지. 하마 그러면 그 사람들은 말해요 인제… 내 또 거[기]서 나온 이유를 그 가르쳐 줄게. 거 뭐 카노? 내 들어갈 적에는… 불 때는 곳 그거를 뭐라 카노? 소각장 카지? 불 때는 곳. 그래 들어갈 적에도 저 내당동 거 이러 카면…

경로당에 있다가 그래 그 경로당 총무가 거 댕기다가, "그래 니 거 갈래?" 이캐. "그런 자리가 어데 있노? 담뱃값만 되어도 가지 뭐" 캤지. 그래 거 들어가 가지고… 그 사람 댕길 적에 하고 내가 댕길 적에 몇 달까지는 소각장에 불 때는 게 30분도 때다가… 뭐 할 때는 쓰레기가 많이 안 나오면 안 때다가 저짝 숨가 나뒀다가 하마 그 질로 때고 이랬는데…. 이것들이 막 손님[47] 얻을라고 집 채 무더기를 막 갖다 놓는 기라. 거기 땔 걸…. 그러면 그 사람들 그러면 내 출근해 가지고 때자는 소리도 없고 뭣이

47 거래처 고객.

라… 퇴근하거든 태우라 카거든. 그러면 그 도[48] 부장이 있어. 그 사람은 그거는 뭐 거 살다시피 하는데 거 퇴근 다 하고 나서 9시부터 때면 12시까지 [불을] 때어요. 12시까지 땐 거야. 9시에서 12시까지 땐 거야. 3시간 [동안]이지. 그러면 그 이튿날에도 상당히 남아요. 그럴 때 아침에 5시부터 출근할 때까지 때요. 6시간 노동해요. 월급은 난 아께 84만 원 어디가 84만 원 받는다고 캤지? 월급은 여기는 백을 더 줘요. 노동은 그만큼 시기 좋고, 그래 월급 좀 올려 줄까 싶어 가지고 그 도 부장 하는 사람에게….

난 죽어도 [월급 올려 달라는] 그 소리는 하기 싫었어. "그래 도부장님! 그래 일단 여 앉으소." 불 때면서 소각장 불 때면서 말했지. 그러자 도 부장이 "아이! 나 바빠서 앉을 여가가 없어요" 카더라고…. [그래서 내가] 벌떡 일어서면서 "앉을 여가가 없어?" 카면서 대번에 성질을 부렸어요. 그런께 이 사람이 "아저씨! 왜 캅니까?" 카더라고요. "난 중노동 일 못해" 이 캤지. 그러자 "아니, 아저씨! 중노동이라니요? 이게 무슨 중노동입니까?" 카더라고요. "어떻게 이게 중노동이 아닌지 도 부장 너 보았나? 안 보았나?" 카면서 솜을 마구 넣으면서 막 때니께….

"소각장에 불 때는 게… 퇴근 다 하고 나서 9시부터 때면 12시까지 [불을] 때어요. 12시까지 땐 거야. 9시에서 12시까지 땐 거야. 3시간 [동안]이지. 그러면 그 이튿날에도 상당히 남아요. 그럴 때 아침에 5시부터 출근할 때까지 때요. 6시간 노동해요."

소각장에는 연기도 많이 나고 때로는 위험하기도 해. 하마 이루 뭐, 뭐… 잘못 들이밀었다가는 살에 붙어 버리고 당장 상처가 나요. 그건 다 아무데도 다 그래요. 그래마 얼마나 화가 나는지. 그 앉더니만 "내 아께 잘못했습니다" 이래. "그래 나 이거 못한다" 월급을 올려 주라는 소리도 안 하고… "내 못한다" 그 카니께 이 사람이 한참 생각하더니만, "아저씨! 1달만, 1달만 더 하마(더 하면) 사람 하나 얻겠습니다" 그러는 거야. "그래 1달까지 나 모한

48 都.

다. 1주일까지는 해 줄게. 난 1주일까지 해 줄게" 캤어. 그게 보급 전략이라. 아 ~ 그 카고 나서 얼마 안 있으니께 언 놈이 하나 오토바이 뜩 타고 오더니만, 막 내 혼자 불을 때고 있으니까 아 이놈이 취직하려 온 기라. 그놈 불러 가지고 지정시켜 주고 "그만 가 보이소" 그 카는 거야.

밀린 급여와 퇴직금은 당장은 받아 나가지 못해요. 공장에서는 어디든지··· 월급날이 되어야 해요. 그 사람을 그것도 퇴직금도 저울질을 하거든. 하마 딱 보면 저울질을··· 내 월급도 안 받았지. 3달··· 나 나오고 나서 3달 딱 있다가 그 뭐 카노? 그 경리··· 그 공장에 (전화를) 거니까 경리가 받데. "그럼 내 지금 가면 되나? 월급하고 모든 것 좀 해결을 깨끗이 좀 해 줄래?" 내 카니까, 아~ 또 경리도 그 도 부장한테, 사장 또 회장한테 물어야 돼. [조금 뒤에 경리가] "여 오이소. 아저씨 오이소. 오시면 다··· [챙겨 드릴게요]" 카길래 내 가 보니 내 월급봉투가·· 돈을 호주머니에 여 너서 댕기다가, 너서 댕기다가. 봉투 옆에가 막 [다 떨어져가···.] 그래 2백만 원인가 얼마인가 딱 주데. 퇴직금하고 내 월급 1달 것하고. 그래 그것도 뭣 한 사람은 그래요. 지가 거서 아주 이거 받았으면 몇 개월만 되면 월급은 저절로 나오거든. 그런데 그걸 받으러··· 내가 수위를 해 본께 [퇴사하자마자 곧바로] 그거 받으러 오거든. 받으러 오지 말고··· 그 사람 머리는 그 사람 머리인데··· 이쪽은··· 아주 공장으로 따지면 사장으로 따지면 [일 더 해 주지 않고 나간 데 대해] 기분 나쁜 기라. 또. [그래서 즉각 지불하지 않고] 자꾸 누락시키는 기라.

[주긴 주는데 시간을 끌며] 그래 애를 먹여 버리닌 기라. 모르지···? 그 공장에 일을 많이 안 해 줬다고 그러는지는

몰라도 애를 맥이는 편이지. 하지만 안 주면 안 되는 거지 그거는… 무엇이 못 마땅한 게 있어 내보냈고, 또 지가 못 마땅해 나갔고…. [어떤 이유든 그렇게 나갔으면] 그거 나갔으면 좀 참았다가 [천천히 받으러 오면 될 것인데]…. 그래 그런 부분은 우리 좋지 그게. 참았다가 그래 우리 당신 클 적에는 우리 아이들 클 적에는… 40년 전에는 무조건 돈만 받는 게 목적이거든. 지는 하마 그 법이 좋아요. 하마. 그 법이… 저들도 안 주면 안 되니까…. (단호한 어투로) 안 되지. 하마… 지 놈이 항우장사라 해도 안 주면 제까짓 놈이 어짤낀데. 예전에는 일해 주고 많이 떼이기도 했지. 아~ 그럼. 그건 사실이라. 우리 자슥 지금 모다 하고 있는 놈 일 해 가지고 돈을 안 주니께 우짜든 때려 쥑이지도 못하고 가져오지도 못하고… 사정해도 지는 기라. 그런 법이, 그래 노동조합 그까짓 것 그런 건 참 좋은데, 왜 데모를 자꾸 하는지? [데모] 하고 싶은 사람은 하게 놔 두고 해야지. 왜 선동하지 말고… 그러면 우리나라 빠꾸(거꾸로 후진) 돼. 나 그리 봐. 데모 그것 때문에 빠꾸 돼.

내가 다녔던 공장에 데모 같은 거는…거 공장 그 뭐 소소한 덴데… 뭐. [규모가 소소하니] 애초부터 뭐 그런 데에 머리를 못 쓰고. 그러니 직원끼리 싸우는 기라. 직원들끼리… 그런데 그 공장이 될라카면 아무리 무식자가 와도 그 일하는 순서를 서로 가르쳐 주어야 되는데…. 그런께 아까 말했던 그 보일라 보는 놈은 전공이 전기기계이기 때문에 전부 그 공장 전기를 만지는 거야. 내가 하는 말이 있다. 우리 자슥 보일라 하는 데 좀 알거든. 전기에 대해 가지고. 그래 우리 자슥이 뭐 카냐 하면은, 요런 뭐 있으면 손 암만 대어도 괘안타 이기라. 그거 알고 대면 괘안타 이

기라. 그런데 가 보면 그거 뭐 뻔해. 탈수하는 것 그것도 그 옆에 붙어 있는 게 많아요. 탈수하는 데 전기에 대해 가지고. 그것도 지(자기) 주장은… 우리나라가 왜 이러카는지 몰라요. 그런 것은 얼마든지 가르쳐 줘도 되는데 지 마음에 드는 놈은 갈켜 주고 지 마음에 안 드는 놈은 갈켜 주지도 안 하고…. 인제 그런 기 나와요. 그러면 서로가 원수지는 거라요. (당시 일을 회상하며 상당히 격앙된 어조로) 이러면 시발 지까진 것이 무엇을 안다고….

공장을 뭐… 내 혼자 기분보다는… 공장을 살릴라 카면… 그래 놓고는 그 못 건드리게… 번연히 알아도 만지면 안돼요. [야간 작업중] 만일 잠을 자고 있다면… 막 전화를 걸어 가지고 그 사람이 와야만 그놈을 만질 수 있는 기라. 전기 스위치 카는 거… 인제 아께 말 맞다나 그걸로 그 사람들이 먹고 살지. 그 얼굴 뻔히 알면서도 그놈이 그러면… 이놈이 속셈이 뭐냐. 공장 사장한테 인기 얻으려는 것이지. 인제 점수 따는 기야. 인제 나 밤에 왔다 갔다… [카는 것 보이려고 그러는 거지.] 그래 내 기술을 우리가 새로 될라카면 내 기술을 갖다가 어떻게 저 사람한테 그걸 알려 줘야지. 그래야 발전이 되지. 자꾸 갈쳐도 안 되면 할 수 없지만… 같이 도와야 발전이 되지. 내 기술 그러면 내가 저놈한테 밥줄 날라 갈까 봐. 소소한 공장에서 그걸 내가 하마 얼매 안 돼 가지고 그걸 발견하고 나온 사람이라. 그래 가지고는 안 되지. 그래 사장은 아는가 모르는가 몰라도 그래 가지고는 안 되지. 그거 전기 뭐 그거 이거 누지르면 저거 돌아가고 저그 누지르면 이거 돌아가는 거 그거 알면 아무라도 만질 수 있고 또 그놈 자격증 받은 놈보다도 똑똑한 놈 있어요. 그건 발굴해야 돼요. 그

놈이 시파란 젊은 놈인데…. (큰소리로 웃으면서) 젊지. 지금도 보면 그거 귀방망이 쎄려 주고 싶지만은….

64세에 50년 노동생활을 마감하다

그럼 그 [논공공단 베 짜는] 회사 청산하고 나올 때가 음~ 한 오십 몇 살 되어 가지고 거서 그래 나왔고, 거서 또 그래 인제 고때 육십… 아~ 그래 육십 정도 될 거야. 하마 아~ 솜 공장이 아니고 거 [성서공단 염직 공장] 탈수하던 곳에서 나올 적에… 그 솜 공장에서 나올 적에는 63살인가, 64살인가, 65살… 65살은 안 되고, 64살쯤 나왔고…. [서대구공단] 소케(솜) 공장에서 나와서는 다른 일을 하지 않았지. 그냥 놀면서 월 4, 5일 정도 바쁠 때 둘째 아이 모다하는 일 좀 거들어 주었지. 모다 수리하는 데 기름이나 닦아 주고 그랬지. 그래 하면 하루 2~3만 원씩 용돈도 받았는데 너무 힘들어 그만뒀어.

"[성서공단 염직 공장] 탈수하던 곳에서 나올 적에… 그 솜 공장에서 나올 적에는 63살인가, 64살인가, 65살… 65살은 안 되고, 64살쯤 나왔고…"

장남의 도움으로 생계를 꾸려 나가다

(그러면 요즘 생계는 어떻게 꾸려 나갑니까?)

그냥 큰아들이… [도와주지.] 생계 카지만은… 큰아들이 여 돈 벌어다가 우리 할… [마이한테 주지…] 나한테 돈 안 줘. 나 헛돈 절대 안 쓰는데 안 줘. 응. 그래야지. 그게 또 집이 된다고 봐요. [1달에] 뭐 70만 원 아니면 60만 원 그 정도 줘요. 나한테… 용돈 10만 원 주고…. 고기라.

▲ 손자녀와 함께(1990년대 중반)

그래 놓으면 우리가 살아 나가는 기 어떠냐? 전기세, 그 말하자면 뭐 카노? 건강보험. 비싸거든. 아~ 우리 집의 건강보험이 제일 비싸요. 그 우리 아들도 그거… 신빙차(신차) 좋은 차 타고 댕기거든. 그게 비싸지. 그게 아마 한 7만 원인데 그래 십 몇 만 원 들고, 십 몇 만 원 드는 게 그게 전부 다 따질라 카면 하마 아주 많이 드는데… 그러면 그거 드는데 거 뭐로, 뭐로 하나? 그럼 우리… 나는 우리 자식 돈 10만 원 주는 거 고거 가지고 충분해요. 내가 담배 피우기 때문에 담뱃값이 비싸지. 집에 가면 할마이가 필요한 거 모두 사다 놔요. 옷도 사 줘요. 10만 원 가지고 충분해요. 그런데 전기세 뭐하고 아께 그거 뭐 건강보험 뭐하고 따질라 카면 제법 많아요. 나야 뭐 이러 카면 옹색하게 살지만은… 나캉 똑같이 사는 방이 2칸이 있어. 아마 있을 것은 다 있는 기라. 거기 1년에 [방세를] 한 2백 얼매 받아…. 그런 것 받은께… 그런 것 가지고… [생활해 나가지.] 아께 그 건강보험 나오는 것, 그거 뭐, 그러면 내가 소케 공장 거 다니면서 [벌어 놓은] 돈 있는 것하고 그러면 [모자라는 것을] 자꾸 잇꾸고(잇고) 잇꾸고… 그래.

큰아들이 참 나에게 효자 노릇해요. 아직 결혼도 하지 않고… 자기가 안 할라 카데. 가는(그 아이는) 모기장 같은 것 만드는 공장에 다니지. 그것도 기름으로 만드니께 섬유제. 지금은 기술이 많이 발전해 가지고 있지만… 6 · 25 때 이북 사람들이 피난와가 저기 날뫼[49]에 모기장 그거

49 대구광역시 서구 비산동(飛山洞).

많이 짰거든…. 발로 밟아가… 그놈이 거기에 조금 댕기다가 [기술을 배웠는데…] 지금도 그 계통에 다니는 사람들에게 '이호웅' 카면 오래 댕기는 사람들은 10사람 중에 반은 아는 정도가 됐지. 일은 좀 힘들다고 하더라만 2백만 원 넘게 받고 해.

청도 농사짓는다고 하던 둘째는 모다 일하고, 셋째는 염색공단에 다녀. 두 딸도 모두 대구 살고…. 둘째 딸이 경제적으로 어려운 것 같아 좀 맘에 걸리긴 하지만… 손자녀는 외손까지 해서 모두 아홉이야. 둘째한테는 남매가 있고, 셋째한테는 아들 둘이 있는데… 그러캐(그렇게 말해)… 셋째한테… "니가 나중에 아들 하나를 너그 형님한테 그렇게 해야 할끼다" 카고….

"요즘은 거의 매일처럼 자전차 타고 달성공원 나가서 산책도 하고 놀다가 오지. 그게 일거리야. 가끔씩은 인근 경로당에도 나가 보지만 마음 쓰이는 것이 많아 툭 트인 공원에 자주 나가."

요즘은 거의 매일처럼 자전차 타고 달성공원 나가서 산책도 하고 놀다가 오지. 그게 일거리야. 가끔씩은 인근 경로당에도 나가 보지만 마음 쓰이는 것이 많아 툭 트인 공원에 자주 나가. 할마이가 없는 어떤 노인네들은 며느리까지 직장 나가므로 점심값 3천 원 받아 나와서는 가족들 퇴근할 때까지 밖에서 보내다 들어가기도 해. 특히 비라도 올라치면 비 피하느라 이리저리 댕기는 것 보면 참 딱하기도 해. 특별히 고질적으로 아픈 데는 없지만 오래 동안 누워 있으면 허리가 아프고 움직이는 데 차츰 힘이 부치지. 그렇게 하루하루를 보내.

소작농의 '딸', 구로공단 '미싱사'로 28년을 살다

—강명자의 28년 노동과 삶

유경순(역사학연구소)

구술자 강명자는 1962년 나주 소작농의 딸로 태어났다. 그녀는 2남 3녀 중 셋째로 태어나 초등학교를 졸업하고 남의 농장 일, 애보기 일을 하다가 1978년 17세에 서울 '진한섬유'에 시다로 취직했다. 첫 직장생활을 하다가 주위에 있던 '검정고시 야학'을 다니면서 그녀는 노동자 의식에 눈을 뜨기 시작했다. 이어 강명자는 소규모 사업장, '근신산업'을 거쳐 1982년 구로공단 '대우어패럴' 미싱사로 취직했다. 대우어패럴에 다니면서 그녀는 이미 의식 있는 노동자로서 소모임활동을 하다가 1984년 노동조합 결성에 참여했다. 노동조합 사무장으로 활동하던 그녀는

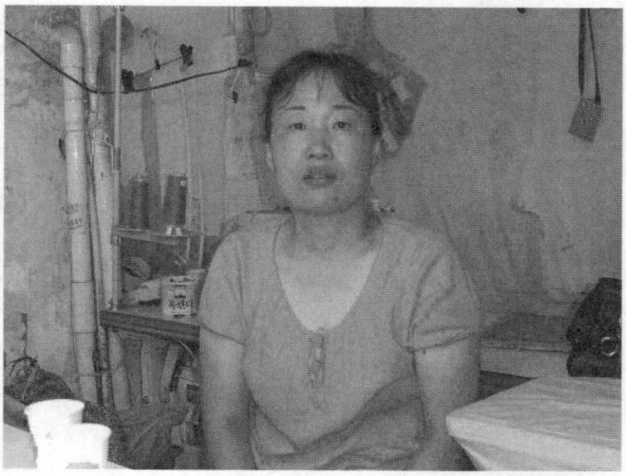

▲ 구술자 강명자의 최근 모습

1985년 임금인상 싸움으로 6월 구속되어 감옥생활을 하다가 1986년 4월 출옥한다. 이어 서울노동운동연합에서 활동하다 다시 미싱사로 취직을 했다. 1987년 일하던 사업장에서 노동조합활동 경력이 알려져 해고 위협을 받으면서도 근로조건개선 싸움을 했다. 그 뒤 구로공단의 대기업 '서광'에 취직하려 했으나, 블랙리스트 때문에 면접과정에서 쫓겨났다. 대기업 취업을 포기한 강명자는 주변의 작은 봉제공장에서 생업을 위해 미싱사로, 객공으로 일했다. 대우어패럴의 동료와 결혼해 두 아이를 낳아 키우면서도 그녀는 일당 객공으로, 그리고 3명의 미싱사가 있는 소규모 봉제 하청공장에서 미싱을 하고 있다. 강명자는 미싱사로 28년째 일하며, 구로지역에서 24년째 두 아이를 키우며 살고 있다.

강명자의 삶은 1970년대 말에서 1980년대 구로공단 봉제 여성노동자들의 삶을 그대로 보여 준다. 구로공단은 '굴뚝공장'이 사라지면서 1997년 디지털 공업단지로 명칭까지 바뀌었다. 그러나 구로공단 주변에는 여전히 소규모의 봉제 하청공장, 가내부업이 이루어지고 있다. 구로공단의 변화처럼 강명자는 구로공단 대공장 미싱사에서 객공 노동자, 열악한 가내 하청공장 미싱사로 다양한 공장생활을 했다. 그녀는 1970년대 말부터 현재까지 28년 동안 미싱사로 살아온 '구로공단 여성노동자'의 삶의 전형을 보여 준다.

구술자와의 1차 인터뷰는 2004년 1월에 구술자의 독산동 하청공장에서 이루어졌다. 인터뷰 이후 여러 차례 전화통화와 만남을 통해 구술자와 면담자의 관계는 가까워졌다. 2차 인터뷰는 2005년 8월, 편한 분위기에서 1차 인터뷰 내용을 보충하는 방식으로 이루어졌다. 또 강명자 씨의 사진을 받고 설명을 들었다.

강명자의 가계도

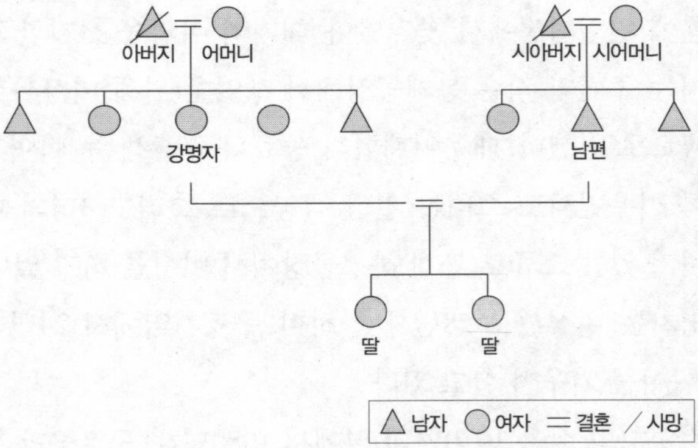

강명자의 연보

1962년(1세) 전라남도 나주 삼포면에서 소작농의 2남 3녀 중 셋째로 출생.
1976년(15세) 초등학교 졸업 후, 중학교 진학을 1년 미루며 주위 농장에서 밭매는 일을 함.
1977년(16세) 광주 먼 친척집의 아이 돌보는 일을 함.
1978년(17세) 서울 대우어패럴 취직 실패, 마포 진한섬유에 시다로 취직. 진한섬유 주위의 은강야학에 다님.
1979년(18세) 근신산업에 미싱사로 취직.
1980년(19세) 건강이 나빠져 전라도 고향으로 내려감. 광주에 놀러갔다가 광주항쟁을 봄.
1981년(20세) 근신산업에 재입사.
1982년(21세) 대우어패럴(신영섬유)에 입사.
1984년 6월(23세) 노동조합 결성에 참여해, 사무장으로 활동.
1985년 6월(24세) 노동조합의 임금인상 싸움 이후 구속.
1986년 4월(25세) 출옥하여 서울노동운동연합활동. 남창에 입사.
1987년(26세) 남창에서 구속 경력 등이 회사측에 알려져 사직협박을 받으면서도 근로조건개선 싸움을 계속함. 대기업 서광에 입사, 블랙리스트로 쫓겨남.
1988년(27세) 지금의 남편과 같이 살기 시작함.
1987년~1997년(26세~) 공단 주변 공장의 객공으로 일하기 시작.
1991년(30세) 첫딸을 낳음.
1995년(34세) 둘째 딸을 낳음.
1997년(36세) 아이 둘을 키우며, 결혼식을 올림.
2000년(39세) 아이가 성장하자 명승에 입사.
2002년(41세~) 3명의 미싱사와 같이 하청공장을 하고 있음.

나주 소작농의 딸로 태어나다

전라남도 쪼그만 읍인, 나주 삼포면에서 태어났죠. 저희 집안이 사는 동네가 친정 엄마 동네예요. 우리 어릴 때는 씨족사회라는 곳이 있어서 강씨들만 모여서 사는 곳인데. 지금도 있어요. 강씨 외에는 다른 장씨나 박씨나 이런 사람들이 살지 않더라고요. 그런 씨족사회에서 우리 아버님이 좀 있는 집안이었는데, 강씨들만 사는 곳에는 지~금도 우리 작은 아버님들도 지주로 사시죠. 그런데 아버지가 보증을 잘못 섰대요. 일제 때 아버님이 끌려가기도 하고. 그래서 논밭 다 날리고 문중의 선산까지 날리고, 그러면서 가실 곳이 없어서 엄마의 친정 동네로 오셨다고 그러시더라고요. 아~ 무것도 없는 엄마 아빠가 남해, 쪼그만 한 작은 방에서 사셨다 그러대요.

"그게[전파감시국] 지으면서 짜투리 땅들 있잖아? 조금씩 조금씩 그런 땅들을 우체국장이 소개를 해서 우리가 그 농사를(소작을) 지었대요."

… 엄마 동네로 와서 아버지가 서른~을 넘어 결혼을 하셨고, 엄마, 아빠 나이가 십 년 차 나는데. [결혼은] 아버지가 33살인가? 32살인가? 우리 엄마가 22, 옛날 노인치고는 늦게 하신 편이지…. 엄마는 가난에 쪼달리는 아낙네다 보니까 억척스럽고 그런 반면 아버지는 그런 분이 아니었어요. 세상에서 인정하는 호걸, 그냥 사람만 좋은 그런 사람이었고, 우리 아버님 키가 180이 넘으셨어요. 아버지는 아주 정이 많은 사람이에요. 어릴 때, 학교를 초등학교밖에 못 다녔는데, 학교에서 퇴비라고 많이 [가져오라] 하죠? 시골에서는 풀을 많이 해 가서 퇴비를 하잖아? 만들어가서. 그런 것마저도 우리 아버지는 저희들에게 해 줬어요. 아버지가 풀을 베어 갖고 자루 푸대, 비료 푸대 있잖

아요? 거기다 넣[어]서 학교까지 갖다 주고. 아버지가 늦게 결혼하셔서 자식에 대한 애착이 강해. 우리들 업고 다니시고, 아버지한테 평생을 매 맞은 기억이 없어요. 아버지가 일을 시키거나 그러지도 않고. 대신 엄마는 당신 혼자서 생활을 짊어지고 가야 되니까…. 우리 엄마가 억척스러운 반면에 자식에 대한 애착이 강해요….

(농사를 지셨나요?) 그때 소작했죠…. 우리나라 우체국은 국립이잖아요? 국가 거잖아요? 근데 우리 동네 우체국은 사립이야, 개인이 지어 가지고 우체국장을 했으면 그 아들이 우체국장 하거든요…. 당시 강씨 집안에 소위 말하면 먼 사촌 오빠뻘 되지, 근데 그분이 4 · 19 혁명 때 [참여]했던 분이래요. 그분이 우리 집을 참 많이 도와줬는데, 소작을 해 주게 됐어요. 국가에서 우리 그 동네로 보면은 전파감시국, 모든 전파를 그쪽에[서 통제하는] 엄청 커, 감시국이. 그 안에는 아무도 못 들어가. 거~기에서 그거[전파감시국] 지으면서 짜투리 땅들 있잖아? 조금씩 조금씩 그런 땅들을 우체국장이 소개를 해서, 우리가 그 농사를 (소작을) 지었대요. 예를 들어서 개인한테 소작을 하게 되면 쌀 열 가마를 줘야 될 부분을 나라 것을 하게 되니깐 더 쌌대.[소작 규모는] 꽤 컸지 땅이, 긍께 마지기로 10마지기 논농사였지. 그런데 나는 여태껏 그 땅이 우리 땅인 줄 알았어.

… 또 우리 어릴 땐 아버지가 우체국장이 소개를 해서, 그, 공사를 하러 다니셨지, 일종의 노동 노가다, 아버지가 공사장에 건축 일도 하시고. 엄마는 긍께로 겨울에는 뭘 하냐면 농협에서 가마니를 짰어. 지금은 푸대(부대)를 가지고 쌀을 담는데, 옛날에는 가마니로 짜잖아? 그러면 우

리 겨울방학 때 한 일이 뭐냐면 우리 언니랑 새끼 꼬는 거, 그러면 우리 엄마는 날 밤새고 가마니 짜고. 그 가마니도 일등품이 있고 이등품이 있고, 이래. 근데 우리 엄마가 일솜씨가 좋아서 맨~ 날 일등 먹었다고 그러더라구요. 엄마가 억척스러웠어요. (가마니 짰던 기계 혹시 기억나요?) 그럼 두 사람이 한 조가 되는 거야. (두 손을 올렸다 내리며) 한 사람은 올리고 내리고, 그러면 (오른손으로 밀었다가 당겼다가) 한 사람은 긴 작대로 넣어 주고 빼고….

(형제는 몇 분이세요?) 2남 3녀에서 셋째죠. 오빠 있고, 언니 있고, 나 있고, 여동생 있고, 남동생 있는데… [아버지가] 서른넷에 우리 오빠를 낳아 노니깐(낳으니까), 오빠를 어떻게 키웠겠어요? 우리 엄마랑…. 우리 오빠를 금이야 옥이야 키운 게야. 우리 아버지가 솥~뚜껑으로 받았대. 집안이 자손이 귀해서… 그러면 무병장수한다고 그래서. 그래 가지고 우리 강씨 집안 가면 '솥뚜껑 아제' 라고 불러 우리 아버지를….

근데 오빠는 중학교 때 지가 도망갔지, 가출해 가지고 잘살면 될 건데, 맨~ 사고만 쳐 가지고 그 돈 메꾸니라고 우리 엄마 아빠가 [고생하셨지]. 그런데 막둥이가 지금까지 그래~ (힘을 주어)… 우리 막둥이랑도 [학교를 다녔고]…. 우리 여동생 나이가 마흔인데 고등학교까지 나올 정도니깐, 유일하게 못 배운 것은 나랑 우리 언니지.

언니는 15살 때부터 가정부생활 하고, 우리 언니가 제~일 희생타지. 나는 고생한 기억이 없는데, 나는 뺀질이 스타일이에요…. 나를, 어릴 때는 동네에서 내놨죠. 진짜 내놨어요. 싸~납쟁이… 어릴 때도 동네에서 싸납장이 대장인데다가 깡패 대장이었어요. 에~ 공부도 지지리 못한

데다가. 우리 언니는 공부 잘하죠, 말 잘 듣고 일을 잘하죠, 욕심 많죠. 그래, 우리 아버지가 오죽했으면 "너는 도대체 가시네 새끼도 아니고 머슴애 새끼도 아니고 도대체 뭐가 될라고 그러냐?" 고 그러면, 내가 어릴 때 말은 참 잘했다고 그래요. "아버지, 아버지가 자식 모르면 누가 안 다우~?", 하하~. 그렇게 할 정도로 그랬는데.

…그리고 [내가] 뭐했냐면, 긍께, [초등학교 졸업하고] 집에서 1년은 그냥 놀은 거야. 일년 꿇어서 상황이 좋으면 울 엄마가 중학교를 보내 준댔어. 그때는 그랬으니까. 일년은 꿇었지. 일년은 어찌 되다가 우리 오빠가 사고 쳤나? 그래서 못 가고. 동네에 농장이 많았어. 장미꽃도 심기도 하고…. 그걸 밭 매러 가면 바로 바로 돈을 주는 게 아니라 (손으로 네모란 모양을 그리며) 이렇게 하루 일당 종이를 주는 거야. 그러면 그 종이를 모아 가지고 한 달이 되면 돈을 줘, 하하~. 같은 친구들은 진~짜 밭을 매러 가면, 일을 그렇게 잘해. 나는 일을 안 해 봐서 풀밭 매는 것도 더디지… 밭매기, 무조건 밭매기야, 뙤약볕에서. (인상 쓰며) 밥도 집에서 싸 갖고 가고, 간식은 빵 하나 줘, 사이다하고….

"긍께, [초등학교 졸업하고] 집에서 1년은 그냥 놀은 거야. 일년 꿇어서 상황이 좋으면 울 엄마가 중학교를 보내 준댔어. 그때는 그랬으니까. 일년은 꿇었지. 일년은 어찌 되다가 우리 오빠가 사고 쳤나? 그래서 못 가고. 동네에 농장이 많았어. 장미꽃도 심기도 하고… 그걸 밭 매러…"

[일하러] 갔다 오면은 아버지하고 어머니하고 싸워, 자식새끼 고생시킨다고. [아버지가] 우리들 때려 본 적이 없다니깐. 서울에 와 갖고 시골에 내려가 다시 올라오잖아? 그러면 고속버스 표 끊고 [아버지가] 뒤로 돌아서 울고 계셔, 손도 못 흔들고 맘 아파서. 그래 돌아가시기 직전에도 눈을 못 감았대잖아, 우리들이 늦게 와 갖고. 숨을 이미 거뒀는데, 눈동자만 이게 대문만 보고. 고모가 지금도 그래 "니네들 못 잊어서 오빠 눈을 감겨 놓으면 눈을 똑 떠 가

지고 대문만 이렇게 보고 있다"고. 그러다가 한마디 하니까 도로 눈을 딱 감대. "오빠, 걱정하지 말라고 언니도 있고 애들 조금 있으면 온다. 언니가 다 잘 키울 건데, 무슨 걱정이 있어서 이렇게 눈을 못 감냐"고. 그러고 눈을 딱 쓰다듬으니까 눈을 감더래잖아. 그런 아버지였어, 우리 아버지가.

첫 직장 진한섬유에서 시다로 일하다

그렇게 일을 다니다가 우체국장 동생이 광주에서 약국을 했는데, 그 약국에서 애~를 좀 보라고 그러더라고. 애 봐줄 사람이 없다고. 그래 애를 1년 좀 봐줬지…. 그~ 해 우리 엄마도 나를 중학교를 한 해 끓려서 보내려고 그랬는데, 우리 언니가 그냥 일하면서 야간학교 남들도 다닌다고 이러니깐, 서울로 신원섬유로 올려 보낸 거지. 그때는 신원섬유잖아 대우어패럴이…. 내가 초등학교를 (손을 꼽으며) 9살에 갔으니깐 17살 돼서 바로 갔지… 그런데 언니 말만 듣고 무작정 올라왔는데~, 우리 언니가 [회사에] 인원이 다 찼다고, 그때는 중학교 졸업하면 [회사에서] 차로 무더기로 가서 데리고 가고 그랬었잖아요? 우리 그때만 해도 그랬어요. [그러니] 내가 들어갈 틈이 없는 거예요. 그래 가지고 다시 또 내려갈 수가 없으니까 이모 집에 있으라고, 마포에.

우리 이모가 그때 마포에 있었는데, 우리 이모 사는 옆집 언니가 삼성물산 하청[다니고] 있었어요. 진한섬유라는 곳에 처음 갔어요….인원이 한 200명 가량 됐어요. 그때는 나 서울에 올라왔을 때만 해도 봉제 호황기였어요. 그때는 다 그렇게 컸었어요, 회사 규모들이 어디 가나. 78년 그 정도면….

17살에 직장에 첫 발을 내딛었는데, 내가 서울은 처음이잖아? 광주에서 말이 1년이지 갔다가 틈만 나면 집에 가고 이랬었는데…. 엄마하고 떨어져서 3개월을 밤마다 울었어, 처음에 우니까 언니들이 "다, 그런 것이다" 하다가, 너무 우니까 나중에 다 나가고 그래. 추석 때 돌아오면 100밤부터 세기 시작해. (오른 손가락을 하나씩 꼽으며) 한 밤 자면 아흔 아홉(99) 밤, 한 밤 자면 아흔 여덟(98) 밤… 너무 시골에 가고 싶어서, 엄마 보고 싶고, 너무 힘들게 일하고, 친구들하고 놀았던 내가 대장으로 놀았던 기억들….

(진한섬유는 뭘 만들었죠?) …레자[1] 옷인데 러시아 쪽으로 수출했던 거 같애. 에스키모 옷 같은 거 있잖아? (두 손으로 머리를 올리며) 모자 이렇게 빵~ 둘러 가지고, 추운 지방 쪽으로 수출한 거야, 무겁고…. (옷 만드는 공정은 어떻게 돼요?) 긍께로 앞 공정은 제일로 에이(A)급이 하고, 맨 뒤에는 후다[2]를 만들고, 뒤판에서 뒤를 박아 오면, 와끼[3]를 박고, 그 다음 소매를 달고, 그 다음 부속 같은 거 예를 들어 지퍼를 단다든가 지퍼 달면 스티치를 누른다든지 그 다음에… 모자, 에리 대용으로 모자지, 그러다가 에리를 다는 옷을 한다든지. 공정의 흐름이 그러지…. 미싱사 5명에 시다 1명, 공정에 따라서 시다 없는 부분도 있고, 미싱사 3명에 시다 1명 이렇기도 하고요….

(처음 한 일은 뭐죠?) 어~매나~ 그때는 가죽도 아니고~ 원단도 아닌, 레자 있죠? 레자 같은 거를 (손으로 옷감에 칠하는 모습으로) 뻰드로 발라서 시다하고 이러한 것들

"17살에 직장에 첫 발을 내딛었는데, 내가 서울은 처음이잖아? 광주에서 말이 1년이지 갔다가 틈만 나면 집에 가고 이랬었는데…. 엄마하고 떨어져서 3개월을 밤마다 울었어… 추석 때 돌아오면 100밤부터 세기 시작해…"

1 합성피혁.
2 주머니 뚜껑.
3 앞판과 뒤판을 연결하는 것.

을 하는데, 냄새가 너무 나서 어지러워서 못 견디겠더라구. 아이롱이 안 되잖아? 두꺼운 부분은. 그러니까 (오른 손을 들어 내려치며) 망치로 딱딱딱~ 때려야 꺾일 거 아니오, 심이, 그리고 부드러워질 거 아니요? 그렇게 한 일주일인가? 보름인가 했는데, 상무가 "너 참~ 똘망지게 생겼다, 시다 반장하라" 그러더라구. 시다 반장 했죠~. 시다 반장을 1년을 하게 되면, 미싱을 올려준대요. 그래 나는 그거 하나만 믿고 미싱을 안 배웠잖아요.하하~. 미싱을 안 배웠어요~. 그때는 내 세상이었어요….

(시다 반장은 시다와 뭐가 다르죠?) 월급이 시다들보다는 좀 많았어요, 호봉이 많았어. 예를 들어서 시다가 천 6백 50원 그러면 [시다 반장은] 천 7백 원을 준다든가, 아무튼 시다들보다는 50원인가 백 원을 더 줬어. (하는 일은?) 주로 옷을 만드는데, 재단실이 따로 있고 완성실이 따로 있잖아? 재단실에서 아저씨들이 재단을 해 놓으면 넘버링을 다 쓰지, 앞판, 뒤판, 소매, 주머니가 다 있으면. 왜냐하면 원단을 쫙~ 일률로 까는데, 예를 들면 1번부터 200번까지 있다, 일하다 섞이면 안 되니까, 지금은 기계로 딸가닥 딸가닥 찍는데, 그때는 1번부터 200번까지 하얀 색연필로 (글을 쓰는 모습으로) 1, 2, 3…27… 이렇게 쓰고 투입 장부에 쓰고. 투입 장부에 맞게 생산량이 딱 맞아 줘야 되고, 내가 투입을 백 장을 했으면 옷이 백 장이 나오든가 옷이 죽었으면 안 되니까, 옷을 만들다 보면 불량이 나오잖아? 그러면 옷 죽이지 말라고 [새 옷감을] 갖다 주고, 그런 역할을 했지요….

(공장에서 집에 가고 싶은 거 말고 어떤 게 힘들었죠?) 가~장 힘들었던 게, 화장실이 수세식이 아니고 긴~ 똥

을 싸면 그냥 밑으로 죽~ 내려가는 거여. 통은 (양 손가락을 맞물려 동그랗게 하며) 이만해 가지고. 잘못하면 막히고. 아~이고 진짜로. 그것을 [내가] 시다 반장 하니까 청소를 안 하잖아? 시다들을 시키지. 시다들이 청소를 안 하고 도망가면, 참~ 나도 못됐던 거 같애. 좀 너그럽게 봐주고 내가 하면 될 것을, 도망가는 거 잡아다가 청소시키고. 내가 뭔 지랄로 그랬는지. 지금 생각하면 너무했다 싶어….

그리고 어쩔 수 없이 먹고 살라고 하는 건데도, (인상 쓰며) 맨~날 야근 철야 밥 먹듯이, 징글 맞어…. 철야 시간에 밥도 안 줘요. 빵하고 사이다 이런 거 줘요. 그걸 먹고마, 아침까지면 다리가 붓고….

(기숙사 생활 했어요?) [진한섬유에서] 다 기숙사 생활을 했죠. 외부로 방을~ 얻어줬어요. 집을 1채, 큰 것을. 옛날 소위 말하면 가리봉 닭장 집같이. 그런 집 자체를 얻어서 기숙사로 쭈욱~ 만들어 줬어요. (한 방에 인원은?) 4, 5명. 이렇게 자기네들이 밥 해먹고. 기숙사비는 회사에서 방 값은 내고, 우리가 돈을 걷어서 밥을 해먹죠….

야학 생활—마음을 의지하며, 노동문제에 눈을 뜨다

아, 근데 거기 다닌 지 한 달 보름인가 두 달 됐는데 야학에서 왔더라고, 야학… 은강 교회를 빌려서 했던 거예요. 은광야학이라고… 마포에 있고…. (야학 학생들이 어느 공장을 다녔나요?) 주로 (오른손 엄지, 검지를 꼽으며) 근신산업하고 진한섬유하고 (기억을 더듬으며) 남자들은 무슨 공업사하고, 인쇄소. 공업사가, 지금 생각하면 자동차 수리하고 정비하고…. [학생이] 많이 모이면 20~30명 됐죠. 선생님들은 학생들보다 더 많아, 자기 과목에 오시는 분이 있는데, 전체적으로 한문 교사도 2분, 사회 선생이 2분, 역사 선생이 2분, 와서 도와주는 선생들도 많고, 선생들이 엄청 많았어…. 지금 내가 우리 야학 교사들 딱 보면, 서울대생들하고 고대생들, 여자들은 이화여대생들인 거 같애요….야학 교사들이 헌신적이지, (웃음이 번지며) 진~짜 잘했던 거 같애…. 시골 촌년이 짜장면을 먹어 봤어요? 뭣을 떡볶이를 먹어 봤어요? 튀~김을 먹어 봤어요? 가난한 집구석에 살다가. 아~ 이 노무 인간들이(선생님들이) 사주고.

처음에는, 노동~야학이 아니라 검정고시 야학이었어요.[4] 그렁께로, 배우지 못한 청소년들한테 길을 열어준다고 하면서. 진짜 열심히 다녔어요…. 검정고시 야학이니까 회사가 말리지는 않지. 직접적으로 야학에서 와서 회사문제가 있어서 동참해 싸운다든가 이런 게 없었으니까…. 그러다 야근 하고 이러면 다른 친구들은 못 오는데 나는 시다 반장이니까, 투입시켜 놓고, 야학 가서 청소 신나게 해 놓고. 선생님들한테 점수 딸라고, 하하~~. 이쁘게 보일라구…. 긍께, 우리는 그때 당시만 해도 '근로자' 이렇게 배우잖아요? 근데 '노동자' 이런 글들을 쉽게 접할 수 있는 한문시간에 '노동자', '사용자' 마, 이렇께롬 기업주가 사용자인 거예요. 이상하게 그런 용어들을 가르쳐 주는데…. 막 이상하게 책들을 『난장이가 쏘아 올린 작은 공』 그리고 『어느 돌멩이의 외침』 이런 거를 아는 언니가 주더라고요, 생일 때 생일선물로. 그래 읽었죠~. 근데 처

4 일제 시대부터 성행했던 야학운동은 1960년대에도 있었으나 당시의 야학은 운동성을 가지지 못했고 주로 정규학교의 교과과정을 가르치는 '검정고시 야학'이었다. 1970년대 중반 노동자들의 저항이 증가하고 지식인, 학생들의 노동문제에 대한 관심이 증가하면서 야학을 통해 노동자를 의식화하려는 시도가 나타난다. 이것이 1975년경부터 등장한 '노동야학'이다

음에는 『난장이가 쏘아 올린 작은 공』은 잘 이해를 못하겠더라구. 근데 유동우 씨가 쓴 『어느 돌멩이의 외침』은 쉽게 와 닿더라구~.

그러한 세월을 쭈~욱 하다 보니까, 그래도 그러한 점들을 통해서 하나씩 깨우쳐 가는 거 같아요. 선생님들, 그때는 선생님들이죠? 형이라고도 안 하고, 언니라고도 안 하잖아요? [야학] 졸업하고 나서는 형이라고 했지만. 그 [야학] 선생님들이 가르키더라고, "너희도 단지 환경여건이 안 돼서 못 배우고 그런 거고 똑같은 사람이고, 똑같은 입장인데, 그냥 착취 속에서 그렇게 일만 하는 기계가 아니더라는 거지." 그러면서 노동법이라든지 쉽게 접할 수 있게끔 가르쳤어요. 그니께 이제 학생들이 별로 안 올 때는 어떤 형이, 그때는 선생님이, '친구'라는 노래를 부르더라구요, '어두운 죽음의 시대~~' 막, 이런 노래를 부르는데, 가슴이 뭉클 뭉클~ 하기도 하고. 그때는 그런 노래보다도 대학교 구경시켜 주면 쫄랑~쫄랑 따라가는 재미, 그러한 정들에 많이 휩쓸렸어요….

"그 [야학]선생님들이 가르치더라고, '너희도 단지 환경여건이 안 돼서 못 배우고 그런 거고 똑같은 사람이고, 똑같은 입장인데, 그냥 착취 속에서 그렇게 일만 하는 기계가 아니더라는 거지.' 그러면서 노동법이라든지 쉽게 접할 수 있게끔 가르쳤어요."

(갑자기 생각이 나서) 아, 그러다 그때 한 번 싸웠어요, 내가, 거기서…. 월급날인데도 야근을 시키니까 뚜껑이 열리죠. 언니들도 다~. 그래서 언니두 우리도 시키면 시키는 대로 할 게 아니다, 나이 17살 쳐먹은 게 뭘 알겠다고, 선생님들한테 듣는 것도 있고, 막 그러니까, 우리들도 주장도 내세울 수 있는데, 안 하고 싶을 때는 안하고 그래야 되는데 일방적이었잖아요? 그때 당시는~ 법이라는 게 있는지도 모르고. 그래서 하루만은 월급날이니까 안 하고 모타 끄구 가자구~ 월급날 다들 기분이 룰루~랄라~대. 어머, 언니들 전보 다(전부 다) [모타] 끄구 전부 다 [작업

거부를] 해버리데. (오른 손을 오른쪽으로 돌리면서) 쪽지가 계속 돌데. 미싱에 이렇게 앉아 있으니까. [쪽지를] 내가 써 가지고 맨 앞에 있는 언니한테 줬지, 유일춘이라는 언니가 있었어요, 그 언니가 나한테 진짜 잘했어요. 그때 그렇게 [쪽지가] 돌고 돌고 야학교사까지 들어갔어요. 거기서 내가 인자 찍혔지, 야학 교사한테, 하하~. 긍께, 찍음을 당한 거지. 지금 생각하면, 나를 이렇게 키운 걸 보면. 야학 학생들 중에서 운동하는 사람이 나밖에 없으니까, 하하~….

(다른 일이 생각나서) 아! 그때 또 사건이 한 번 있었다. 부장이란 사람이 전라도 광주 사람이었는데, 진~짜 잘했어요. 나한테 현장에서, 굉장했어. 그래, 내가 "부장님! 부장님!" 하면서, 쫄망해 하니까 진짜 잘해 줬는데. 모래내라는 곳이 있어요, 나는 지금은 어딘지 모르는데, 그 사람이 거기다가 공장을 차린다고 사람들을 데리고 오라고… 시다 일 떠나서 미싱 앉혀 준다고…. 부장이 짜장면 사주고, 뭐 사주고… 같은 전라도 사람, 이거 하나 믿고 … 그 회사 사람들 열 몇 명을 다 데리고 가 부렀네, 하하~. 그때 사람들이 따랐어요. 열 몇 명이 다 가 버리구 나니까 라인이 쫘악~ 비어 버리죠. 그 [진한섬유] 상무는 그 회사 와서 날 데릴러 만나러 찾아오고…. [공장]이름은 기억 안 나고, 거기도 규모는 진한섬유만 해. 부장이 대리 사장인 거야. 잠바 만들어.

기숙사 생활 하는데 모래내에서 마포까지는 [야학을] 못 다니죠, 야학을 중단해 있었죠. 근데 선생님들이 보고 싶어서~, 돈, 일을 떠나서…. 어마~, "야학 지금 수업시간일 건디, 뭐하고 있을까~?" 하고, "끝나고 놀고 있나

~?" 하고 이런 생각에 못 견디겠더라고…. 처음 정에 들었던 게 야학이라 선생님들도 잘했고 심심하면 일요일 같은 날은 서울대도 구경시켜 주고, 짜장면 사주고, 엠티 가고. 교실에 가면 노래도 가르켜 주고. 그런 것들이 거기에 (모래내 공장에) 없잖아? 마음을 의지할 것이, 그런 것들로 고향을 잃어 살아가는 데 의지가 됐는데….

나 도로 간다고 막 떼쓰고 울고불고 간다고, 그러니까 1주일 동안 기숙사에다가 가둬놨잖아…. 그래서 내가 도망와 부렀잖어, 거기서. 혼자서. 하아~ 야학 때문에, 고마 도저히 못 있겠더라, 그 정 때문에. 보고 싶고 그 선생님들이. 그립구. (회사에서 받아줘요? 사람들 빼갔는데?) 그럼 받아주지. 어쩔 것이여. 받아주대요. 그래 갖고 열 몇 명이 갔는데 일곱 명이 다시 다 왔지. 허어~. 그래서 다 받아준 거지 다시.

"나 도로 간다고 막 떼쓰고 울고불고 간다고, 그러니까 1주일 동안 기숙사에다가 가둬놨잖아…. 그래서 내가 도망와 부렀잖어, 거기서. 혼자서. 하아~~ 야학 때문에, 고마 도저히 못 있겠더라, 그 정 때문에. 보고 싶고 그 선생님들이 그립구"

…그렇게 해 가지구 회사가, 미싱도 안 배웠는데 문을 닫어 분잖네~. 그래 어디로 가겠어? 미싱도 할지도 모르는데. (문을 닫은 이유가 뭐죠?) 닫은 이유는 회사에서 결제가 안 되고, 내가 가만히 그때 전무란 분하고 상무란 분하고 싸우는 걸 보니까, 돈을 이 전무가 다 해먹어 버렸어요, 월급봉투를 다 갖고 날려 버린 거야. 긍께, 상무는 그냥 이케 형식상 상무지, 총~ 직책을 맡구 있는 사람이고, 뒤에 돈을 대고 있는 사람은 따로 있었는데, 그 돈은 월급도 안 주고 철야수당도 제대로 안 주고 다 갖고 튀어 부렀지. 서울 와 갖고 아는 데라고 어딨겄어?….

근신섬유에서 미싱사가 되다

거기서(진한섬유)~ 2년을, 1년 쪼금 넘었죠. 기술은 배운 것은 없지, 그래 가지고선 이노무 거 깡다구 하나 믿고 어디로 갔냐면, 공단으로, 아는 언니가 자취를 하고 있었는데, 한 1주일인가를 공단을 왔었어요, 처음으로. 근데 미싱사로 갔는데…. 지금은 이것을 (옆에 있는 천을 집어 미싱하는 모습으로) 이렇게, 이렇게 하고서 이렇게 늘 수 있잖아요? 근데 미싱사로 들어간 (자신을 가리키며) 이놈의 여자가, (양손으로 앞의 미싱을 들어 누이며) 미싱 이것을 들치고 이것을 집어넣고 그러니까, 회사에서 단박 눈치 채지, 허허~. 미싱사가 아니라는 걸, 하하~. 1주일인가 있다가는 또 창구멍 하나 못 박는 거야, 내가. 그러니까 도저히 나도 쪽팔리고 거기서는….

도저히 안 되길래, 나 시다 반장할 적에 반장언니가 마

▶ 1980년 건강이 안 좋아 고향 집에 가 있을 때

포에 있는 근신산업이란 곳에서 반장을 하고 있었다구요…. 그냥 거기 갔죠. 마포 다리 건너면 호텔 있지? 마포 그 뒤 도화동 쪽이 다 산동네였어, 마포 뒤로 보면 근신산업이 있었어. 난 용강동에 있고, 거기는 정~말로 있을 데가 못 돼요. 기숙사가 깡통 기숙사 있잖애? (흥분해서) 철로 만들어 가지고 베니다 판을 깔아 가지고 겨울에 불도 안 들어오고 전기장판 깔고 사는데, 있을 곳이 못 돼요. 화장실도 재래식인데다가. 쥐새끼가 방이고 벽이고 어디고, 시골에도 벼룩은 없었어. 그런데 신발 벗어 놓으면 그 운동화 신발 속에 쥐새끼들이, 뭔 놈의 새끼를 그렇게 낳나? 신발 속에 오목오목 오목~ 으이그~. 내 동생 겨울방학에 보름인가를 데리고 잤는데, 벼룩이 온몸에 상처 나서 갔잖아~.

(인원은 몇 명 정도 있었어요?) 거기도 [근신산업] 한 200명 넘었어요.… (처음 월급은?) 2만 얼마. 내가 대우에 들어갔을 때 8만 원 얼마였으니까. 내가 진한 쪽 들어갔을 때 3만 얼마였으니까 …. (미싱을 했나요?) 반장언니가 시다 반장 1년 했으니까 처음부터 [미싱을] 가르쳤지. 아예 씨(C)급부터. 뭐, 하다못해 죽~죽 박는 거, 솜씨 없이 가장 쉬운 거, 허어~. 그거부터 그 언니가 가르쳤죠.

"반장언니가 시다 반장 1년 했으니까 처음부터 [미싱을] 가르쳤지. 아예 씨(C)급부터. 뭐, 하다못해 죽~죽 박는 거, 솜씨 없이 가장 쉬운 거, 허어~. 그거부터 그 언니가 가르쳤죠."

(기억을 더듬으며) 그러면서 야학은 다녔나? 그때? 아! 인맥만 갖고 있었구나~ 사람들하고…. 거기서 야학은 못 갔지. 야학도 거의 유명무실하게 되었지. 인제 학생들이 없으니까 진한[섬유]가 문 닫고 근신산업은 맨날 경비실에서 안 보내주니까 야학이 해체 위기였어요.

…그러다가 80년 초에 전라도를 내가 갔지. 몸이 안 좋아서 잠깐 쉬러 갔어. 그래 갖고 전라도에 있다가, 광주에

애기 봐주던 집에 놀러를 갔었는데 광주항쟁이 일어났지….광주항쟁 때는 나는 집에 있었는데 갑자기 웬 총소리가 나고 그런 거야…. 그러는데, 동네 슈퍼에는 우유 한 쪼각, 라면 한 쪼각 없네. 전쟁이 났다고 다 사재기 한 거야. 맨 처음에는 대학생들이 데모를 한 거 같더라고, (목소리가 높아지며) 난~중에는 차를 타고 유리를 깨고 온~ 시민들이. 나중에 계엄령 내려 가지고 밤중에 다니지 못하게 하고, 아침부터 (오른손을 돌리며) 헬리콥터 돌면서 찌라시[5] 던지고….다 봤죠. 같이 데모도 하고, 막 사람 끌려가는 것도 보고…. 내가 야학에 받았던 의식이 있어서 찌라시란 찌라시는 다 주었어. 검문이 철저했는데도 나같이 촌스럽게 생긴 애는 검사도 안하데~, 학생같이도 안 생겨서 그런가. 하하~… 우리 엄마는 난리가 났지, 집으로 갈래야 갈 수가 없어, 다 차단되어 가지고 집에 전화도 없고 전화가 안 되어서, 연락도 절대 안 되지. 시위가 잠잠해지고 있다가 나왔지….

그때는 내용이 뭔지를 모르고 그냥 하니까 했던 거고, 어떤 지도부는 그런 내용성을 노선을 갖고 했을 수 있어도, 그때 당시의 민중들은 단지 전두환 군사독재에서 김대중 선생 숭모하고 그런 정도였잖아요? 그땐 김대중 씨에 대한 아집이 강했어요. 당시에는 김대중 씨가 민주화했던 사람이고, 지금은 세월에 따라서 변화되지만…. 그래가지고 그 찌라시 갖고 와서 그 [야학]언니에게 줬어요. 나는 내 눈으로 실제 본 상황인데, 다시 서울에 오니까 광주항쟁에 대해서 공부를 하게 되더라고요…. 그때는 내가 봐도 빨리 그런 것들이(의식이) 까진 것 같애, 내 노선도 없이, 그냥. 주둥아리만, 허허~~.

5 선전물.

그래 가지고 다시 근신산업 들어갔지… (큰 소리로) 이제는 쬐금 올라가서 어려운 것도 박지, 와끼도 박고, 소매도 박고, 비이(B)급 정도 됐지. 그 정도 돼서 82년도에, 이제 82년도에 대우어패럴을 왔어. 왜 그만뒀냐면 거기서 독서회도 만들고 친구랑 같이 있다가 (손을 쳐다보며) 친구가 손을 다쳐서 못쓰게 됐는데, 암튼 걔 머리도 감기고 목욕시키고. 다른 데 가 보자 이런 상황에, 우리 언니가 "대우어패럴에 사람을 구한 대더라." 아무래도 하청보다는 [좋지]. 그리고 우리 언니가 대우어패럴에 있으니깐. 그때는 신원섬유, 내가 가끔 언니 면회를 가면 너~무 너무 그게 좋아 보였어. 머리 스카프 있잖아? (양 손가락을 머리 위로 세우며) 이렇게 쓰고, (양손을 몸에 대며) 까운 입고, 명찰 달고, 넓은 운동장 있잖아? 공장만 있고. 기숙사에 그 더러운 데 있다가 그 깔끔해 보이는 이미지 너무 너무 좋아 보였어.

구로공단, 대우어패럴에 미싱사로 취직하다

(대우어패럴 입사과정은 어땠어요?) … 그때는 함부로 사람을 안 뽑았어요, 거기서도. 신원조회 때문에. 근데 이제, 그 대우어패럴 가면 통근차가 있어요. 통근찬데 회사차가 아니에요. 지입이라 그러죠?. 내가 차를 갖고 들어가는 거예요. 대형버스 가지고, 운전기사 분들이, 자기 차인 거예요…. 지입 찬데, 개봉동으로 다니시는 운전기사 분, 송 기사라는 분이 계시는데… 그분을 내가 형부라 했어요. 왜냐하면 언니한테 그렇게 잘하면서, 내가 언니의 동

생이니까 [나에게도] 잘 했죠…. 그래 가지고서 대우어패럴에 갔는데, 일(l)자 같은 것은 (손을 밀며) 찍~찍 박는데 또 바지라인에 집어넣는데, 후유~, 지퍼 있잖아? 남자 신사복에서 그것은 에이(A)급으로 들어가는 거지. 내가 해야 말이지? 그것을. 반장언니가 하는 말이 "일 잘해서 소개받았더니 그거 하나 못 단다" 고 구박하고.

… [대우어패럴은] 엄청나게 회사가 크죠, 1공장, 2공장, 3공장, 4공장, 5공장까지 있는데…. 그런데 말~~이 대우지 긍께 근로시간을 예를 들어서, 지금도 우리가 7시까지 일을 하지만, 7시까지다 그렇게 한다면, 밤 9시, 10까지 1주일 내내. 다리가 부을 정도로, 엄~청 심했어요. 그렇게 일을 해도 1달 월급 8만 원…. 철야 밥 먹듯이 하고, 밥도 개떡같이 주는 그런 회사를…. 그래도 그때는 최고 대우에 들어간 거여.

"… 야근은 거의 1주일 동안 했어요. 바쁘면 그렇게 했어요. 왜냐면 이게 내수 일 같으면 일을 안 하는데, 수출이다 보니까, 선박 그런 것들 때문에, 그 수량만큼 안 나오면 다그치고 맨날 조회하게 되고."

(노동자들이 불만을 어떻게 해결했죠?) 이제 큐씨(QC) 활동[6]이라는 게 있어요. 나도 조장을 해 봐서 알지만, 그런 것들이 있다 해도, 일만 갖고 하지, 일 개선 갖고 하지, 현장문제, 예를 들어서 "철야를 좀 덜했으면 좋겠다", "임금을 좀 올려줬으면 좋겠다" 이런 건 안 해요….

… 야근은 거의 1주일 내내 했어요. 바쁘면 그렇게 했어요. 왜냐면 이게 내수 일 같으면 일을 안 하는데, 수출이다 보니까, 선박 그런 것들 때문에, 그 수량만큼 안 나오면 다그치고 맨날 조회하게 되고. 긍께, 사람들은 조회를 하고 있으면 그걸 다~ 듣고 있어요. 나같이 무지한 사람이면, 조회하면 좋아 죽어요, 일 안 하잖아? 당분간 몇 분이라도, 허어~. 남들은 욕먹으면, "지네들이 한 번 해 보라지" 이러는데, 나는 어떻게 보면 좀 바보 멍청하지, 좀. 그래~.

6 QC란, Quality Control의 약자이며, 생산향상을 위한 분임조활동을 말한다.

"이 기회에 쉬지. 한 귀로 흘러듣고 한 귀로 내보내지, 뭐, 그걸 신경 쓰냐" 고 애들한테 그러죠. "야, 뭐 신경 써 우리가 기계냐?" 이러죠.

… 한 번은 [일하다] 다쳤는데 이 잠바 지퍼를 달게 되잖아요? (왼손으로 지퍼 잡는 모습으로 쭉 밀며) 이 지퍼를 한 번에 짜~악 미는데, 순간적으로 바늘이 딱 떨어졌는데, (오른손으로 다친 손을 만지는 모습으로) 이 바늘이 일루 박혀 가지고, 박히는 건 떼면 되는데, 미싱으로 도매[7]를 해 버리니까, 바늘 끝이 부러져 버릴 꺼 아니에요? 그러니까 이 손톱으로 [바늘이] 폭~, 살 속으로 파고 들어가대요. 어~매. 그런데 회사에서는 병원에도 안 데리고 가죠. 개인적으로 송운학 씨가 그때 밖에서 병원을 소개를 해 준 데가 있었어요. 치료비도 꽁짜고, 운동하니까 그런 게 좋대~. [그리고 현장에서] 하는 방법이 있어~. (옆의 미싱을 들면서) 미싱을 딱 들고 기름에 넣으면, 땡이야. 병원에 안 가고. 그렇지 않으면 의무실에 가서, 빨간 약 발라주고, 대충 그 정도죠.

대우어패럴 생산과정—노동자는 '매수 빼는 기계'

(대우는 뭘 만들었죠?) 대우 쪽은 바바리, 자켓, 긍께 공장마다 틀려. 우리 1공장에서는 그 준이언니가 다녔던 데는 자켓, 내가 했던 1과에서는 바지, 강순이가 했던 3과에서는 바바리…. [현장 규모는] 우리 과만 (왼손가락을 하나씩 꼽으며) 1반, 2반, 3반, 4반, 우리가 4반. 2과에서만 4반으로 했지. 2과에서도 1반, 2반, 3반, 4반, 5반까지 있었나. 거

7 되박음질.

기는 좀 컸지 그러고 또 3과에서도 1반, 2반, 3반, 4반, 이런 식으로. 한 반에 주로 70명이죠.

… (바지 만드는 공정은 어떻게 되어 있죠?) 맨 뒤에서 주머니, 주머니 넣는 뭇가대[8]를 만들어. 그 다음에 (왼손을 뒤로 왼편 주머니를 치며) 뒷주머니 들어가는 구찌[9]를 만들어. 중간지점에 와서는, 내가 중간지점에 있었거든, 중간지점에 와서는 지퍼 있잖아? (오른손으로 지퍼 부분을 치며) 오른쪽, 왼쪽으로 지퍼를 달아야 연결을 할 거 아니야? 그것을 만들어. 그 다음에 내 옆에서도 오른쪽, 왼쪽을 쭉 이어나야 될 거 아니야, 바지 밑을 그치? 내 앞 공정에서는 (양손을 흔들며) 또 옆에를 박아야 할 거 아니야? 다데[10] 라 그래. 바로 옆에서는 가랑이, 그 다음에 허리를 달지, 허리 또 눌러야지. 오비[11] 달기 전에 고리를 찍는다고.

…(목소리가 높아지며) 생산을 많이 하려고 그러니까는 이 주머니 (오른쪽 바지 주머니를 가리키며) 뭇가대가 있잖아? 그것만 계~속 하는 거야, 한 사람이. 그러니깐 몇 백 장 씩 되는 거지. 매수, 수량이. (바지 앞의 지퍼를 보며) 또 지퍼하게 되면은 이것만 계~속. 또 댕고[12] 있잖아? 이것만 하는 사람도 그것만 계~속 . 또 와끼도 한쪽만, 또 긍께로 우리같이 인원이 없는 데서는 이것저것 1사람이 몇 공정하는 게 아니라 이렇게 한쪽 가랑이만 하면 가랑이만 쭈욱~. 오비같이 어려운 공정들은 2, 3명 씩 해야 한다는 거지. 누르는 사람들은 어려운 공정이니깐 2, 3명이서….

(하루 얼마나 생산하죠?) 생산량은 옷마다 틀리지. 바지도 하고 스커트도 하고. 긍께로 옷이 어렵고 쉽고에 따라서 생산량이 틀려지는데, 매수를 빼~야 퇴근을 시킨다고 하니까 반장언니가 야근하기 싫은 날은 내일 것을 가~불

8 주머니 밑받침.
9 주머니 구멍.
10 바지 안쪽 기지를 포함한 옆솔 잇기.
11 허리단.
12 지퍼 받침.

◀1983년 대우어패럴에서

하는 거야. 예를 들어서 50장 나왔는데 100장 나왔다고, 하하~, 그 다음날 안 빼면 죽지…. 그리고 라인에 (오른손을 들어 주변을 휘두르며) 쫘~악 앉아서, 앞뒤도 못봐요. 그리고…매 시간마다 [매수를] 채크해 가요.(앞의 미싱대를 가리키며) 여기다가 그런 거(매수기) 있어요. 나는 대우에 가서 첨 봤어. 매 시간마다 체크를 해 가지고선, 예를 들어서 요번 시간에 40장이 나왔는데, 그 다음 시간에 35장 했다, 그면 "왜 이거밖에 안 했느냐"고 반장이 쫑크 놓네. 아~ (고개를 저으며) 그거, 돌~아요. 긍께로 평균수량을 정해 놓고 하니까, 나도 약으니까 예를 들어서 요번 시간에 55장 했는데, "언니 50장, 다음 시간에도 언니 50장" 그렇게 [매수를 낮추면서] 머리를 써야지, 그렇지 않으면 죽지~, 허어~.

"…그런 거(매수기) 있어요. 나는 대우에 가서 첨 봤어. 매 시간마다 체크를 해 가지고선, 예를 들어서 요번 시간에 40장이 나왔는데, 그 다음 시간에 35장 했다, 그면 '왜 이거 밖에 안했느냐'고 반장이 쫑크 놓네. 아~ (고개를 저의며) 그거, 돌~아요."

(미싱하는 분들은 여자들이죠?) [미싱사는] 다 여자들이야. 남자는 완성, 재단, 기사였고. (노동자들 나이가 몇 살 정도였나요?) 보편적으로 열아홉, 열여덟. 중학교 졸업하

고 갓 졸업하고, 야간 고등학교 다닌 애들, 스물하나, 스물둘, 많이 먹어 봐야 [스물] 셋, 넷. 내가 스물두 살에 들어갔어요, 고참으로 가는 나이죠. 그런데도 미싱사는 내 나이가 되면 다~ 거의 다 에~이(A)급 수준인데, 나는 비~(B)급 수준으로 가서….

(남자들이 여성노동자들 대하는 태도는 어땠나요?) 긍께 , 지금도 내가 결혼을 해서 보면, 봉~제공장 다니는 남자들 치고 여자 귀한지 모른다니깐, 여자들 속에 있어 가지고. 금속이라든가 공업사에는 여자들이 귀하잖아? 그런 남자들이 장가를 가게 되면 여자들에게 집안에서 잘해… 봉제는 여자들에게 너~무 많잖아요? 뒤돌아보면 여자고. 여자는 또 남자가 별로 없으니까 귀하게 보이고. 아유, 진짜 내가 (오른손을 휘두르며) 다~ 내 주변에 사람들 거의 미싱을 하거들랑. 그러고 주변에 미싱사 남편들이 주로 봉제공장에 다녀, 내 주변에 다른 여자들을 보면 "여자를 개밥에 도토리로 안다" 니깐….

'감옥' 같은 기숙사 생활을 하다

(기숙사에서 생활했나요?) 대우에서도 기숙사에 있었죠. 대우기숙사는 그래도 그나마 나아~. 좋은 게 뭐냐면, 근신[산업]에 있을 때는 남자 기숙사도, 재단반 기숙사도 같이 있었거들랑, 현장 옆에. 샤워를 할려면, (찌푸리며) 아~ 남자들 때문에 샤워하고 있으면, 수돗가에서 남자들 세수하고 있으니깐 불편하고. 대우에 가니까는 여자들만 있잖아? 어쨌든간에 이런 것들이 [좋더군]. 그러고 벼룩이 있

기를 하나, 쥐가 있기를 하나.

단~지, 자~유가 없다라는 거야, 자유가~. 하청공장에서는 퇴근하고 경비 아저씨들에게 살랑살랑하면 밖에도 내보내주고 그랬거들랑. 그런데 (목소리가 높아지며) 이~노무거 일만 끝났다 하면 놀아도 공장 안, 회사 운동장 안에서만 놀아야 돼. 그렇지 않으면 방을 얻어서 나가야 하는데, 그 월급 갖고는 자취하기에는 너무 부담스럽고. 월급이 쥐꼬리만한데. 그러니까 우리 1공장만 기숙사생이 600명이지. 거의 다 기숙사 생활했다고 봐야지. (한 방에 몇 사람이 있었죠?) 한 방에 6명이고, 개인 사물함을 쬐간한 거 회사에서 나오는 거 있더라고. 주로 자기 속옷이나 이런 것은 트렁크에 넣어. [이불은] 트렁크 위에다 올려놓지, 개인이 사 가지고 와서. 개인이 빨고. 기숙사 나갈 때는 다~ 짊어지고 나가야지….

(기숙사 생활은 어땠나요?) …(흥분해서) 아~주 독재야. 긍께로 기숙사 사감이 기숙사의 왕이지… [기숙사] 자체 규율부가 있어. 규율부들의 세상이야. [규율부는] 사감 눈에 잘 보이면 뽑[히]지. (흥분해서) 그러면 걔네들은 뭐, 샤워장도 마음대로 쓰고, 기숙사 사감실에서 지네들은 라면도 끓여 먹고. 그런데 우리는 코드[13] 자체가 없잖아? 아무것도 [없지]. 라면을 끓여 먹을 수가 있나. 배가 고프니 뭘 할 수가 있나, 그 시간에 밥 못 먹으면 그걸로 땡 끝나는 거지. 그리고 밤 10시만 되면 점검을 하는 거야 매~일같이. 내가 옆 방 친구한테 놀러를 가잖아? 10시 되면 내 방에 있어야 돼. 만약에 없다, 그러면 나 혼자만 청소를 시키면 상관이 없지. 방 식구들 전체 1주일 동안 몇 백 명이 쓰던 세면장을 청소시켜, (인상 쓰며) 그 열 안 받겠어? 열 받지.

13 콘센트를 말함.

"…수요일 날은 외출 가능하고 토요일은 외박해요… [다른 날은] 우리 엄마가 올라오셔 갖고도 나를 볼 수가 없어. 외출, 외박증을 잘 안 끊어주니깐…."

… [식사는] 기숙사에서 먹는데, 그건 밥이라고 할 수 없지. 제대로 주겠어요?… 한~ 창 나이에 뛰고 놀아야 되는데, 오죽했으면 대우에서 노래가 "외출외박 자유, 소등시간 자유" 가 [있겠어요?] 시계가 10시가 딱 되면 불 내려서 책을 볼 수가 있나, 뭣을 볼 수가 있나, 아무것도 없죠. 그러니까 사감이라는 분이 기숙사를 한 바퀴 뺑 돌잖어? (양 손가락으로 네모란 모양을 그리며) 그러면 기숙사 창문에 요만한 유리창을 달아 논다구, 창문을 열고 자고 있나 없나 확인해. 그러면 [사감이] 돌 때는 자는 척하다가 일어나서 가고 나면, 그 불빛에 책보고, 그런 생활들이에요. [사감은] 거의 회사에서 나온 사람들이라 회사 편을 많이 들죠.

… 수요일 날은 외출 가능하고 토요일은 외박해요. … [다른 날은] 우리 엄마가 올라오셔 갖고도 나를 볼 수가 없어. 외출, 외박증을 잘 안 끊어주니깐…. 그때는 친척집은 [서울에] 이모밖에 없었어요. 우리 아버지 친척이 고모가 시골에 계시고, 작은아버지가 부산에 계시고, 딱~ 2분이셔. 이모는 서울에 1분 계시고 큰이모는 시골에 계시고. 이모네 집은 일요일 날 가는데, 주로 일요일은 애들하고 놀러를 간다든가 그때도 모임을 했었어요…. 수요일 날은 잠깐 시간이니깐, 음악다방에. 그때는 음악다방이 있었어요, 디제이도 있고, 쪽지 써서 주면, (디제이 모션 취하며 몸을 흔들며) 곡 틀어주고. 그때는 '무작정 난 당신이 좋아요' 가 있는데, 그 노래 주체성 없는 노래라고 그래, 하하~. 여성의 주체성도 모르고, 허어. 한참 그런 노래들이 유행했던 거 같아…. 그때 당시만 해도 천 원짜리 디스코텍이 많았어요. 천 원을 주면 음료수 한 잔 줘요. 다른 건 안 줘, 음료수만 주죠. 돈 있는 사람들은 술 먹고 이러는데. 우

▲ 1983년 대우어패럴 애기능 야유회(오른쪽 서 있는 사람이 구술자)

리들은 친구들 5명하고 같이 가는 멤버가 있었어요, 우리 또래들. 빨간 바지에 하얀 티 입고, 쫄 신고, 천 원 음료수 딱 내고 (양손을 쥐고 온 몸을 앞뒤로 흔들며) 신~나게 땀 흘리고 디스코 하다가.

우리 신랑도 내가 맨 처음 어디서 만난 줄 알아요? 디스코텍에서 만났는데, 우리 여자 3명이 갔어요. 근데 인제 애 아빠 친구들은 6명인가 왔더라구. 6명인가 오고, 여자들을 다 데리고 왔어요. 우리는 여자들만 가고. 근데 새벽 되니까 남자들이 찝적대니까 무섭잖아요. 그래서 인자 아~ 저 사람이 우리 회사 사람이다라는 것만 알았죠. 말은 한 번 해 보지는 않았지만. 그래서 "아저씨 한 번만 살려줘요, 저 아저씨들이 우리를 그런다니까요" 근데 어매~ 이 싸가지 없는 것들이 하는 소리가 "어디서 못생긴 것들이 와 가지고 그러냐구, 절루 가라" 네, 염병 떠네. 하하~. 두고 보자고. 그리고서 화장실에서 달~달 달~달 떨다가, 허허~~, 왔죠. 그 다음날 월요일 날 아침, 재수가 없어, 우리 식당에서 밥을 주잖아요? 난 식판을 들고 가는데, 이 재수 없는 것들이 밥 먹고 있더래, 그래서 꺄악~ 뿌리고, 애 아빠 친구들이 그때 나를 날라리로 봤대, 날라리 허어~. 그러다 보니까는 노동조합을 만들자라고 함께 모인 자리에 또 우리 애 아빠가 나왔더라구요. 둘 다 서로 "어매~ 저 날라리, 어구 저~ 재수 없다." 서로 손가락질하네~ "저 날라리 가 왜 왔냐구~, 아, 저 재수 없는 게, 왜 왔냐" 구, 하하~~.

… (시골에 생활비를 보냈나요?) 월급 받은 거 그때는 [목돈으로] 집에 보냈지. 대우에서도 곗돈 받아 가지고 노동조합 만들기 전까지는 그렇게 했지. 우리 이모한테 계를 들었어요. 한달에 2만 원씩 부었어요. 우리 이모가 11개월로, 빠른 번호로 한다고 해가지구선. 암튼 (기억을 더듬으며) 그때 50만 원 곗돈을 타고…. 그때 월급이 올라 가지고 8만 얼마였죠, 곗돈 붓고, 기숙사 식대 4만 원 내고 모임회비 내고 쓰고…. 언니도 [집에] 목돈 주고. 왜냐하면 그때는 [집이] 살기가 조금 나아졌어요. [동생] 2명이, 한 애는 중학교 다니고, 한 애가 초등학생이었고, 그러니깐 그게 엄마 혼자로서도 가능하다고 하시고서. 우리가 소작을 했다고 했잖아요? 아버지 돌아가시기 직전에 땅을 살려고 목돈을 엄마가 모았지. 땅을 살려고 했는데, 아버지가 위암 판정을 받고 수술하면서 병원에 다~ [썼지]. 땅을 결국은 못 샀지.

노동운동, 그 첫 실천으로 소모임활동을 하다

(대우어패럴에서도 야학사람들은 계속 만났나요?) 그때는 긍께로 야학 교사가 나를 1명 소개해 줬어요. 그 형이 다른 사업장 친구들하고 같이 노동조합에 대한 필요성들, 이 사회의 문제들, 이런 것들에 대해서 공부했던 거 같아요. 현장 문제 파악해서 뭐가 문제인지도 해 보고. '아름다운 청년 전태일' [14] 같은 것도 읽으면서 서로 생각들 해 보

14 '아름다운 청년 전태일' 은 1995년에 상영한 영화이며, 이때 구술자가 읽은 책은 『전태일 평전』(조영래, 돌베개, 1983년)이다. 둘 다 본 구술자가 책 제목과 영화제목을 혼돈했다.

고, 『어느 작은 돌멩이의 외침』 같은 것도 읽어 보고 이야기도 해 보고. 그러한 것들이 참~ 도움이 됐던 거 같애요. 우리들이 살아가는 데 있어서. 내가 하루 저녁은 '아름다운 청년 전태일' 책(『전태일 평전』)을 읽는데, 다 읽고 나니까, 아침 6시더라고. 입이 다 부르텄대. 그 다음날 회사에서 스프를 줬어요. 그걸 못 먹겠더라고. 눈물이 나와서, 진짜로…. [모임은] 5명이 했는데, 남자 3명인가 했었고 여자 2명이고. 모임은 1달에 1번 정도. 그 모임이 비밀로 했었어. 그때 당시만 해도. (갑자기 생각이 나서) 아~ 지금 생각해 보니깐 모임을 대우중공업 다니던 두 사람 있었고, 또 성수동에서 온 형이 있고, 여자 애는 나하고 또 같은 성(강씨)인데, 총대빵(리더)이 있고….

"내가 하루 저녁은
'아름다운 청년 전태일'
책(『전태일 평전』)을 읽는데,
다 읽고 나니까,
아침 6시더라고.
입이 다 부르텄대.
그 다음날 회사에서
스프를 줬어요.
그걸 못 먹겠더라고.
눈물이 나와서, 진짜로…"

그러니까 이미 의식을 가지고 대우를 들어갔죠. … 그래서 인제 대우에서 또 다시 일하는 사람들하고 소모임을 만들었죠. 그러면서 이제 [내가 읽은 것과] 똑같이 『어느 돌멩이의 외침』 이런 것들을 읽으면서 독후감을 각자 써와서 발표하고, 자기 느낌들을 이야기하고, 놀러도 다니고. 애들하고 어울리면서 모임도 하고 그러한 과정들을 겪었는데.

나는 이제 의식은 있고 계속 공부 모임하면서, 내 모임도 끌어가면서…. 내 수준에서 맞게 사람들을 만나고 있는데, 어매~ 근데 좀 색다르게 보이는 사람이 있어요. 같은 노동자이면서도, 김준영 씨가 유독 사람들한테 눈에 띄게 그랬어요…. 그리고 같이 소모임 했던 아는 친구 하나가 아는 언니를 하나 소개시켜 줬는데 민경옥 씨라고. 내가 그 언니를 최고 좋아하는데. 그 언니가 만나자 그래서 갔더니 우리 회사를 소개시켜 달라고 그러더라고. 그래 내가 3과를 소개시켜 줬어요. 나는 2과에 있고…. 민경옥 씨를 내가 소개를 해서 들어왔지. 근데 그 언니가, 지금 생각해 보면, 하하~, 이미 학출[15]들은 그때 끼리끼리 통하고 있었었나 봐요…. 그때는 내가 잘 모르는데. 그 언니가 어디 좀 [가자고] '로젠켈라' 라고 하나, 그 경양식집이. 그때는 그게 또 최~고 알아주는 돈까스 집인데 거기서 보자고 그래서 갔어요. [민경옥 씨가] "노동조합을 만들어 보자" 고. 참~ 안 좋았어요, 노동조합 만들자는 상황이. 그때는 너무나 힘든 게, 광주항쟁이 80년도에 끝나고 전두환 정권이 들어서면서 [탄압이 심했죠.]

… 그렇게 모임 하다가 노동조합을 만들기 전에 탄~로가 나 버렸어. 이 싸~가지 없는 동생 때문에. 같이 모임을 했던 동생이, 아, 그냥 잊어버리지도 않아, 수남이라고. 내가 50만 원을 받지도 못해서, 허어~. 당시만 해도 먹고 싶은 것도 못 먹고, 입고 싶은 것도 못 입고 곗돈을 꼬박꼬박 넣[어]야 할 거 아니야? 우리 이모가 곗돈을 부쳐, 딱 탓네~. 곗돈을 딱 탄 날~! [수남이가] 울면서 자기 동생이 교통사고가 났는데 병원비가 없어 가지고 치료를 못 받는데. 그래 돈이 있으면 돈 좀 꿔달라고. 이놈의 맴이 약해 가지구. 내가 50만 원 곗돈 타 갖구, 줘 버렸잖여~… 어매나~ 50만 원을 주고 났더니 걔가 그만둔 동시에 (오른손으로 자기를 가리키며) 나를 판 거예요, 회사에다. [수남이가] 회사에서 2백만 원을 받고 튀어 가지고 온데 간데 없네…. [나] 혼자만 탄로 났죠. 걔[동생이] 교통사고 난 것도 아니야, 알고 봤더니.

그래 가지고는 노동조합 결성하기 전에 들통이 나 가지고, 그거 한 번 겪어 봤어요? 다~들 일하고 있는데… 반

15 학생 출신 노동운동가를 말한다. 1980년 광주민중항쟁 이후 학생운동가들은 민중 중심의 사회변화를 지향하며 집단적으로 노동현장에 투신했다.

에서 나만 불러내 가지고 일도 안 시키고 사무실 구탱이에(구석에) 앉혀 놓드라구. 아, 근데 내일인가 노동조합 결성하는 날인데, 일도 안 시키고, 스스로 그만두라는 식으로… 말이 쉽지, 하루 종~일 일도 안 시키고. 화장실로 가려면, 재단실을 지나서 화장실로 가거들랑? [나를] 사무실 앞에다가 앉혔는데, (인상 쓰며) 으~, 기사들은 손가락질 하면서 욕하지, "뭐 촌년이 서울에 와서 뭐 한다고" 아~ 막 그러지, 애들은 쳐다보면서 또 한 마디씩 "무슨 잘못을 해서 그렇게 하냐"고 한마디씩 하지… (목소리가 높아지며) 회사에서는 그만두라는 거야. 어머머~ 그것도 사람 돌아, 웬만한 사람 같았으면 그만뒀을 거야…. 근신[섬유]에서 [내가] 들어가기 전에 싸웠었는데, 괜히 [나를] 의심하게 되고, 또 나를 잘 따르는 순돌이라고 있었는데, 걔 언니가 선경복장에서 부위원장을 했던 사람인가 봐요. 그러니께 그 사람하고 연결이 되서 자~꾸 꼬리에 꼬리를 물고, 난 모르는데 [나를 의심했죠.]

"…노동조합 결성하기 전에 들통이 나 가지고, 그거 한 번 겪어 봤어요? 다~들 일하고 있는데… 반에서 나만 불러내 가지고 일도 안 시키고 사무실 구탱이에(구석에) 앉혀 놓드라구."

그래서 "모른다고 절대~ 나는 진한[섬유]에서 시다 반장만 하고 있다가 왔다"고 하니까 [관리자가] "믿어도 되냐고?" 하면서 [계속 괴롭혔죠].

아휴~, 지나도 잊어버리지도 않은 게, 인사담당 노무관리자 능글맞게 "아유, 참 순하게 생겼고 착하게 생겼다"며, "김준용이가 누구냐" 해서 "나 절대 모른다, 첨 들어보는 사람이다"고. 내가 다행히 이런 그런 모임을 이야기를 안 했죠. 김준용 씨랑 노동조합 결성한다는 이야기, 만들려 한다는 그런 것만 알았지, 회사에서 확실한 것은 없었어요….

아, 그때는 [내가] 놀 때는 잘 놀아요, 디스코텍에도 가고. 빨~간 바지에 배꼽 티에다 쪼리 신발 신구 놀 때는 춤도 잘 추잖아요. 그래서 다 [나를] 날라리라고 했어, 허허~. 우리 신랑도 나보고 날라리라고. 그런 내가 노동조합 한다고 믿었겠어? 회사에서도? 그 날라리라는 애를?

… 그래 갖구 [현장에서 노동자들이] 명찰을 다 달고 그러잖아요? 내 명찰을 숨겼어요. 혼자 쭈그려 갖고 앉혀 놨는데… 민경옥 언니라고 있었는데 "언니 진짜 힘들다" 고 그러면 "조금만 참으라" 고 "여기서 그만두면 어떻게 되냐" 고… 그래도 같이 모임하고 아는 친구들이 지나가면서 힘내라고 윙크 한 번 하고 가고…. 그렇게 버텼던 것들은 친구들이 있었던 거야. 그리고 그때 그 노래 알아? 내가 지금도 좋아하는 노래가 그 노래야. 아는 형이 이 노래를 한 번 가르쳐 줬던 거 같아 "미칠 것 같은 이 세상~" 하면서 2절이 이렇게 나오잖아? "세상 냉정하고 거치나 내게 힘과 사랑 주소서~" 당시 그 노래 부르며 버텼던 거 같아.

1984년 구로공단에 민주노조를 결성하다

어매~ 그러는데 6월 9일 날 노동조합 결성하는 날인데, 6월 10일이 월급날이에요. 10일 날 월급날이면 [일요일이라] 6월 9일 날 월급 준다고, 그날이 토요일 날이에요. 5시까지 근무하죠…. 그때 해야만이 노동조합 만드는 게 가능하지, 7시 이후로는 힘드니까…. 그래서 월급 받았는데 우~리 라인만 야근을 시켰어요. 나 못 나가게 할려구. 다~ 퇴근시키고. 월급날은 아무리 바빠도 대우에서는 그때 야근 안 시켰거든요. [저녁]밥 먹고 오라는데, 그때 기숙사에는 이유를 막론하고 다 외출 금지시켰어요. 회사에서 그렇게 경고가 떨어졌으니까. 그래서 나가긴 나가야 하는데, "[내가] 노동조합 결성하는 데 있어서 참석을 안 해도 되냐"라고 물어보니까, 이미 그때는 각본이 다 짜여져 있죠, 누가 위원장 되고, 누가 사무장 되고 이렇게 다 [짰죠]. 근데 "그 자리에 있어야 된다"네. 그 자리에(노동조합 결성식에).

그 상황은 경비가 철저하게 지키고 있죠…. 1공장 경비들은 [나를] 아는데, 2공장 경비들은 [나를] 모르죠. 공장이 너무 크니까. 또 경비들이 교대하고. 가긴 가야는 되는데, 갑~자기 머리에, 허어~. 아, 월급봉투가 딱 생각이 나는 거예요. 그래서 작업복을 벗고 나가면 못 나가게 하니까 작업복 입은 그대로 쓰레빠 신고, [경비에게] "아저씨, 우리 이모 저기서 기다리고 있는데, 이 곗돈 내일 줘야 되니까 월급봉투만 금방 주고 온다"고. 작업복 입고 쓰레빠 신고 내가 얼른 나갔다 온다는데 [도망갈 거라고] 계산했겠어? 그래 가지고 [회사 문을 나와서] 택시 타고 바로 그냥 마포 합정동, 허허~~. 한국노총으로 뛰어간겨. 거쪽으로.

"토요일 날 [노동조합]결성을 해갖고, 기숙사에 들어와서, 하루에 기숙사 몇 명만 빼놓고 조합 가입을 다 받아 냈어요. 600명 거의 다 가입원서를 받았어."

그날 내 친구들, 효순이, 금란이, 경아, 이 친구들 다 같이 가기로 했어요. 우리 2과 친구들이 다 함께 노동조합 결성하러. 그런데 우리 과에서는 아무도 안 오고 나 혼자 간 거예요, 하하~. 다 몰려가게 되면 빠져 나갈 방법이 없으니까. 그때 그 상황에서는 그랬어요.

그런데 또 사람이, 순한 양이 또 늑대로 변한다고, 막상 결성하는 입구에 갈려니까 회사 사람들이 진을 치고 있더라고. 못 들어가게…. 김종기라고 잊어버리지도 않네, 그 문둥이. 그 인사과 하급인데 "가라~ 왜 왔느냐?" 그러는데, 그때는 무엇이 당당해서 싸우고 다 [노동조합 결성식장으로] 들어갔죠. 그래서 그냥 [노동조합을] 결성했어요.

토요일 날 [노동조합] 결성을 해 갖고, 기숙사에 들어와서, 하루에 기숙사 몇 명만 빼 놓고 조합 가입을 다 받아냈어요. 600명 거의 다 가입원서를 받았어. 기숙사 방마다 돌아다니면서. 가입원서 받기가 쉽지, 밀집되어 있으니깐…. [노동자들이] 노동조합 만들었다고 하면 거부 반응 없었어. 규율부라든가 조장이라든가 이런 부분들은 안 했지. 설명을 했는데도 가입원서를 안 써 주고. 일부 조장들은 해 준 사람도 있었지만. 그러고, 심하긴 심했지, 기숙사 사감 몰래 가입원서를 받아 놨지.

회사측의 탄압에 맞서 민주노조를 지키다

처음에는 거의 다가 노조에 가입했죠. 2천 몇 명이 가입했었으니까. 초장에는. 그러다가 인원이 [줄었지요], [탄압이] 계~ 속, 너~ 무 너무 심했죠…. [노동자들은] 내가 쭉 ~ 보면 부류가 다 틀려요. 지금 말하면, (왼손 손가락을 하나씩 꼽으며) 심상정이가 하는 선진노동자라고 하는 정예부대가 있는 반면에, 뒷전치가 있는 반면에, 중간역할을 하는 반면에, [그렇게] 종류가 다양한데 그중에서도 특출나게 싸움을 극렬적으로, 진짜 싸움 잘하는, 과감하고 앞뒤 안 가리는 소수부대가 형성되더라고. 엄청 탄압이 심했으니까.

(회사측은 어떤 방식으로 탄압했나요?) …일하다 보면 사무실에, 경비실에 누가 와 있대. 그러면 일대 일 작업 하는 거예요…. 나는 워커힐이라는, 그 나루터 가는 것도 첨가 봤는데, 아가씨 때두 누가 가 봐요? 그런 비싼 데를? [회사에서 거기를 데려가서 설득하느라] "음 집안이 어렵구나." 그러면서 어쩌구 하면, [나는] 능글맞게 넘어가지요, 내가 거기서 떽떽거린다고 해도 효과 볼 거 전혀 없어. 그것도 터득혀, 허어~. [거기서는] 안 하는 척~ 하구선 또 다시 와서는 내 중심 찾게 되는 거구. 긍께 회사측에서도 소위 일부만 무너뜨리면, 중심만 무너뜨리면 된다구 하는데, 그게 되나….

거기다 (한숨을 쉬며) 어메~ 우리 [기숙사] 방에는 동생들이고 순한 애들만 있었는데, 극열 반대파만 또 집어넣어 놨어, 허어~. 나만 놔두고. 반대파 애들이야. 아주 앞장서서 하는 애들, 띠 두르고 반대하는 구사대 애들, 그런 애들만 방에다 넣어 논 거야. 내가 방에 들어가고 싶겠어? 방에 들어가는 게 지옥 같지… (머리를 좌우로 조금 흔들며 어이없어서) 아~ 그년 잊어버리지도 않아. 2공장 애가 원래 1과 1공장 기숙사로 오는 경우가 없거들랑. 극열 반대 2공장 애가 우리 방으로 인제 온 거야. 좀 친해 볼까 했는데, 돈을 빌려달라고 해서, 3만 원 빌려준 거야. 그년[에게 돈을] 받지도 못했어. 나 구속되어 버리고….

"…어메~ 우리 [기숙사]방에는 동생들이고 순한 애들만 있었는데, 극열 반대파만 또 집어넣어 놨어, 허어~. 나만 놔두고…. 띠 두르고 반대하는 구사대 애들, 그런 애들만 방에다 넣어 논 거야. 내가 방에 들어가고 싶겠어? 방에 들어가는 게 지옥 같지…"

그런데 유일하게 동생 둘이 있었어, 어린 애들이. 그 애 이름이 잃어버려지지 않아, 하순이라고. (머리를 갸웃하며) 한 친구가 있는데 걔는 이름이 기억이 없어. 같은 고향 두 애가 한 방에 왔더라고. 하순이라는 친구는 방 식구들 몰래 [내] 옷 빨아 놓고, 속옷 빨아 놓고, 편지 써 놓고. 또 시골에서 개 집이 백양사 있는 데여서 꿀 따오면 내 사물함에 몰래 갔다 넣고. (목소리가 높아지며) 방~식구들 때문에 한 번도 끌어안아 주지도 못하고 '사랑한다' 소리 한 번 못하고 헤어진 거 아니야? 그게 그렇게 마음이 아프다니깐, 지금. 찾지를 못해….

근데 잉~, 거의 1년을 하~루가 멀다 하고 싸우다시피 했잖아요? 처음에는 노동조합 탄압을 하니까 싸우게 되고, 또 건수 하나만 생겨도 싸우게 되고, 잉. 긍께, 원~체 노동조합을 와해를 시키려고 그런 공작이 심했어요, 엄청나게. 그리고 전면적으로 관리자가 나서서 싸우면 상관이 없는데 (인상을 찌푸리며) 반대파 애들을 [내세워] 같~은 노동자가 노동자끼리 싸우는 거예요. 그것처럼 비참한 거 없어요. 지금에 생각을 해 보면, 우리도 좀 강~압적으로만 나가는 것보다, 유드리있게(유연하게) 했어야 하는데, 극과 극을 달린 거 같아. 극과 극을. 1건만 터져도, 예를 들어서, 쉽게 말하면 긍께, 현장 순회를 하다가, 내가 머리채를 끌려 왔어요. 그게 싸움의 발단이 돼서 또 싸우게 되고

▶ 가평 조합원 야유회(왼편에 서서 사회 보는 사람이 구술자)

사장실을 올라가서.

[싸울 때는] 조합원들이 같이 했죠. 일부의 조합원들이. 그러다 보니까 (오른손을 주먹 쥐었다 펼치며) 소위 저들이 말하는 극렬 소수파. 긍께 처음에는 2천 5백 명이 가입을 했다가, 2천 명이 쉽게 되지가 않아요, 처음 하자마자 가입원서를 받는다는 게. 그때만 해도 초기에 막 결성을 해가지고, 탄압이 없었으니까. 그런데 하~루 지나고 나서 바~로 탄압이 들어오고, 이러니까, 못 견디는 거죠. 특히 현장 내에서 반장들, 조장들, 부반장들, 이런 관리자들을 통해서 잉~. 조합원과 비조합원의 차이, 차별대우. 직접적으로 회사가 사장이나 부장이나 높은 사람들이 와서 탄압을 하면, 눈에 보이면 같이 싸우는 대상이 되는데, 노동자와 노동자끼리 싸우니까 그것처럼 힘든 건 없어요. 또 분산되고 (힘이 빠져서) 에, 그러다 보니까 일부 소수만 남게 되고, 일부 사람들은 기회주의적으로 좀 변해 가고. 이것은(노동조합 활동은) 옳은데 너무 극렬하게 싸우니까, [노동자들이] 좀 겁도 먹고~. 회사가 문 닫는다는 말도 도니까, 진짜 시골에서 올라온 애들은, 당장 오갈 데 없는 애들은 어떡해요? 그런 불안감들, 참 이런 것들도 많았던 거 같애. 근데 일부 소수들은, 처음부터 끝까지 동참했던 친구들은, 그게(불안감이) 없죠. 무조건 옳고, 허어~. 싸움에 도가 트고 요령도 생기게 되고, 그런 거죠. (생각하면서) 근데 얻은 거라고는 상당히 정치적으로 발전하고 의식이 변화되고…. 남아 있는 친구들은 일부 소수에 불과하고…. 조합원이었는데 아무 직책도 없이 열심히 싸운 조합원들이 많아요, 근데 깨어지고 아무도 그들을 찾을 생각도 안 하고 찾지도 않고, 그들이 흩어져서 어떻게 사는지는 몰

"조합원과 비조합원의 차이, 차별대우. 직접적으로 회사가 사장이나 부장이나 높은 사람들이 와서 탄압을 하면, 눈에 보이면 같이 싸우는 대상이 되는데, 노동자와 노동자끼리 싸우니까 그것처럼 힘든 건 없어요."

라요. 지금은 우리들이 [남아 있는 소수의 사람들이] 그리워는 하죠, 대우[어패럴] 모임에 오면. "참, 그 친구 좋았어, 박애경이 좋았어" 하면서. 왜냐면 상당히 열성적이고 상당히 옳은 사고를 갖고 있고, 바른 사고를 갖고 있었어도 그들을 못 건져냈다 말이죠. 그것도 어떻게 보면, 운동의 발전에서 보면, 피해라고 볼 수 있는 거지. 손실이지, 손실~. 그러한 친구들을 다 놓쳤으니까. (심각하게) 일부 소위, 지금은 남아 있는 친구들이 거의 간부직에 속하는, 그 부류밖에 없는 거죠.

노동조합 사무장으로 활동하다

(노동조합에서 어떤 역할을 했나요?) … [노동조합] 결성과 동시에 사무장 됐죠. 아이구~, 지금 생각해 보면 처음에는 현장순회도 못하겠더라고. 근데 같이 미싱 딸딸이 박고 있다가 잉~, 현장을 돌라니까. 처음에는 도저히, 우리 과만 못 돌겠어요, 내가 일했던 과는. 뭔가 일도 안 하고 어색하고 그런 거. 다른 라인에선 조합원들한테 딱딱히 경례라도 하고, 웃고 이럴 수 있는데, 3공장을 간다든가, 2공장은 조합원이 딱 1명밖에 없었는데, 거기도 가야 해요, 어차피.

"노동조합] 결성과 동시에 사무장 됐죠. 아이구~, 지금 생각해 보면 처음에는 현장순회도 못하겠더라고. 근데 같이 미싱 딸딸이 박고 있다가 잉~, 현장을 돌라니까. 처음에는 도저히, 우리 과만 못 돌겠어요, 내가 일하던 과는."

완성반에 갔을 때는 남자 애들한테 머리채 잡혀 끌려나오고 했죠. 그러한 수모도 많이 겪죠. 그런데 현장활동 처음에 순회를 할 때는 어색하고 쑥스러웠는데, 그것도 하다 보니까 늘대요. 자연스러워지고, 싸워도 이제는 머리채 끌려 나와도 또다시 가야 되고, 그런 깡다구로 가죠. 그리고 한참 또 농성하다 보면 노동상담소에, (기억을 더듬으며) 아, 배~ 누군데, 그 사람이 [말하기를], 나를 구속시킨 데요. 나는 그때만 해도 구속되리라고는 생각도 안 하고, "아~ 휴, 설마 날 구속시키겠냐"구. 난 농담두 잘해요. 또 편하게 사람을 대하기도 하고, 장난도 잘 치고. "에이~ 그렇다고 날 구속시키겠어요?" 이러고. 하다못해 부장하고, 대한전선 노조를 파괴하고 우리한테 파견이 됐던 사람이에요, 김 누군데, 아, 이름도 잊어버렸네, 하도 오래되니깐. 그 인간이 툭하면 노조 사무실로 전화해 "뭐하고 있냐"고 그러면, 나도 욕 참 잘해요. "이 ××놈아, 뭐 하러 왔냐"고. 나를 안 좋게 막 뭐라 하면, 욕도 막 해요. 지가 어쩔 거여~. "××놈아, 너가 뭔 상관이여?" 그러고, 하아~… 그 정도로. 농담할 때는 농담하고, 싸울 때는 또 치열하게 싸우고, 그렇께, 나는 연기를 하면 잘한다니께, 하하~.

◀ 노조 사무장으로 임금인상 교섭을 하고 나오는 구술자 모습

임금인상 싸움으로 구속[16]되어 감옥생활을 하다

(구속은 언제 된 거죠?) [1985년 임금인상 싸움하고] 조합원들도 노동조합에 대해서 뭔가 확실히 되나 보다 가입도 많이 하구, 조합비도 걷고. 그러다 갑자기 구속이 된 거야. 긍께 나는 기숙사에 있으니까 노동조합 사무실 문을 일찍 열지, 항상. 조합원들이 들렀다 가니까. 내가 잡혀가기 전에 미리 라디오에서는 뉴스에 나왔대, 우리 유화청 부위원장이 그러는데. 근데 이미 난 잡혀가 버렸지. 알려주러 사무실에 왔는데, 난 잡혀가 버렸지. 근게 위원장은 아직 출근을 안 했으니까 위원장한테 "이렇게 뉴스에 나왔다" 그러니까 위원장은 집에서 공장으로 와서 나중에 잡힌 거고.

"[1985년 임금인상 싸움하고] 조합원들도 노동조합에 대해서 뭔가 확실히 되나 보다 가입도 많이 하구, 조합비도 걷고. 그러다 갑자기 구속이 된 거야."

바로 유치장에 넘기더만. 유치장에 있다가 조사를 안 하고…. 보름 있다가 구치소에 넘어가 갖고. 한참 있으니까 검사가~ "누구를 아냐, 누구를 아냐" 막 이렇게 묻더라고 "했냐 안 했냐, 싸웠냐 안 싸웠냐." 긍께, 우리가 이유를 달 거 아니야? 내가 왜 싸울 수밖에 없었는지에 대해 설명을 하면 "예, 아니오, 라고만 대답을 하시오" 그렇게 말만 해. 우리 설명도 필요 없어. "예, 아니오" 라고.

나는 허어~ 구속도 당할라면 빵에 대한 지식이라든지 이런 것들이 있었어야 되는데, 내가 데모할 때마다 근로감독관이나 정보과 형사들이 "잡아간다. 잡아간다" 맨날 그랬어 그래도 안 잡아갔지. 그래도 감빵에 대한 상상을 해 봤거나 유치장에 나름대로 상상을 해 봤어야 하는데 (오른손을 흔들며) 한~ 번도 상상을 안 해 봤잖아? [감옥이]

16 1985년 제보자를 포함한 대우어패럴 3인의 '노조간부 구속사건'은 구로지역 민주노조운동에 대한 정부의 탄압이었다. 이를 계기로 한국전쟁 이후 최초의 노동자 정치투쟁인 '구로동맹파업'이 일어났다.

▲ 대우어패럴 임금인상싸움 중의 노동자 한마당

어떻게 생겼을 거란 생각도 안 해 보고. 난 원래 텔레비전을 안 봤었으니까, 기숙사에 [텔레비전이] 달랑 하나 있는데 휴게실에, 연속극도 안 보고 그런 거 안 보니까. [감옥이] 어떻게 생겼는지조차 모르니까. 그런(감옥에 대한) 감들이 없었지. 근데 유치장에 가니까 막 넣는 것과 동시에 여형사 2명이 오더라고. 몸수색을 싹~ 하더라고 브라자끈이고 뭐고 싹 벗기고.

처음에는 아가씨니까 너무 수치스럽대, 그냥 그 몸수색을 한다는 자체가. 브라자도 벗기고 만지고 그런다는 자체가. 그것처럼 수치스러운 게 없더라고. 난 혼자만 잡혀 간 줄 알았어, 그래서 혼자 있는데. 긍께, 사람이, 허어~, 그걸 보고 뭐라고 해야 될려나? 혼자 잡혀 있다가 외롭고 좀 공포스럽다가, 조금 있으니까 재숙이 언니하고 준형이 형이 오니까 그게 위안되고 힘이 되더라고, 하아~. 사람은 그러면 안 되는데. 그때부터 까불까불해지고.

처음에는 막 욕도 하고 들어가 "××새끼들아 왜 날 나를 구속시켜 좋을 것 같으냐"고 악을 쓰고, 안 들어갈려구 막 악을 쓰고, 안 들어갈려고 발버둥을 치고. 별수없어 남자들이 확~ 집어던져 가지고 철문 닫아 버리면 끝나 버린 거지. 그리고 온통 사방에 빛이 있어? 뭐가 있어? 오로지 있는 거는 형광등 불빛이고, 갇혀 있는 상황에서, 혼자서. 그것도 교도관들이 다 지키고 있는데, 유치장에서도 혼자만 있었어. 내가 돈이 있었겠어, 입는 옷에 그대로 왔지. 밥을 주는데, 난 아무리 가난하게 살았어도 우리 엄마 아빠가 그렇게 보리밥은 (오른손을 흔들며) 안 먹어 봤어. 나주평야잖아? 강원도 쪽 같은 경우처럼 쌀이 귀한 게 아니라.

쌀하고 보리쌀하고 아무리 가난해도 섞어서 먹어 보지. 부추 가지고 김치를 담는다는 것도 나는 감빵 안에서 처음 알았어. 밥은 맨 보리밥에다가 쌀은 찾아볼 수도 없고, 한 개나 있나? 어쩌다 그 많은 밥에서. 부추김치는 (오른손을 높이 들며) 하늘로 날아가게 생겼어

"밥은 맨 보리밥에다가 쌀은 찾아볼 수도 없고, 한 개나 있나? 어쩌다 그 많은 밥에서. 부추김치는 (오른손을 높이 들며) 하늘로 날아가게 생겼어 "

숨도 안 죽이고 고춧가루로만 해 가지고. 밥 못 먹었어. 난 물만 먹었어. 성도어패럴 해고자들인가 봐, 걔네들은 구류살고 있는데, 사식 먹고 있데. 난 성도어패럴 사람들인지도 몰랐어. 근데 교도관이 "대우어패럴 누구" 이러니까 성도어패럴 사람들이 [나에게] "대우어패럴이냐" 고 [물었어]. 간수가 부르기 전만 해도, 걔네들은 나를 모르고 사식을 먹고 있었는데…. 사식은 어떻게 나오냐면 쌀밥에 계란 한 개 올려져 있고, 고기국물, 고기도 없어 국물만 건더기 올라가 있고, 깍두기 나오더라고. 배가 고프니까 "저 밥 한 숟가락 나 좀 주면 사람이다" 고 [생각했지], 허어~(웃으면서). 긍께 나를 알게 돼 가지고 밥을 반 나눠 주더라고.

▼ 1985년 '노조간부석방' 등을 요구하며 구로동맹파업을 하는 노동자들

그걸 먹고서 이틀인가 지나니까 …. 아버지는 안 계시고, 엄마도 면회가 안 됐어, 아무도. 그 누구도 면회가 안 됐는데, 누군지는 모르겠는데 면회가 됐어, 노총인지 어떤 사람인지는 모르겠어. 근데 아무튼 그쪽에서 와서 사식을 넣어 주고 돈을 넣어 준 거 같애. 좀 있으니까 성도[어패럴] 애들은 나갔는데, 그게 어찌나 부럽던지 아휴~.

[유치장] 밑에는 남자, 2층에는 여자들만 있었는데, 재숙이 언니는 (오른손가락으로 동그라미를 그리며) 저쪽 뺑 돌아 가지고 저쪽 편에 있었는데, 그 언니는 사~돈이 형사인데 높은 직에 있어서 그런지 맨날 면회해 주고 "필요한 거 없냐"고 빵 넣어 주고, 그랬나 벼, 허어~. 난 누가 있어야제, 서울에 아무도 없는데, 아휴~ 누가 뒷바라지를 해 줘.

그 안에 있을 때 난 오해를 했어요. 밖에서 싸우는 줄도 모르고. "무슨 놈에 ××것들이 사무장 좋아하네 어쩌네, 개뿔닥 같은 동지네 어쩌네 사식 하나 넣어 주는 사람이 있는가 면회 오는 사람이 있는가." 밖에서 그 고생하는지도 모르고 밥도 있는 대로 처먹고 나는, 허어~. 그러다가 구치소에 넘어가 가지고 (기억을 더듬으며) 음… 고대생인데 이름이 한자던데, 걔가 구름다리, 수출의 다리, (왼손으로 둥글게 그리며) 이렇게 있잖아? 순환도로 언덕바지 올라가면, 거기 위에서 농성을 했대. 찌라시를 뿌리고. 걔는 독방에 있더라고.

근데 그 엄마가 나한테 책을 넣었더라고 『미혼의 당신에게』 그리고 영치금 2만 원하고. 내가 세면장 바로 옆방에 있었는데. "어이~ 강명자! 나 고대 누구야" 이래 그것만으로 반가워 "아, 그러냐"고. 그리고 재숙이 언니는 다른 동으로 가 버려 동에서 난 혼자 있었지.

… 어~이구 반성문만 쓰면 보내 주겠대, 나를. 근데 내가 고민이 되잖아? 다들 나가는데, 반성문만 쓰면 보내 준다는데, 근데 부흥사 장미희 언니가 "쪽팔리게 대우 사무장이 반성문은 무슨 반성문이냐" 고, 하하~… 그래서 [반성문은] 안 썼지. 그러면서 그렇게 시끄럽게 한 사람은 나밖에 없다네. 또 검찰 송치소 가면은 교도관 앞에서 포승줄을 묶을 것 아냐? 거기서도 악다구니를 쓰고 "뭔 염병 맞다고 그 지랄을 했는지 모르것어" 암만 생각해 봐도. 그때는 구호나 외치고 있고 "노동악법 개정하라" 고…. 그래 가지고 너무 세게 (몸을 가리키며) 여기를 묶어두니까 피가 안 통하니까, 같은 사건의 준형이 형이 검사한테 가기 전에 송치장이라고, 방 잠깐 쉬는 곳에 있었어. 거기서 "형, 나 죽겠다" 고 하니까 준형이 형 철문으로 "사람 죽인다" 고 소리치니까, 포승줄을 풀어 주더라고.

"… 어~이구 반성문만 쓰면 보내 주겠대, 나를. 근데 내가 고민이 되잖아? 다들 나가는데, 반성문만 쓰면 보내 준다는데, 근데 부흥사 장미희 언니가 '쪽팔리게 대우 사무장이 반성문은 무슨 반성문이냐' 고, 하하~…그래서 [반성문은] 안 썼지"

재판장에서는 (앞의 연필을 들어) 이놈의 판사가 긍께로 "다음 법정은 몇 월 며칠 날" 땅~ 때리기 전에, 또 이렇게 앉아 있잖아? (자세를 고쳐 일어서는 모습으로) 그럼 의자에 올라가서 법정에서도 소란피우고, 또 구호 외치다 끌려가고. 그럼 교도관이 "제발, 조용히 좀 하라" 고 입 틀어막고 …. 형이 구형 3년… 일심에서 1년 6개월 때리데…. 우리 방 잡범들이, 몇 번 들락거린 사람들이 법에 대해서 빠싹하드만, [구형] 받았다니까 그럼 "[실형은] 반만 받어" 그러니까, 진짜 1년 6개월이여, 하아~.

의정부로 갈 때도 그냥 간 것도 아니에요. 내 짐 보따리는 내가 싸야 될 것 아녀? "강명자 면회" 그래 갖고 면회인 줄 알고 쫄래쫄래 갔더니, 그냥 바로 교도소로 넘어가 버려. 그래갖고 남아 있는 사람들이 "인사도 없이 어떻게 그럴 수 있냐"고 데모하고 싸우고. 그 이후로는 이감이면 이감이라고 말해 준다대….

(감옥에서는 어떻게 지냈어요?) 독방에서는 물구나무섰다가, (고개를 숙여 들여다보며) 이렇게 식구 통에다가, 같이 다 내밀고 같은 부류들이니까 책 보고 [통방해서] 토론하고. 주로 근대사, 현대 근대사. 그렇게 주제 놓고 이야기 하고 『장길산』, 『태백산맥』 그런 것들…. 그 내용이 농민의 시대에는 농민이 중심이 되어야 되고, 사회에 나가서 노동자가 중심이 되어야지 사회를 변화시켜야 된다는 것들. 연대 투쟁은 노동자들이 더 밀집되어 있고, 더 해야 된다는 것들. 원산 총파업이라든지 그러한 부분들에 있어서 토론하고 그랬던 거 같아요…. 통방해서는 긍께 시간이 되면은 하다가 지치고. 또 교도소 내의 문제 개선점 있으면 그것 가지고 싸우다가. 또 밖에 일 있으면 지원 싸움한다고 보이지 않는 곳에서, 지금 [생각하면] 미쳤다고 굶어가며 그 짓거리를 했는지, 밥 그릇 갖고 철문이나 쾅~ 쾅 때리고….

"독방에서는 물구나무섰다가, (고개를 숙여 들여다보며) 이렇게 식구통에다가, 같이 다 내밀고 같은 다 부류들이니까 책 보고 [통방해서] 토론하고."

또 거기서도 박영진 열사가 돌아가셨뿐지 가지고, [박영진 열사가] 우리 노조 사무실에 한 번 왔더라고요. 딱 한 번 본 기억밖에 없어. 쫌 까무잡잡 해 가지고. 거기서들(감옥에서) 또 "추모를 해야 된다" 그래 또 내가 추모사를 써 가지고 낭독하려고. 전경이 '충성' 하고 교대를 하잖아? 근데 그 전경이 양심적인 전경인 거야. 내가 그 항소를 쓰러 가면, 만능노트라고 주는데, 지금 보면 애들 장난감 있잖아? (오른손에 잡고 왼손으로 허공에 쓰고 지우며) 쓱~ 쓰고, 이렇게 하면 지워지고. 그런 만능노트라고 있는데, 근데 추모사를 쓰려면 그거 하나 갖고 지워지면 안 되지. 내가 머리통이 좋은 것도 아니고 써 갖고 읽어야 될 꺼, 아녀, 허어~. 항소를 쓰고 나면 볼펜을 다 압수해 가요. 그래서 전경에게 "아자씨, 이왕이면 볼펜을 좀 놔두고 갔으면 좋겠네요." 그러니까 볼펜심만 10개를, 주면 들통나면 지도 아웃되니까, 볼펜심을 10개를, 그 책상 밑에다 쓰는 척해 갖고, 내가 누구여, (몸을 좌우로 흔들며 웃으며) 빤스 속에다 갖구 와 버렸지, 허어~. [독방으로 돌아올 때] 팬티 속까지 뒤지나, 안 뒤지지. 겉옷만 그냥 훑어보지.

그래 갖고 그것을 다 각방마다 하나씩 줬더니, 싸가지 없는 것들, 들켜 버렸네, 또. 잘 숨겨 놓고 써야지. (어이 없어 하며) 아휴~ 결국은 우리 방까지 뒤지는데, 내가 또 숨키는 건 도사 아니유? 창문 바로 밑에 골같이 파인 데다 쏙~ 놓으면, 지가 그걸 어떻게 알 꺼여. 연필심 집어 넣어 갖고 핀으로 딱 빼면 되는데. 나만 안 들키고 다 들켰잖여, 허어~. 그래 갖고 박영진 열사 추모사를 썼지….

사람들이 참 많이 도와줬죠, 빵 안에서. 동지적인 입장 하나라는 이유만으로. 우리 엄마가 전라도 나주니까 영등포에 있을 때는 그래도 오기는 편했지, (어두운 표정으로) 의정부 [면회] 와 가지구 기절해 버렸잖어, 멀미가 원체 심한 데다가.

(구속되자 부모님들이 많이 놀라셨겠네요?) 내가 노동조합 만들기 전에 우리 아버지가 돌아가셨어요. 근데 이제 우리 아버지가 돌아가셔서…. 83년도엔가 아버지가 암으로 돌아가셨어요. 그때 당시만 해도 집안 상황이 논밭도 살 정도의 그러한 수준이었는데, 아버지가 암이어서, 다시 모아 놓은 재산을, 병원비, 수술비 이렇게 탕진하면

서 돌아가셨죠. 그런데 [아버지가] 돌아가시고 나서, 1년인가 있다가 내가 구속이 되었어요. 긍께, 우리 엄마가 [상태가 좋지 않죠]… 그래도 우리 엄마가 의식이 상당히 깨어 있는 것이 뭐냐면, 우리 엄마가 [사시는 곳이] 우리 외가 동네라고 그랬잖아요? 근데 시골에서는 우체국이나 이런 는 게 정부 꺼잖아요? (확인하면서) 그죠잉? 근데 우리 시골우체국은 사립이에요. 개인이 직접 짓고, 개인이 운영했던 거라고. 그 우체국장이 4 · 19혁명 때 참석했던 사람이었고, 배웠던 분이에요. 먼 친척뻘 되는 오빠인데. 인제 내가 구속이 되었다고 하니까, [그 사실을] 엄마한테 숨겼어요. 그게 인제 우체국으로 연락이 올 게 아니겠어요? 우체국 도움을 많이 받았죠, 우리가 살면서는, 우리가 어려울 때는. 인제 오빠뻘 되는데, 원체 나이가 많다 보니까, 쉽게 말해서 '아제'라고 부르죠. 그분이 많이 배웠죠, 우체국장 개인으로 할 정도면. 그리고 [동네] 조합장이라든지 그분들이 다 [우리] 친척 분들이었어요. 그때 강씨 씨족사회에서도 [우리] 집안이 튼튼한 분들이라.

근데 깜방에 딱 갔다고 그러는데, [우체국장이] 엄마한테는 숨겼어요. 그러니께 엄마는 몰랐죠. 시골 경찰서 사람들이, 그러니께 지서라 그러죠, 잉? 지서 사람들이 자꾸 들락날락 그러는데 뭔일 있는 거 같긴 하는데, 말은 안 해길래, 엄마가 우체국장한테 갔다 그러더라구요. "아제, 아무래도 명자한테 뭔 일이 있는 거 같은데, 뭔 일인지는 모르겠는디, 이렇게 야기라도 좀 자세히 해 달라"고 그러니까 우체국장이 우리 큰외삼춘한테 경비를 주시면서 나에 대한 조사를 하고 오랬대요. "올라가서 명자가 뭔 지랄을 하고 있는지 가서 보고 오라"고. 긍께 정확한 상황을 듣기 이전에는 우체국장이 엄마한테 말을 안 했던 거예요. 우체국장이 말을 안 하다 보니깐, 서울에서 [소식] 오기만 기다렸죠.

근데 [내가] 면회가 안 됐던 거예요. 외삼춘이다 보니까, 직계가 아니다 보니까. 그리고 나서 우체국장이 "명자가 나쁜 짓 해서 구속된 게 아니라, 이렇게 저렇게 해서 구속이 됐다 카요, 아짐. 걱정하지 말고 그렇게 알고 있으쇼" 하니께.

… 나 조사를 가니께로, 누가 누가 면회를 올 수 있는지를 부르라고 하더라고… 외사촌 오빠 이름을 적어 넣고, 또 엄마 이름을 적고, 이모 이름 적고 이랬더니, 내가 적는 분만 면회가 되더라고. 그래서 엄마가 [외사촌] 오빠한테 먼저 가 보라 그랬대요. 그랬더니 이놈의 인간이, 우리 엄마가 돈 백만 원이나 줬다는데, 그때 당시 홀~랑 다 처먹어 버렸네, 글씨 ~, 허어~. 사촌오빠가 성균관대 법대를 다녔어요. 우리만 못 살죠, 지금도. 외가집 오빠들은 다 대학 나오고 이랬으니까. 그 오빠가 법대를 다녔는데, "이××놈이 법대를 똑바로 다니야 되는데, 아주 개뿌닥지나," 아유~ 변호사 밥 사주고 우리 엄마가 돈 준다고 판사한테 찾아가 가지고 염병지랄 떨었네. 그 사람들한테 날 내보내 달라구 하면 내보내 주겄어?

허어~. [나중에] 시골에 가서도 많이 싸워요, 그 오빠하구도. 나보고 정신 차리고 살으라고요, "너 그렇게 맨날 지져대고 외치고 살아 봐도 너만 다친다" 구.

그니께 우리 엄마가 [면회] 오셔 가지고 솜바지, 솜옷 이렇게 다~ 넣[어] 주시면서, 딱 한마디 하시더라고, 나한테. "언젠가는 얼굴 맞대고 이야기할 날이 있지. 니가 거기서 디질 거냐?", 허어~. 내 친구들이 다 놀래잖어, 우리 엄마 보구. 그리고 "필요한 것이 뭐냐", 그래서 "엄마 아무것도 필요 없어, 언능 가~ 오지 마, 추운께." … 그런데 우리 엄마가 주는 영치금, 돈을 못 썼어요. 왜냐면 나와서 쓸 걸 계산을 하다 보니까, 그런 영치금을 쓸 수가 없더라구, 그 안에서두. 나와서 누가 나 돈 줘요? 그잖아요~잉? 그래서 여름이 가고 봄이 가고, 가을이 가고 겨울이 가고, 사계절을 다 겪죠. 근데 엄마가 나 때문에 빚을 많이 졌다고 하더라고요. 올라올 경비 해야지, 겨울에는 일도 없는데. 올라올 때마다 돈 2만 원씩 넣어 줘야 되지. 영치금이 그때 한 도액이 2만 원이었는데. 글고 또 빵 사줘야지, 허어~. 막 이런 걸 하니까.

"그니께 우리 엄마가 [면회] 오셔 가지고 솜바지, 솜 옷 이렇게 다~ 넣[어] 주시면서, 딱 한마디 하시더라고, 나한테. '언젠가는 얼굴 맞대고 이야기할 날이 있지. 니가 거기서 디질 거냐?'"

… 내가 빵에 나왔을 때 11만 원을 갖고 나왔어요. 종민이 언니가 그러더라구요. 나같이 지독한 여자 없었다구. 돈 한 번도 안 넣어 주고 최고 미안하대요. 다른 친구들은 돈도 잘 들어오고, 사먹는 것도 잘 사먹는디. 또 내가 뺀순이 기질이 있어 가지고, 뺀순이 기질이. 옆에 있는 애가 숙대 출신인데. 자기 아버지가 무슨 책방을 한다나? 아무튼 걔~는 사식도 잘 들어오고 돈~도 잘 들어와. 그래서, "야! 뭐 하냐, 너 빵 있으면 빵 좀 줘라." 그래서 빵 먹고.

서울노동운동연합[17] 활동을 하다

(서노련 활동은 어떻게 한 거죠?) 내가 막 [감옥에서] 나오니까, 초롱이 아빠하고 영자가, 우리 이모하고 셋이서 마중을 나왔더라고. 우리 엄마는 시골에서 못 올라오고.

17 서울노동운동연합(이하 서노련)은 1985년 결성된 노동운동단체이다. 서노련은 『서노련신문』을 발간했고, 노동자들에 대한 정치선동을 수행하면서 지역소모임을 통해 노동자들을 정치의식화하고자 했다.

이모는 이모 집으로 가시고, 나는 한배 형 집으로 갔지. 가니까 강순이랑 대우[어패럴] 애들이 많이 있더라고. 그러면서 거의 대우 애들이 서노련에 있어서, 내가 (오른손을 좌우로 흔들며) 다른 사람들, 제헌의회라든지 NL이라든지 접촉할 그런 시기는 없었어요. 누가 나한테 오지도 않고. 유일하게 왔던 친구가 박경희라고 왔었었는데, 걔는 NL-PD하고 무슨 제헌의회[18]가 있는데. 그래서 준이언니 그쪽으로(제헌의회로) 가고 나는 서노련으로 남아서 가 보자마자, 뭐. 제대로 알지도 못하고. 5월 1일 광명시에서…. 메이데이 싸움에 동참하고 또 있으니까 5 · 3 인천 거기에 (5 · 3 인천항쟁) 참여해 싸움하다가, 쫌 있으니까 6월 24일 날 1주년 기념행사(구로동맹파업 1주년 기념행사) 준비하다가 진짜 바쁘게 [지냈지], 알면서 그렇게 했는지, 허어~. 참, 바쁘게.

(집회나 행사 참여했던 과정이 구체적으로 어땠나요?)… [1986년] 4월 달에 나왔는데, 나온 지 얼마 안 돼서 5월 메이데이가 있었어요. 철산 지역에. 그래 갖고 찌라시 뿌리고, 싸움하고 그때 처음으로 5월 1일 메이데이 알리고, 막, 그럴 때일 거예요. 그때 싸움에 동참했는데, 큰일 날 뻔 했어요. 막~ 뛰니까 경찰 놈들이 (오른손가락을 내밀며) 뛰는 놈 잡아가지, 전경들이 뛰는 놈 잡아가지, 서 있는 놈은 안 잡어. 멍청하니 가만 서 있는 게 낫더라구, 버스정류장에. 나같이 촌스럽게 생긴 애를 누가 잡아가겠어. 뛰는 놈만 잡아가지. 그때 철산리가 한배 형 집인데, 잠깐 머물렀다가 막 나왔어.

(갑자기 생각나서) 아, 그 얘기해야 되겠다. 감옥에서 나오니… 서노련에 소속이 되어 있데. 그래 가지고선 (구로

18 1980년대 중반 들어 노동운동진영은 한국 사회 성격과 사회변혁 성격을 둘러싸고 논쟁이 전개됐다. 이들은 전개된 논쟁의 주체들이다. NL(nation liberty)은 한국 사회를 식민지 사회로 인식, 미국 제국주의를 물리치는 것을 운동의 당면과제로 인식했으며, PD(people democracy)은 자본주의가 고도로 발전된 사회로 인식, 독재정권의 타도를 당면 과제로 인식했다. 제헌의회 그룹은 낙후한 자본주의 사회로 인식, 독재정권의 타도로 자본주의 발전과 민주주의 확보를 당면과제로 인식했다.

동맹파업)[19] 1주년행사를 했어요. 6 · 24였던가? (오른손 검지로 허공에 글씨를 쓰며) 6 · 24. 1주년 행사를 했어, 잉. 그때 문수 형 비서 까치 형하고 장미 언니하고, 나하고 우리 신랑하고 넷이서 구연투(구로연대투쟁) 1주년 행사를 하는데, 우리 신랑이 하다말고 시골로, 자기 집으로 가 버리고. 남은 셋이서 하다가, 1주년 행사를 영등포 산선에서 했죠. 거기를 가 갖고 집회를 하는 도중에 잠깐 나왔는데, 정보과 형사가 내 아는 언니하고 비슷한 사람에게, 그 사람 이름을 잘 모르는데, 그때는 가명을 많이 썼잖아요~? 나하고 비슷하게 생겼으니까 "강명자가 아니냐"고 물어보데, 나는 바로 옆에 있는데. 그 길로 토껴 버렸잖아(도망쳤잖아), 수원으로. 집회 끝나기도 전에. 그래 [감옥에] 안 들어갔죠.

그~래 가지고 또 서노련, (고개를 갸웃하며) 윤연숙인가? 그 편집부장, 긍께 그 재판하러 갔을 때, 나 잡으러 일개 중대가 와 버렸잖어. 그때는 뭐가 그렇게 의기양양을 했는지…. 검사가 서노련 간부 지적을 막 하면서, "『노동자 신문』이 빨갱이다." 그때 서노련에서 『노동자 신문』을 만들고 있었는데, "빨갱이다"라고 그러길래, 이 주둥아리가 가만히 있어야 하는데, 내가 그때 옷을 만들고 있으니깐, (오른손으로 삿대질을 하며, 화난 표정으로) "당신이 말하는 빨갱이가, 흔히 말하는 노동자인데, 노동자가 옷을 만드는데, 빨갱이가 만드는 옷을 입는 당신은 도대체 누구냐고~? 빨갱이가 만든 옷을 입는 당신은 도대체 누구냐고~?" 그랬더니 검사가 바로 뒷사람한테 뭐라고 수군대더니 일개 중대가 와 버렸대.

그래 갖고 내가 누구 때문에 안 잡혀갔는 줄 알어? 그

"메이데이 싸움에 동참하고 또 있으니까 5 · 3 인천 거기에(5 · 3 인천항쟁) 참여해 싸움하다가, 쫌 있으니까 6월 24일 날 1주년 기념행사(구로동맹파업 1주년 기념행사) 준비하다가 진짜 바쁘게 [지냈지]"

19 1985년 6월 22일 대우어패럴 노조간부 3인이 구속되자, 6월 24일 구로공단의 민주노조들은 동맹파업으로, 민주화 운동세력은 지지투쟁을 벌였다. 이들은 '구속자 석방, 노동부장관퇴진, 악법철폐'를 주장하며 정부의 노동운동탄압에 맞서 6일간 투쟁했다.

날, 구속자가족협의회 엄마들이, 지금 생각해 보면 누구냐면, 종민이 언니하고 또 난영이 언니라구, 그날 재판과정을 보러 왔었어요. 그때 누가 있었었냐면 이상수 변호사가 있었어요. 그래 가지구선 어~매나 일개 중대가 왔는데, 이제 "구속영장 내놔라, 데리고 가려면." 엄마들이 뒤에 싸여 있고. 방청객에도 친구들, 동기들이 있으니까 쉽게 못 데리고 가죠. 이때 [경찰들이 나를] 내놓으라 그러니까 변호사들도 있고 그래 가지고 여차~ 여~차에서 변호사 사무실까지 갔어요. 어~마, 그 싸가지 없는 것들이 [집에] 가야 되는데, [사무실] 밑에서 지키고 있네. 그래 어떻게 할 것이여? 이상수 변호사 사무실에서. 사무직원이 있드마, 사무 보는 여자. 그 여자 옷하고 내 옷하고 갈아입은 거야. 바꿔 입고. 변호사 사무실 서류, 그거 들고, 또 [옆에 드는 모습으로] 이렇게 가방 들고, 비서처럼 해 갖고 이상수 변호사가 지 자가용으로 국회의사당에 날 내려다 놔부렀잖어, 허어~. 그래 갖고 안 잡힌 거야. 잘못했으면 잡혔지, 뭐~, 허어~.

현장활동을 하기 위해 남창에 입사하다

그렇게 끝나고 나서, 대림동에 있는 남창이라는 데를 갔어요. 근데 거기는 서광, 삼성, 제일모직, 이런 대기업들의 하청공장, 긍께로 (왼손 엄지손가락을 꼽으며) 제1공장으로 알아주는 남방, 와이셔츠 공장이더라구. 근데 거기는 근로조건이 좋았어요.

(인원은 몇 명 정도 되죠?) 한 2백 명 정도 되나? 우리

조합원 하나가, 민상기라고 있는데, 대림역 그 회사 앞에다가 구두딱이 일을 했어. 우리 애 아빠가 돈을 해 줘서, [민상기가] 근데 거기는(남창은) 야근도 안 하고 일찍 끝나고 좋~데. 의외로 진짜로 야근을 안 해요. 6시 40분에 끝나고, 나 들어갈 때만 해도. 대신 안 좋은 것이 딱 하나 있네. 이놈~의 회사는 점심을 안 주네. [노동자들이] 도시락싸 갖고 오고, 각자 해결하는 거예요. 그리고 야근을 하게 되면 밥을 안 주고 빵하고 우유를 주네. 단지 일찍 끝난다라는 이유 하나만으로, 6시 40분에 끝난다는 이유 하나만 [좋은 것]이야. 대신 또 점심시간이 또 짧네. (흥분해서 목소리를 높이며) 그렇게 계산을 따지고 보면 [다른 공장이랑] 똑같은 거야. 그래 가지구선 나 들어가 있는데, 내 소개로 친구(지금의 남편) 들어왔어요, 재단실로. 그리고 또 우리 조합원 하나가 들어왔어. 아~ 이놈의 인간이 들어오니까는 일 복이 있는가, 그놈의 인간 들어오고 나서부터는 날이면 날마다 또 야근하네.

그런 와중에, 내가 탄로났어요. 우리 조합원(대우어패럴 출신 노동자) 하나 있는데, 그 친구가 회사한테 찔렀어 "대우어패럴 출신이고, 싸웠다, 깜방까지 갔다 왔다"고 찔러 가지구서, 이제 불려갔지. [회사에서는] "1달 월급을 미리 주고, 3개월치 [더] 줄 테니 그만둬라" 나는 "못 그만둔다" 고 그랬지. 그리고 인제 들통이 났으니까 싸~워야 될 꺼 아니에요? 그래서 근로조건을 내세운 게, (오른손 엄지를 꼽으며) '점심밥 주기', (오른손 검지를 꼽으며) 그리고 '야근하면 밥 주기'가 가장 기본적으로 해결해야 할 부분이지. 이 부분 가지고 싸우니까 전체가 다 호응하네. 딱 5시가 되니까 내가 미싱 다이(대)로 올라갔지. 방구 한 번 뀌

"우리 조합원(대우어패럴 출신 노동자) 하나 있는데, 그 친구가 회사한테 찔렀어 "대우어패럴 출신이고, 싸웠다, 깜방까지 갔다 왔다" 고 찔러 가지구서, 이제 불려갔지.[회사에서는] '1달 월급을 미리 주고, 3개월치 [더] 줄 테니 그만둬라' 나는 '못 그만둔다' 고 그랬지."

고 올라가서, 찌라시(선전물) 뿌리고 우리 친구(남편)랑, 경연이랑 유인물 뿌리고. 내가 다이에 올라가서, "여러분 단지 6시 40분에 끝난다라는 것은 우리가 그마만큼 점심시간을 단축하는 거뿐이고," (흥분해서) 그잖아요 잉? 30분이 점심시간인데, 그죠, 잉? "점심시간 단축하는 거뿐이고, 일찍 끝난다는 건 회사에서 우리를 [위해] 베풀고 이런 게 아니다. 그렇다면 점심도 알아서 해결한다라고 하는데, 여러분, 누가 요즘 점심 먹고 일하는 사람 어딨냐?, 내 주변에 다 빵 먹고 우유 먹고 이러더라. 더군다나 야근하면 또 빵 먹고 우유 먹고 이러는데, 우리 몸 축나면 나이 먹고 병들면, 이 책임은 누가 질 것이냐"고, 그때는 한 번 싸우면 가락꾸가(경험이) 있으니까는 당당하게 싸웠지, 다 문 닫고, 회사 반장들 3명만 안 나오고, 다 나왔어요. "조기 퇴근하자, 우리 야근 안 하겠다. 우리들의 자유시간이다. 열심히 하고픈 사람, 야근하고픈 사람은 야근하고, 우리와 같이 싸움에 동참하고 싶다면 동참을 해라." 그러니까 다 동참을 했는데, 사전에 그때도 동생들하고 어울려 다니고 놀고, 그런 애들이 많았응께로. 내가 단지 가 가지고 싸움만 했으면 따랐겠어요? 그런 연대관계, 유대관계가 있고, 우리 집에 와서 돈 들어가는 밥해 주고, 내가 별 짓거리 다 하지. 월급 타면 밥 사주고, 뭐 사주고. 우리 집 와서는 또 친구(남편)가 자취방에서 기타 가르치고 그랬지. 그래 가지구서 조기퇴근을 며칠을 했어요, 계속. 다 호응을 하니까, 회사에서는 안 좋게 본 거지. 그러면서 부르더라고, 식당 차려서 "야근시간에 밥 주겠다" 하더라구….

그러고 있는 상황 속에서 한~ ~참 시청에서 싸웠어요. 민주화 바람이 불고 싸움이. 한~참 싸울 땐데 우리들은 이름이 나지 않는 거죠. 거리에 나서 싸우고 이럴 땐데, 이~런 말이 돌았어. "노태우가 6 · 29 계엄령을 때릴 거다"라는 말이 돌았어. 그래서 "수습을 잘해야 된다"고, 그런 말이 돌았대니까. 전두환이가 노태우한테 [정권을] 주면서 "계엄령을 때릴 거다"란 말을 들었어요. 계엄령 때리면, 그 상황 속에서 끌려가면 땡이지. 그래도 그 지역에서는 돈 많이 벌고 알아주는 기업이었는데. 그래 가지구 내가 협상할 적에 1달 월급 주고, 3개월치 월급 준다니까…. 받고 나와 버렸지. 그리고 나니까 계엄령은 무슨 계엄령? 땡이두만(아니구먼). 허~어~. 계속 노조라도 만들었지. 그래서 그 상황에서 그걸로 끝이야, 이제.

서광에서 블랙리스트로 쫓겨나고, 생활인으로 돌아가다

(남창에서 나와서 다시 어느 회사로 갔나요?) 서광에 재취업하게 됐어. 3공단에 있는 거…. 그때는 내가 케이스가 좋았어요. 우리 집 주인이 서광 끗~발 있는 사람이었어. 아주 큰 데니까. "아, 걱정하지 말라"는 거예요, 자기 이력서만 있으면 되니까. 주인이 나라는 사람이 운동하고 그런 거 모르는 거예요. 그냥 평범한, 하아~, 여성, 이렇게 보다가, 에이(A)급 미싱사로 가니까, 마침 [미싱사가] 딸리고(부족하고) 그러니까는 원래 면접을 10시부터 보는데, 서광이 8시 반인가 일을 시작하더라고. 그래 나는 [주인하고] 같이 출근했어요. 라인에서 신나게 1, 2시간 일을 하고 있는데, (고개를 갸웃하며) 그 주임인가가 나보고 내려와서

가재, 같이 가자구 그러더라구. 다 ~면접이 끝났어. 일부 갈 사람들은 가고, 일할 사람들은 남아 있는데…. 나를 별도로 어디로, 사무실로 데리고 가데. 그러더만 높은 사람 책상에는 고무 판데기가 이렇게 있더라구. 그 밑에다 내 이력서를 딱 집어넣어 놨드라구. 그때 내가 대우[어패럴]로 안 쓰고, 남창도 안 쓰고, 그냥 진한섬유 이미 없어져 버렸으니깐. 근신도 아예 없어져 버렸잖아? 고거만 썼지. (왼손에 서류를 들고 쳐다보는 모습으로) 따~악 보더니, "인원 다 찼다. 안 되겠는데요" 이래. 주임이 속도 모르고 "아, 일 잘하던데요, 그냥 씁시다~" 막 이러니까, "강명자 씨 대우(어패럴)에 있었죠?" 딱, 그 말 하고선 "죄송하다" 고, 그냥 이력서 줘 버리데. 나는 그때 말로만 블랙리스트 그랬는데, 처음으로 경험을 했잖아요.

"'강명자 씨 대우(어패럴)에 있었죠?' 딱, 그 말 하고선 '죄송하다' 고, 그냥 이력서 줘 버리대. 나는 그때 말로만 블랙리스트 그랬는데, 처음으로 경험을 했잖아요."

내가 서광을, 큰 회사고 쪼그만 데 다니는 것보다 낫다 싶어서 갔는데, 좋아서~. "신랑 뭐하냐?" 그러길래 거짓말로 "목공소 다닌다" 고 갔는데. 이 3공단 다리 있죠? (오른손으로 등근 모양을 그리며) 다리 있어요, 이 고가다리. [거기서] 한없이 울었잖여~, 내가. 그러면서 다짐을 하기를, "다~시는 비참함을 내 스스로한테 안 보일라면, 큰 회사를 다시는 들어가지 말자." 그랬어요. "다~시는 들어가지 말자" 라고. 하고 간 게 어디냐, 쪼그만 한 하청공장, 하하~. 쪼그만 한 공단 주변의 하청공장, 가리봉에서 살았으니까. 니트 공장 들어갔어요. 거기서 2년 넘게 하다가, 그때부터 공장을 차렸죠.

…그러다가 이제 묻혀서 지금까지 산 거 같애요. 서광 가서 큰 회사에 들어가 볼려다가 못 가고 좌절감을 느끼고. 그러면서 어떻게 운동성향도, 사람들도 못 만나게

되었고. [사람들이] 구속되고 없고 그러면서 자연스럽게 [운동을] 안 하다가…. 첨(처음) 애 낳고 살아도 민중당 때, 그때 우리 가리봉 지역에 누군가 나선다고 해서 사람들을 모아 주고 다과회처럼 만들어 주고, 그런 역할들은 했던 것 같애. 했지. 동네 아줌마들 모아 놔서…. 그러면서 참~ 기억이 나. 한동안 소외당하는 느낌들 있잖아? 사람들은 내가 알고 지냈던 사람들은, 운동하고 지냈던 그런 인맥들을 하나도 못 만나고, 혼자 동떨어진 듯한 느낌들 있잖아? 그런 소외감. 이런 것들이 좀 컸구, 음 그때는 힘들고 외롭고. 그러면서 동네 사람들하고 아줌마들하고 어울리면서 자연스럽게 그쪽으로 빠져들게 되었던 거 같애…. 그렇게 아예 사람들 안 만나면서. 긍께, 또 다른 세상이 있는 거야. 그때는 노동조합 뭐고 이렇게 하다가, 이제는 다른 사람들 만나면서 우연찮게 고스톱을 배우게 되면서 일반 사람들하고 어울리면서…. 그런 옛 생각들, 기억들 잃어버리면서 일상생활에서 살았어.

"서광 가서 큰 회사에 들어가 볼려다가 못 가고 좌절감을 느끼고, 그러면서 어떻게 운동성향도, 사람들도 못 만나게 되었고, [사람들이] 구속되고 없고 그러면서 자연스럽게 [운동을] 안 하다가"

(운동을 정리하는 과정에서 갈등하고 고민하지 않았나요?) (기억을 더듬으며) 갈등하고 고민은 처음 할 때부터, 긍께, 초롱이 아빠랑 살 때부터도 많이 싸웠던 시기야, 나하고 초롱이 아빠하고. 긍께로 내가 열망이 있고 열정이 있던 거구, 초롱이 아빠는 차단할려고 하는 거구. 이런 갈등 속에서 자연스럽게 초롱이 아빠 입장을 따라가게 된 거 같애.

대우어패럴 동료와 동거 생활, 그리고 결혼을 하다

(어떻게 결혼하게 됐어요?)… 애 아빠는 자취를 하고 있을 때고, 우리 엄마가 시골에서 쌀을 갖고 왔어. 자식들한테는 아주 지극정성이야. 신랑을 줬지, 자취하니까 먹으라고. 시골에서 좋은 쌀이잖아요? 그랬더니 "야, 계약결혼이나 하지", 개~똥~ 같은 소리. 그래 [내가] "야, 말도 안 되는 소리 하지 마라." 응 그때 당시 [신랑이] 그랬어. "살다가 맘이 맞으면 살고, 안 맞으면 헤어지자"라고 그랬어. (웃으면서) 에잉? 그런 말이 와 닿진 않지, 그때는 깜방에 갔다 오고 의기양양 했었으니까, 내 인생이 운동이야, 이성관이나 그런 결혼관이 없었어요. 그리고 계속 활동을 했었던 거지. 현장활동도 하고.

"나 자취하고 있는데, 지금 애 아빠가 와 가지고 술을 이빠이(잔뜩) 먹고 왔더라고, 원래 술을 잘 못 먹는데. 술을 안 먹는 사람이야. (목소리를 높이며) 엉겹결에 자 갖고 지금까지 산다니깐요."

결혼은 긍께 연애감정이 있고, 설레임이 있고, 이런 게 있어야 되는데, 어 진짜 없었어요, 우리는… (고개를 좌우로 흔들며) 안 사귔어요. 나 자취하고 있는데, 지금 애 아빠가 와 가지고 술을 이빠이(잔뜩) 먹고 왔더라고, 원래 술을 잘 못 먹는데. 술을 안 먹는 사람이야. (목소리를 높이며) 엉겹결에 자 갖고 지금까지 산다니깐요. 아, 그러고 가면서 이놈의 인간이 팬티를 놓고 갔네. (양손에 팬티를 든 모습으로) 요~ 팬티를 들고서 빨아야 되나, 말아야 되나, 수돗가에 앉아서 그거 고민해 본 사람 있어요? 나는 그거 고민한 사람이에요. 이걸 빨아야 되나, 말아야 되나. 아, 일 갔다 오니까는 [팬티가] 없어졌어. (고개를 갸웃하며) 그래서 "안 올려나 부다. 그런데 이 인간이 왜 그랬을까." 근데 우리 신랑은 나보고 자기 술김에 내가 따 먹었다고 그려~, 하아~, 친구들한테. 그때는 잠을 잤다고 할 수도 있는 게, 나는 술을 안 먹었으니 생생하지. (마음이 있으니까 잔 거 아니에요?) (웃으면서) 그렇겠지. 그러니까 지금까지 살았겠지….(그게 언제죠?) (손가락으로 연도를 꼽아 보며) 89년 돈가 88년돈가, 내가 3년 있다가 애를 낳으니까, 88년도. 맞어. 우리 신랑이 맨날 쌍팔년이라 불렀어, 쌍팔년. 하하~. [자고서는] 동거를 했죠, 쭉~, 그니까 그렇게 하룻밤을 지내고선 계속 안 가더라고요, 가라고 해도.

진짜 처음 살 때는 못 살겠어요. 안 맞아서. 왜냐면 비록 운동을 하다가 살지만, 가지고 있던 의~식들이 있을 거 아녜요? 같이 가사 노동도 분담을 해야 하는데도, (강한 목소리로) 일~~체 안 하지. 그러고 배려 안 하고 자기 중심적이지.

"오냐, 오냐" 막둥이로만 그렇게 키워서, 자기밖에 모르고, 지금도 마찬가지야, 자기밖에 모르고. 오죽했으면 내가 처음 살 때 1주일 동안 빨래를 안 해 줘 봤어. 양말 신을 게 없잖아, 잉? 그래서 신을 게 없으면 빨아서 신지 싶어서, 그런데 있잖아요? 그것을(신은 양말) 갖다가 쓰레기통에다 집어넣고요, 다시 사 와요. 그래서 내가 져 가지고, 빨아 줬죠. 그날부터 [내가] 깨갱깨갱이여. 내가 보따리 싸 갖고 나갔어. (오른손을 저으며) 도저히 못 살겠어. 살다가 도저히 못 살겠어서, 친구 집에를 갔더니, 인자, 같은 대우의 친구들이 내 친구들이면서도 애 아빠 친구들이잖아요? 내가 있으믄, [남편이] 창문에 서 있다 못 들어오고, 가고 또 오고. 그래도 사는 게 몇 개월 되다 보니까, 이놈의 정이 붙었나~, 또 그런 모습이 처량하니까 안됐기도 하고. 그래 갖고 내가 집을 갔지. 또, 그냥 가기 억울하니까, 방을 같이 얻었어, 전세를.

어마야, 지금까지 지 돈 번 것도 없어, 내가 벌었지. 어~유, 방세 반 달라니까 안~ 주네. 또~ 못 먹는 깡소주를 먹더니 울고불고 난리네, 인자, 또. 아~휴~ 그래서 도로 산겨…. 그 후 내가 운동에 노선이 없고 피해의식에 젖다 보니까, 좀 맞춰서 살다 보니까 이렇게 온 거 같애. 긍께 나한테도 문제가 많지….

그러니깐 내가 지금은 내 딸들한테도 그렇고, 누구한테도 그렇고, 동반자를 만나게 되면 삶의 방향이 같아라, 구체적으로 내가 원하는 이상형이 어떤 건지[가지라고 해요]. 나도 내 결혼상이 있었어야 될 꺼 아니에요? (오른손을 흔들며) 근데 그게 없었던 거예요, 둘 다가. 그러한 감들이. (오른손가락을 하나씩 꼽으며) 나는 이 다음에 결혼을 하면 어떻게 살 것이고, 어떠한 남성을 원할 것이고, 어떻게 살아야 되겠다라는 그러한 것들을 안고 살아야 되는데, 그런 게 없다 보니까.

"(결혼식은 언제 했어요?) 우리 작은 애, 3살 때, (97년) 결혼한 지 얼마 안 됐죠. 그러니까 지금 한 5~6년밖에 안 됐을 걸요…."

(결혼식은 언제 했어요?) 우리 작은 애, 3살 때, (97년) 결혼한 지 얼마 안 됐죠. 그러니까 지금 한 5~6년밖에 안 됐을 걸요…. 시숙이~ 이제나 저제나 여자가 있을까 해서 기달렸다가. 시숙이 눈이 안 좋아요. 장애인이지. 혹시나 하는 마음에 [시숙을] 장가를 보내 볼까, 중국 여자도 데리고 와 보고. [시댁은] 전주인데…. 우리 신랑이 깜방(감옥) 들어가, 우리 시어머니가 놀래 가지구 아들 옆에 둔다고 수원으로 이사 왔죠. 그~것도 있지만, 우리 어머니께서 사주를 [보셨는데], 내가 그놈의 점쟁이가 정말 똑똑하다고 했어, "결혼을 늦게 하면 잘산다"고 그랬대요. 그것이 우리 어머니가 머리에 박혀 있는가, 큰아들 마음에

걸려서 그냥 할 말이 없어서 그런 건지, 그래서 결혼식을 늦게 했어요. 우리 엄마 아니었음 더 안 했을 거예요. 우리 엄마가 (입을 크게 벌려 말하며) 시댁에다가 그~냥 난리 쳐 갖고 "애들 낳아 놓고, 지금 남의 딸 데리꼬 가 갖고 뭐 하는 거냐"고. 하아~, 우리 엄마가 우겨 가지고 결혼식도 한 거예요. 결혼식도 그냥 우왕좌왕 대우[어패럴] 애들이나 좀 오고.

(시댁은 친척이 많나요?)… 우리 신랑이 아버지 얼굴도 몰라요. 백일도 안 돼서 시아버지가 돌아가셔 가지구. (안스러워하며) 우리 어머님이, 어~, 서른에 혼자 되셨대요. 긍께 ,내가 우리 어머니 여름에 등밀어 달라면, 우리 어머니 젖 한 번 딱~딱 만지다가, "아구, 어머니 내 젖보다 더 탱탱하네", 하허~. 그러면서 "아유, 어머니 일찌감치 그냥 재혼이나 해 버리죠" 그럼 시어머니가 "야 봐라 자식 나두고 어떻게 재혼한다냐." 내가 "엄니 난 그러면 째까닥(바로) 가 버릴 꺼야." 하어~. 그랬더니 우리 어머니, "너~ 애들이 둘 있는데, 근데 아를 어떻게 나두고 가냐"는 거요. 그래 이날 평생을 이 자식만 보고 사는 거야…. 시숙 위에 딸 둘. 그런데 [아들] 하나는 눈이 그러니까, 이~ 아들만(남편) 금이야~ 옥이야 ~[키운 거야], 그렇게 공부를 잘했대요, 키가 좀 작아서 그렇지. 그래 갖고 전교에서 10등 안에도 들고, 육사를 보낼려 그랬더니, 이놈의 키가 난쟁이 똥자루만해 가지구, 육사는 신체조건이 돼야 되는데, 그래 신랑이 일찌감치 어머니 보고 자기가 공고를 [간다고]. 지금 신랑도 나한테 그러더라구요. "누군가가 옆에서 좋은 사람 만나서 방향조절만 했어도, 대학이라도 가서, 야간대학이라도 가서 공부도 하고 그럴 건데, 아~무도

자기 진로에 대해서 고민하거나 상담하는 사람이 없었다" 고 그래요. 긍께, 신랑이 상당히 소극적이지. 학교 다닐 때 손을 들고 "저요!" 소리를 한 번 못해 봤대요. 왜냐면 너무 가난한 데다가, 주변 사람 없고, 형은 눈이 안 보이고 이러니까, 그러니까 위축된 데다가, 그렇게 소심하게 컸어요. 지금도 어떻게 보면 노동운동 하면서 변했어도, 기본 천성이 있더라고요, 응 기본 천성이.

…결국은 [시댁이] 며느리가 하나여서, 내가 가서 우리 시댁 제사를, 시아버지를 딱 한 번 모셔요. 시댁에서는 연 40만 원씩을 내요, 회비. 우리 집안 식구들끼리지~. 아, 우리 서씨는 서자요, 신랑이 서자. 긍께 뭐냐면 우리 큰집은 김씨예요. 우리 시할머니가 옛날에 김씨한테 결혼을 했대요. 김씨 할아버지가 일찌감치 돌아가셨다네요. 근데 우리 시할머니가 참 예뻤대요. 그런데 이, 그 할머니가, 서씨 집안에 일을 하러 갔는데, 우리 할아버지가 60이 넘었는데, [시할머니를] 보쌈을 해 가 버렸다는 거예요. 너무 이쁘고 젊은 과부가 살고 있으니까. 보쌈해서 가 가지고 낳은 자식이 우리 아버님하고 고모 1분이 계셨는데, 2분 다 돌아가셔 버렸어. 그러니까는 할아버지가 60이 넘어서 난 자식이다 보니까, 할아버지도 돌아가셨을 거 아니에요? 60이 넘어서 우리 아버님을 낳았으니까.

그 집안이 알아주는 전주 시내의 명문 가는 부자였대요. 그러니까는 옛날 소작하는 이를 보쌈할 정도였으니까. 그러면서 옛날에 구루마[20] 있잖어? 말 구루마로 장작도 해서 파시고, 나무도 해서 파시고, 그때는 시골에 유성기라곤 우리 시댁밖에 없었대요, 이렇게 잘 나갔던 집안이었는데, (왼손 엄지손가락을 꼽으며) 이노무 시아버지께서 1년

20 수레, 달구지.

에 1번 와서 난 게 자식 하나 낳고, (왼손 검지손가락을 꼽으며) 2년에 1번 와서 난 게 자식 하나 낳고. 긍께 우리 [시]어머니가 우리 시아버님하고 살아 본 횟수는 2년도 안 된대. 산 횟수가. 우리 어머님 인생이, 삶이, (안쓰러워하며) 시어머니기 이전에 여자의 일생으로 보면 너무 불쌍하고, 안쓰럽고. 어떻게 보면 [시어머니가] 친정엄마보다 더 편해요.

제사는 김씨한테 가지, 할머니 제사만 지내러 가는 거예요. 할아버지는 서씨는 어디 가 있는지도 모르고, 본가는. 우리 김씨 할아버지한테는 갈 수 없는 거고. 긍께로 서씨 할머니 제사만 내가 가죠, 며느리가 나고, 우리 어머니는 못 가시니까. 그리고 김씨 할아버지, 우리 시할머니랑 같이 사셨던 분. 다른 김씨들은 많은데 그분들은 빼고, 제사 때만 가고. (턱을 흔들며) 그러니까는 시댁에도 없어, 식구가.

(친정은 친척이 많아요?) 친정 쪽은 많죠. 긍께 우리가 커서 그냥 안 찾아뵈서 그러는데, 우리 집은 족보도 다 있고 그렇거든요. 그래, 우리 어릴 때 보면, 씨족사회다 보니까는 강씨들 모임이 있어. 그럼 엄청나게 사람이 많아요. 시제[21] 지낸다고 하죠? 아버지가 언니 손잡고 시제 지내러도 가고, 우리가 크니까는, 오빠가 또 개망나니다 보니까 안 다니고, 성장하고 뿔뿔이 헤어지더마. (생각을 더듬으며) 사촌 작은 집에, 우리 엄마를 많이 도와주신 분들을 보면, 긍께, 본처 있고 후처 있고, 능력이 있으니까. 또 자식들도 다 대학까지 가르치고 방송국에 있고, 뭐 있고 다 그래요. 우리 집안만 개코닥지라니까(보잘것없다), 아주. 이제 우리는 모르는데 엄~마는 다니시죠. 누구 결혼식이다 하면

21 時祭, 철마다 지내는 종묘의 제사.

엄마가 다 하지, 엄마가 돌아가시게 되면 거의 [관계가] 끊어진다고 봐야죠. (큰오빠가) 그렇게 역할을 못하니까.

객공, 일당 객공, 하청공장에서 미싱하며 생활을 꾸리다

(서광 나와서 다른 데 취직했나요?) 그때는 객공 했죠. 회사 들어가서 일 대 일 작업했죠…. 나하고 신랑하고서 여러 팀들이서. 객공을 할 때, 욕도 많~이 얻어먹었어. 이게 소사장제도라고 해서 노동자를 분산시키는 건데, 회사에서 반 먹고 우리가 반 먹고. 대신에 가게세는 안 내고…. 사실 [객공도] 노동자야. 근데 객공을 하면, 전에는 내가 일했던 것들이 라인에 들어가서 부분적인 일을 했는데, 이 객공은 옷을 혼자서 다 만드는데, 돈을 내가 하는 만큼 먹는 거야. 이 라인에 들어가서는 주는 월급, 많이 하든 적게 하든 주는 월급만 받는데, 이 객공이란 것은 내 노동력을 팔아서 내가 할 수 있는 양만큼만 돈을 받으니까, 돈 욕심으로 그게 더 오히려 사람을 골병들게 할 수 있어. 욕심내서 자기 혼자 밤 12시까지 일하니까 나중에는. 이 눈두덩이가 (목소리가 커지며) 타~타닥~ 떨리는 현상이 일어나. 그 정도의 일을 했어. 어떻든지간에 그때의 상황에서는 "내가 운동을 포기했으면 돈이라도 벌어야 되겠다. 내가 그들을 만났을 때 뭐 했냐 운동포기하고 난 이렇게 살았다" 할려면, 그 근거는 돈밖에 없더라고. 그래서 아주 열심히 일했던 것 같애.

"이 객공이란 것은 내 노동력을 팔아서 내가 할 수 있는 양만큼만 돈을 받으니까, 돈 욕심으로 그게 더 오히려 사람을 골병 들게 할 수 있어. 욕심내서 자기 혼자 밤 12시까지 일하니까 나중에는. 이 눈두덩이가 (목소리가 커지며) 타~타닥~ 떨리는 현상이 일어나."

(아기 가졌을 때도 일을 했어요?) 일했죠. 엄마야~, 내

▲ 1988년 가리봉 하청공장에서 일하는 구술자

가 원래 기본 똥배가 나와 있는데, (배를 손으로 집으며) 이 배하고, 쌍둥이 배인 줄 알았어요…. 이 배하고 미싱이 닿아, 막, 닿을 때까지 했어요. 막달까지. 그래서 너무 무리를 해서 그런가, 그 날은(출산일은) 쪼금 약간 피가 비치더라구, 예정일이 원래는 22일날인데… 나이 먹어서, 노산이다 보니까 자연분만 하기도 힘들겠다. 그래서 15일날 제왕절개를 할라고 수술날짜를 잡아놓고 싸인까지 했는데, 우리 큰애가 복덩이여서 그런지. 13일날, 뭐가 경험이 있남~. 앞이 안 보이고. 이러다가는 죽어 버리면 어떡해 하나, 이런 불안감, 초조감이 많았어요.

(객공은 얼마 동안 했어요?) 우리 작은 애, (기억을 더듬으며) 그러니까 우리 작은애 3살 때까지. 이 객공도 구성범씨라고, 허어~, 난 구속된 지도 구류산 지도 몰랐어. 우리 조합원이었는데 완성반에 유일하게 남자가 [노조 가입했지]. 완성반은 원래 조합원이 별로 없었어요. 그 친구를 우연찮게 우리 초롱이 아빠가 만났는데. 완성반이니까 봉제 기술이 없잖아요? 근데 미싱을 그 친구가 배웠더래 집사람이 시다를 하고 객공을 자기가 미싱을 하는 거야. 그래서 "니네 마누라가 미싱산데, 너 뭐 하고 있냐, 같이 하면 괜찮다"고 해서. 초롱이 아빠가 어디 가서 2달을 배워 왔어. 그래서 나를 가르켰어. 미싱 할 줄 아는데 내가 옷을

전체를 못 만드니까. (손을 앞뒤로 뒤집으며) "이건 이렇게 하라, 이런 이렇게 하라." 그래서 딱 1주일인가 했는데, 둘이서 처음에 백 50[만 원]을 번거야. 그래 가지고 돈에 매력을 느꼈지. 큰애가 백일 지나고, 같이 일을 했으니까. 우리 큰애 어릴 때 둘이서 1달 월수입이 4백[만 원]이었어, 3백 80~4백[만 원] 이렇게. (90년대 초반이죠?) 그렇죠.

긍께로 예를 들어서 그때는 신원 꺼, 한~참 그때는 정장이 내수 쪽에서 원가에 고가품들이었잖아요? 내가 어디 걸 많이 했냐면, 10만 원대 해 가주구 선세스 꺼 있죠, 선사스라나? 선샤스라나? 텔레비전에서 선전 많이 하는데. 그런 것을 회사에서 2백 장 투입이 되면, 한 팀에 20장, 다른 팀에 30장 이렇게 줘요. 그러면 그 옷이 만 원을 준다면 회사에서 5천 원을 먹고, 우리가 5천 원을 먹고. 긍께 이것이 일종의 노~동자의 혹사죠. 나 욕도 엄청 먹었어요. 돈은 벌지만. 또 자유의 시간이 있어, 내가 일하고 싶지 않으면 안 하니까. 회사생활은 매이잖아요?

객공은 기본 9시까지 일해. 원래, 현장에 들어가서 일을 하게 되면. 근데 우리는 내가 여기서 떼돈 벌겠다고 하는 것도 아니고, 월급만 떨어지면 [됐죠], 우리 애들이 수시로 왔다갔다 해야 되고, 내가 또 일이 있을 때 빠져야 되고, 그런 자유 때문에 [하죠]….

(기억을 더듬으며) 우리 작은 애 2살 땐가, 3살 땐가, 가게 얻어 하청을 하는데 한 번은 9백만 원인가가 못 받아 가지고, 9백만 원이지만, 우리는 가게 세 내야죠, 일하는 사람 월급 줘야 되죠, 잡비 나가야 되죠. 그 돈을 못 받으면, 한순간에 우린 1달 사이에 천만 원이 넘게 나가죠, 2배로 드는 거예요. 결국은 옷도 안 가져가대. 회사가, 본사 자체

가 문 닫아 버리니까. 가져갈 사람 다 가져가고 다 쓰레기통에 처넣어 버렸어. 허어~.

그러다 아이가 유치원 다니고 클 만큼 컸으니까. 바로 코앞이 유치원이다 보니까, 저 혼자 왔다갔다 하더라구요. [시간이] 여유가 있고 이러니까, 친구랑 회사를 들어가자~. 그래서 명승이라는 데를 들어갔어요, 우리 작은 애 6살에 들어갔으니까…. 미싱사가 한 11명인가 되더라고요, 소규모…. 거기를 일당제로 다녔어요, 2년을. 명승에서는 일당 객공, 일당 객공의 라인이 있는데요, 하루 나가면 얼마인데, 그 회사가 사람들이 월급제로 가면 일이 없어도 사장이 (오른손을 펴서 내밀며) 돈을 줘야 되는데, 월급을, 예를 들어서 내가 (오른손가락을 왼손바닥에 숫자를 쓰며) 백 20만 원이다, 이 백 20[만 원]을 가지고 하루에 일당 얼마겠어? 계산을 잡아서[해서] 주는 거야. 일 없으면 안 주고 필요하면 몇 사람만 나와서 하고 나머지 사람은 안 나와도 되고….

80몇 년부터 그렇게 쭉~ 내 일을 하다가 처~음으로 직장을 들어간 거 아니에요? 또 새롭데요. 긍께 운동 아닌, 일반 평범한 노동자들 아니에요, 잉? 가정주부들이고. 모임을 5명이 만들었는데, (생기가 돌며) 그때는 다 신났죠. 이 모임의 형태가 뭐냐, 어머니 칠순이면 찾아뵙기, 애들 병원 아프면 찾아가 보기, 생일에도 가정주부다 보니 누가 안 챙겨 주잖아요? 금반지 1돈씩 해 주기. 친목회죠. 그러면서 [회사 인원] 11명이서 이 5명이 모임을 하니까 (의기양양해서) 쉽~게 못 건드려, 회사에서. 회사에서 참 잘하는 편이었어, 회사 대리 언니가. 그러고 진짜 옷도 많이 얻어왔어요. 메이커 옷들도….

"80몇 년부터 그렇게 쭉~ 내 일을 하다가 처~음으로 직장을 들어간 거 아니에요? 또 새롭대요. 긍께 운동 아닌, 일반 평범한 노동자들 아니에요, 잉? 가정주부들이고. 모임을 5명이 만들었는데, (생기가 돌며) 그때는 다 신났죠.

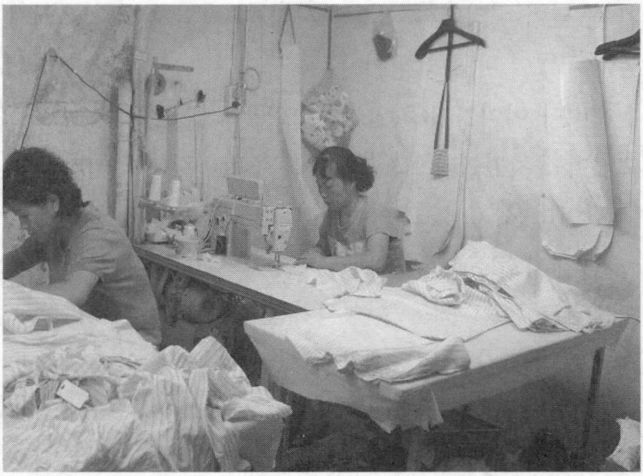

▶ 지하 하청공장에서 미싱을 하는 구술자

내가 거기를 2년을 다니고, 우리 작은 애가 초등학교 들어가면서 그만뒀어요. 왜냐하면 학교를 다녀야 되니까. 유치원에 다니면, 고 시간에 갔다가 고 시간에 오는데, 학교를 다니면, 내가 학교를 청소하러 가야 되지, 급식을 하러 다녀야지, 그랬으니까는, 라인에서 못 빠지고 눈치를 보아야 하니깐요.

… 그 모임을 지금도 유지를 하고 있는 게, 좋은 게, 나는 그 친구들이 차~암, 동생도 있고 친구도 있지만, 이뻐요, 사는 모습들이. 요즘 보면 나이트클럽에, 한 번 나도 어른이 되서 가 봤지, (심각하게) 이제. 만만치 않아, 세상. 집 나가고, 애인들 사귀고. 그러는데 이 동생들은 진짜 바르게 살려고 하고, 얼굴이 이뻐서 이쁘다라는 게 아니라, 사는 게, 살아가는 모습들이 이뻐요. 열심히 살고, 바르게 살고, 건전하게 살고 하는 그~런 모습들이 너무너무 이뻐. 또 착하고. 인정많고, 어려운 일 있으면 같이 할려고 하고. 그 친구들은 운동 아닌 다른 친구들이잖아요? 색다르게

정겹지. 지금도 모임 유지하고 있고 잘 지내고.

(그 회사 나온 뒤 어디서 일 했어요?) 그리고서 하청공장 4년 정도 하고 있죠. 3명이 완제품 만들죠. 치마도 만들고, 바지도 만들고, 원피스도 만들고, 블라우스도 만들고, 자켓도 만들고 주면 주는 대로 다 하죠…. 사실 이것도(하청공장도) 마찬가지예요. 지금 우리가 이것을 만드는데 (일어나 옆에 있는 옷을 일어서서 집으며), 어마마~ 지금 이 옷을 만들잖아요? 이게 신세계꺼거든요, 아이비. 이 옷을 지금 하나를 완성을 해요. 그러면, 회사에서 짤라만 주잖아요? 그러면 우리가 옷을 다 완성을 만들잖아요. 우리가 만드는 것이 한 장 만드는데 6천 원, 6천 원이면 우리가 하루에 몇 장을 빼야 하는지 답이 나오죠. (오른손 엄지, 검지 손가락을 꼽으며) 가게 세 내야지, 밥 사먹어야지, 우리 시다 월급 줘야지, 전기세 내야지. 대신에 내가 돈을 안 벌겠다라고 한다면, 좀 느슨하게 일을 하고, 아줌마들하고는 야근을 절대 안 해요.

미싱사 생활 28년, 그녀는 당당하다

나이 먹을 때, 허망함 이런 것들에, 자기에 생각하는 사고에 따라서 사람이 수없이 변하더라구. 한동안은 무엇이 재미있고 랄라 깔깔거리고 웃다가, 어느 날 갑자기 참, 내 자신이 초라해 보이고, 보잘것없어 보이고. 내가 살아온 것들이, 뭐였을까, 나의 색깔이 어떤 것일까. 이런 것들이 생각이 들면, 내가 나의 모습들을 색깔 정리를 할려고 그러면, 어떨 때는 안 떠오르면, 이렇게 뭣~같다 그러다가,

허허~. 사람이 수~차례 변한 거 같애요, 이렇게. 한동안은 신랑하고 실랭이고 싸우고, "왜 집안일을 않냐, 당신은 이거밖에 못하냐" 여태껏 해 온 것을 느닷없이 [쏟아 붓고]. 이 삶이 버거울 때가 있어. 그냥 평상시하고 같은데 무던하게 넘어갈 것도, 생각하기에 따라서 버겁고 힘들고, 우울증에 빠지게 되고, 사람들도 안 만나게 되고, 그러다 어느 날 갑자기 언제 또 그렇냐는 식으로….

(어렸을 때 어떤 꿈이 있었어요?) …우리 딸이 질문을 하더라구요. "엄마, 엄마는 당당해서 그렇게 열심히 살았다면서 엄마가 해 놓은 게 뭐 있어? 그러고 엄마 꿈이 뭐였는데, 엄마 꿈을 이룰라고 노력은 해 봤어? 엄마 공부라도 계속하지 그랬어? 그랬으면 이렇게까진 안 살 꺼 아니야, 엄마 맨날 힘들게, 힘들다면서, 일하는 게." 그러는데 "아차~" 싶더라구요. 그래 정말로 꿈이 뭐였을까? 나는 무엇을 향해서 갔을까? 그러한 것들이, 선명하게 안 떠올랐던 것 같아요. 우리 언니처럼 애착이 강해서, 언니도 못 배운 게 한이 되서 언니는 집에서라도 끊임없이 영어공부를 한다든가, 방송 통신 공부도 하고. 그런데 나는 그런 게 쪽팔리고 자존심은 상했어도 그렇게 안 할려고 했던 것인지. 그때 당시 야학 다닐 때도 검정고시 야학이었는데, 야간대학까지 가는 친구들이 있어요. 그 모습들은, 긍께, 남한테 내세울 때는 상당히 나았고. 모르겠어, 지금 생각해 보면 그 친구가 잘했다는 생각이 들기도 하고. (목소리가 커지며) 왜냐면 내가 나를 보면 무엇이 그리 당당했고, 무엇이 그리 잘났나, 해 놓은 거 아무 것도 없잖아요? 우리 딸이 그러더라니까. "엄마, 그렇게 당당하고 똑똑했다며~ 똑똑한 사람이 미싱만 박고 있어~?" 허어~.

그면 나의 꿈이 뭐였을까, 나한테 이루어지지 못한 것들이 어떨 때 보면, 자식한테 바라는 것으로 나와요, 꺼꾸로. 나는 우리 딸들이 나한테, "엄마 이담에 커서 뭐가 될까" 그러면 나는 "너희들이 사회활동을 하는 여성이 됐으면 좋겠다. 이름을 날리기보다는 너의 일이 만들어졌으면 좋겠다. 그냥 가정에 파묻혀 사는 여성이 아니라 정말로 의사면 그냥 돈만 버는 의사가 아니라 사회봉사활동 할 수 있는 사람. 그리고 여성이면서도 변호사라면 뭔가가 좀, 사회에 도움이 될 수 있는 여성. 근데 엄마가 지금 상황에서는 학생이니까, 학생의 신분으로서 최선을 다하는 어린이가 됐으면 좋겠고.." 긍께 내 딸이 그런 질문을 많이 해요. "엄마, 공부는 다가 아니야"라고 이야기를 하지만, 나는 "지금의 상황에서는 너희가 사회에 나가서 사회인으로서 최선을 다하는 어린이가 되고, 지금의 상황에서는 학생신분으로서 학생의 역할을 다했으면 좋겠다"고 그래요. 친구들을 보면, 운동했던 사람들, 특히 이숙진이 그래요, "공부가 인생의 전부가 아니다." 나는 그것이 적용이 안 되는 게 뭐냐면, 내가 학교생활에서 공부를 못하면, 쪽팔리고 어떻게 뭐 내세울, 나서지를 못하잖아요? 그런데 학교에서 공부 잘하고 똑똑한 애들은 자기주장이 강하고 내세운다고. 그러면 (목소리가 높아지며) 낙후된 부류에 속할 게 아니라, 학교에서도 좀 잉, 자기주장 내세우고 잘 나가는 어린이. 그러면서도 남을 배려할 줄 아는 어린이.

긍께, 우리 딸 선생님들이 걱정할 게 없다고 그래. 생활기록부에, 생활기록부 갖고 와 봐요, 여성스럽고 착하고 학생들하고, 친구들하고 사이좋게 지내고. 그런 반면에 작은 애는 (인상을 쓰며) 아~주 당돌해요. 이 주둥아리가, 어른 못 당해요. 어떨 때는 어른들한테 맙상이지, 아~주. 우리 부부지간에 싸우고 있어도, 그 상황에서 지 주장 다 내세워요. 내가 못했던 성취들을, 어쩔 때는 설사 대학에 들어가서, 나는 내 딸이 깜방을 가더라도 인정을 하겠어요. 그게 바른 일이라면. 왜냐면 이게 자기의 의지, 확고함, 주장, 당당함만 있으라 그래요.… 나는 내 딸한테 "내가 바라는 것은 평범한 가정주부가 아니다, 엄마가 물론 내세운 것도 없고 학교 나가서 이력서 내세울 것도 없지만, 너희들이라도 그냥 공부를 이왕이면 잘했으면 좋겠고, 뒷바라지는 못하지만, 니 환경에 맞게. 그 여건에 맞춰서 여성으로 살 수 있는 역할이 있으면 해라" 그렇게 가르켜, 우리 애한테.

"근데, 내세울 게 없으니까, 우리 딸은 나를 보면 '엄마는 안 쪽팔려?' 이럴 때가 많아요. 쪽팔린다는 게 뭐냐면, 학교에 가서도, 내가 긍께로 영어단어나 이런 것을 몰라도, 그 상황 속에서 판단력이 있을 거 아녜요? 요런 부분들은 당당하게 선생들에게 이야기도 하고, 내가 나서서 할 수 있는 부분들은 해요. "

근데, 내세울 게 없으니까, 우리 딸은 나를 보면 "엄마는 안 쪽팔려?" 이럴 때가 많아요. 쪽팔린다는 게 뭐냐면, 학교에 가서도, 내가 긍께로 영어단어나 이런 것을 몰라도, 그 상황 속에서 판단력이 있을 거 아녜요? 요런 부분들은 당당하게 선생들에게 이야기도 하고, 내가 나서서 할 수 있는 부분들은 해요. 그러면 우리 딸이 "엄마는 안 챙피해?" 이래요. "뭐가 쪽팔리고, 뭐가 해야 되는데? 내가 할 수 있는 것들, 옳은 것들은 위축될 필요 없다"는 거예요. 비록 가진 것 없고, 비록 남들처럼 부자로 살지는 않지만 어릴 때부터 그런 것들을 가르치려는, 그런 당당함들. 우리 애한테 주장해요 "옳은 일해서 당당해라. 니가 뭐 나쁜 짓 해서 당당함이 아니라, 바르게 살려고 하는 그러한 모습에 있어서."

구로동맹파업 20주년 기념행사, 다시 삶을 돌아보다

(구로동맹파업 20주년 기념행사[22]를 하면서, 어떤 생각들을 했어요?) 전에는 내가 옛날에 관심이 없었어. 연속극이나 보고 그러다가, 다시 노동자들의 생활에 눈을 뜨게 돼, 솔직하게. 그러면서 하다못해…. 하청업체… 노동자들을 보면서, 아~직도 겉모습만 사회가 변하고 형식상 변화되는 것이 아닌가? 우리 노동자들의 생활들이라는 것들이 변한 게 뭐 있냐면 아~무런 게 없다란 거예요. 좋아진 거도 아니야. 냉장고다 핸드폰이다 이런 거만 있지만, 그러면 시대가 변하고 사회가 변화면 노동자의 생활도 생활수준도 높아져 가고 이래야 되는데, 전~혀 그러지 않은 것 보면 안타깝기도 하고…. 전에는 내가 노동자, 그때 노동조합을 만들고 이럴 때는 "이 사회 움직이는 것이 노동이고 원동력이다"라고 그렇게 중심을 두고 사회를 보게 되고 이러다가 묻혀 버리고 잊어버리게 살다가, 다~시 이제 와서 이 사회를 움직여 가는 것은 어떤 기계도 아니고, 어떤 혁명들도 이런 것들도 아니고, 노동에 의해서 사람에 의해서 만들어져 가는 거고, 이러는 것들이 왜 이렇게 멸시당하고 아직도 무시당하고 있는 건지. 참~. 이런 뉴스나 잠깐씩 보면, 전에는 무관심했던 것들이 다시 새롭게 "아직도 저러고 있구나, 뭐가 변했을까." 마, 이러한 것들이 스쳐진다는 거지. 마음 아프고…. 많이 요즘은 안타깝고 분노하게 되고.

(지금은 무엇을 하고 싶어요?) … 나는요, 지금은 사람을 만나고 싶고, 이 사회 돌아가는 것들 배우고 싶어요. 근

22 2005년 6월 18일에서 25일까지 '1985년 구로동맹파업 20주년 기념행사'가 구로지역에서 구로동맹파업 동지회, 노동조합, 노동단체, 연구단체 등이 참여해 '흩어진 동지찾기'와 구로동맹파업의 연대정신계승을 위한 학술토론, 문화행사, 투쟁사업장지원 등 다양한 프로그램이 진행됐다.

▲ 2005년 6월 25일 ‘구로동맹파업 20주년 기념행사’ 중 거리행진을 하는 구로동 지회 노동자들

데 실상 가정주부가 되다 보니까, 리모콘 갖고 이 바보상자에 퐁당 빠져 갖고 ‘천국의 계단’ 보며 눈물을 질~질 질질 흘리다가, 하하~, 그러다가 일하다가. 전에는 신문도 봤는데, 신문도 안 보고…. 너~무 단절되게 살아왔었잖아요? 아무도 없이. 이제는 세상 돌아간다는 것이 정치적인 것들이 어떻게 돌아가고 있고, 운동이 어떻게 돌아가고 있고, 내가 거기서 좀 도움이 될 수 있는 일들이 있으면 해 줬으면 좋겠고, 그러한 부분들이 생각이 나는데, 그 방법들을 모르는 거죠.

… 지금은 “내가 운동을 해야 되겠다. 내가 앞장서야 되겠다.” 이런 생각은, 아직은 해 보지는 안 했는데, 공부는 좀 하고 싶어요. 사회가 이케 운동판이 어떻게 가고 있는지, 사회문제 예를 들어서 옛날 같으면 운동을 하면 ‘연정’ 문제가 나오면 같이 토론도 하고 이렇게 가고 관심도

있고 그랬었는데 "연정 뭐가 안 좋고 뭐가 좋지." 누구하고 대화할 사람이 없으니까 그냥 이렇게 된다든가 사회문제에 관심을 갖고 이런 것들은 같이 토론하고 공부를 했으면 좋겠다, 내가 뭐 한자 하나 더 알고 영어 한 자 더 안다는 것이 아니라, 이 사회문제 관심 분야에 좀 그런 것들이 알고 싶어진다는 거지, 지금은. 근데 어찌 보면 다른 사람들이 "운동도 안 하면서 그거 알면 뭐 할 거냐?" 해, 하하~. 그러는 것들이 좀 많이 답답하지만…. 전에 운동을 할 때는 전두환이가 무슨 문제가 있으면 이게 악법이면 왜 악법인지 구체적으로 공부를 해 가지고 "아, 이래서 이랬었구나" 알게 되는데. 아휴~ 그냥 밥 먹고 일하고 일상 공기 마시면서 살아가는 거지, 어떠한 그런 것은(사회적인 것은) 없는 것 같더라는 생각이 들어서.

"이제는 세상 돌아간다는 것이 정치적인 것들이 어떻게 돌아가고 있고, 운동이 어떻게 돌아가고 있고, 내가 거기서 좀 도움이 될 수 있는 일들이 있으면 해 줬으면 좋겠고…"

(눈물이 글렁이고, 목소리가 조금 떨리며) 근데 (신랑이랑) 내가 요 근래 들어서 많이 부딪껴요(갈등해요). 전에는 신랑이 뭐라 그래도 반항을 해 보고 그러질 않았어요. 근데 지금은 반항을 할려고 하니까 부대끼더라고(갈등하더라고). 예를 들어서 내가 좀 늦게 들어가도, 밥 좀 [챙겨먹고], 좀 치워놓고 이래야 되는데…. 우리 신랑 기본 원칙이, 밥돌이라 그런지, 밥 안 주고 나가면 또 난리 나네…. 누구 만나러 가면, 예전에는 허락받고 안 좋은 거 같으면 안 나가고, 그런 것들이 신랑한테 문제가 있던 게 아니라, 내가 길들여진 거예요, 내가. (인상 쓰고 손을 흔들며) 싸우기 싫고, 집안 분위기 자체가 껄끄럽고 싸우는 것 자체를 싫어해요, 성격 자체가. 맨날 하하~ 그러다 보니까 맞춰져 가는 거예요. 싫어하는 부분은 내가 안 하게 되고. 그러다 보니까 어느 날 갑자기 내가 누구인가 할 적에, 뚜껑 열려 뒤

지는 줄 알았다니까, 열받어 가지고. 내 나이 마흔 초반에 허락받고 나가야 되고, "몇 시까지 들어가께~" 이렇게 그냥 비굴하게 해야 되고, (오른 손을 머리에 얹으며 고민하며) 왜 그래야 되는 건지~. 그게 길들여지다 보니 하루아침에 변화되진 않지만. 그런 것도 혼자 생각하려니까 짜증나고 요놈의 인간은, 나가 운동하던 사람 맞나~ 아주 고달프다니까.

운동과 삶에 '사람이 중심'이 되었으면…

(과거 운동을 돌아보면 어떤 생각이 들어요?) 나는 그러한 실패는 안 했으면 좋겠어요, 이제. 우리가 선례로 남아서 정말로 핵심 멤버들만 잡고, 중심적으로 놀게 아니라, (심각하게) 참 좋은 친구들이었고, 바르게 세상을 볼려 한 친구들 다 놓쳤잖아요? 사실. 지금의 대우[어패럴] 카페[23]에 남아 있는 친구들은, 대우 모임에 오는 친구들은, 그전의 핵심 멤버들이고, 대우가 깨지고 나서도 계속 활동했던 친구들이라고. 근데 대우 깨지고도, 연대도 하고, 연좌농성도 하고, 가리봉동에서~, 그러면서 뒷작업을 하나도 안 했어요. (강조하며) 아무도. 내가 보는 상황 속에서는. 나 역시 깜방에 나왔다 보니까, 일부만 남아 있고 없더라고요. 그러면 그때 당시만 해도 연락처를 갖고 있고, 찾았으면 바로 찾을 수 있었을 텐데…. 그러한 친구들 뒷작업, 수습들을 하고 지속적인 관심과 이케 연락처라든가, 만남이라든가 있었으면 (고개를 좌우로 흔들며) 이렇게까지 단절되진 않지… 대우에 만났던 효순이라든지. 또 운동 안 했

23 1980년대 대우어패럴 노동자들이 친목도모를 위해 인터넷에 소통공간 만든 것을 말한다.

어도 도와주고. 나 처음 나오니까 극렬 싸움은 안 했어도, 고생했다고 용돈 주고 밥 사주고. 그런 친구들이 경화래든지, 순남이, 효순이 이런 친구들이었는데. 다 뿔뿔이 흩어지더라고요. 보고도 싶고….

(대우어패럴 카페에 나오는 사람들은 몇 명이죠?) 9명인가 8명 가입은 돼 있는데. 모둠삼방은 생활한복하는 친구인데, 걔도 지금까지 만나는 친구죠…. 다들 무관심 속에 살다가 작년에 제가 첫 모임을 가졌죠. "도저히 안 되겠다. 이렇게 개별적으로 만날 게 아니라, 나만이 아니라, 같이 교류하게끔 연결해 주자" 거기서 피해의식이 있는 사람은 "왜 니가 피해의식을 가져야 되는지," 특히나 이영인, 이 가시네… 강릉시에 사는데 (왼손으로 턱을 받치고 생각을 더듬으며) 균임이라든지, 다 그냥 정겹죠. 무슨 일 있으면 다 와 주고, 우리 어머니 칠순 때도 다 와 주고. 편하기도 하고, 또 이 친구들 만나도 편하고, (생각하며) 내가 정말 힘들 때 누군가를 불러서, "야 소주 한 잔 하자" 라고 했을 때, 아무도 없으면 얼마나 외로울까? 이런 생각하면 참 좋은 친구들이고, 참 행복한 거고. 그런 것들을 보면은 "아, 그래, 그래도 강명자 너는 괜찮게 살았어!" 하고 하아~.

…긍께 나만 봐도, 처음이에요, 지금 오신 분이…. 안 만나고 그랬으면, 내가 어떻게 살아왔고, 어떻게 살고 있고, 어떻게 살 것인가의 자기 정리도 덜 했을 거라고. 그냥 묻혀서 살았을 거라고. 그러면서 그때 이야기도 하고, 지금도 이렇게 이야기하면서, 그래도 지나간 나를 돌아볼 수 있는 기회가 되잖아요? 그죠잉? 그러면 구태여 이렇게 인터뷰를 안 해도 만남의 자리가 되면, 우리 대우에서 모

"나도 정 때문에 야학 다녔고, 긍께, 내가 운동하면서 이렇게 몸에 익숙하고 이런 운동의 핵심이 '더불어 사는 거', 내 삶이 운동이 되어야 하고, 생활 패턴 속에서 그러한 것들이 변해 가야 하는데."

이면, 지난날을 회상하며 참 씩씩하게 웃고 그래요. 그러면서 또 자기 정리하면서 또 살아가고. 그러한 친구들이 되어야 된다라는 거지, 그 동참했던, 싸움했던 친구들이. 나는 아쉬워요. 왜 그렇게 못했는지. 내가 10개월 동안 [감옥에] 있으면서 안에 가 있으니까 못 챙기지만, 그때 그러한 작업들만 했었어도~.

그들이 왜 싸웠겠어요? 그들이 왜 동참하고, 언니 하며 따르고 동생 하며 따랐겠어요? 이~ 가장 끈끈한 기본 정들 [때문이지]. 자기 욕심, 자기 사람 채우기, 노선 바꿔가기, 이념 채우기, 아, 노동자들이 이념 채우기 바쁘고, 노선 따라가기가 우선이여? 긍께, 나는 내가 아직은 재봉질밖에 안 해 봐서 그런진 몰라도, 하하~, 사람은 정이 그리운 거예요. 나도 정 때문에 야학 다녔고, 긍께, 내가 운동하면서 이렇게 몸에 익숙하고 이런 운동의 핵심이 '더불어 사는 거', 내 삶이 운동이 되어야 하고, 생활 패턴 속에서 그러한 것들이 변해 가야 하는데.

한 번은 [정치하는] ○○○ 씨가 하청 형 가게에 왔어. 그러면 "어떻게 지내세요?" 가장 우선이 "잘 지내세요?" 이렇게 하는 게 아니라, "몇 동에 사세요?" 긍께로, 허허~. 벌써 자기 계산이 있는 거야. (고개를 흔들며) 아~주 나는 정이 뚝 떨어져 버리네. "에~라, 싸가지 없는 인간아~!." 나는 모르겠어, 사람이 운동하지, 뭐 ,누가 운동혀, 사람 없어 봐~.

박현수
영남대학교 문화인류학과 교수, 20세기민중생활사연구단장
서울대학교 문리과대학 인류학 박사
저서: 『소도시의 생성과 구조』
『조선총독부 중추원의 사회문화조사』
『산체스네 아이들』(번역)

한미옥
전북대학교 전라문화연구소 연구교수
전남대학교 문학박사(국어국문학)
저서: 『남도민속학개설』(공저), 『전주설화』(공저)

정형호
중앙대학교 인문컨텐츠연구소 연구교수
중앙대학교 문학 박사(민속학)
저서: 『양주별산대놀이』, 『강령탈춤』, 『닭의 민속과 상징』
논문: "한국가면극의 유형과 전승원리 연구"
"고구려 놀이문화의 특징과 전승"

박경용
영남대학교 인문과학연구소 연구교수
영남대학교 문학박사(문화인류학)
저서: 『밀양 · 창녕지역의 전통문화 연구』(공저)
『대구약령시 한방문화 연구』(공저)
"지역개발과 지역정체성"
"한 · 일 어업협정의 영향과 어민들의 대응전략"

유경순
역사학연구소 연구원
고려대 한국사학과 박사과정수료
논문: "1984년 '구로지역 민주노조운동' 의 전개와 성격"
"1985년 구로동맹파업의발생과 노동운동사적 위치"
"1970 ~ 1986년 노동운동사 연구의 몇 가지 쟁점"

20세기 한국민중의 구술자서전 4. 노동자편 **굽은 어깨, 거칠어진 손**

엮은이 박현수
지은이 한미옥 · 정형호 · 박경용 · 유경순
펴낸이 고화숙
펴낸곳 도서출판 소화

초판인쇄 2005년 6월 10일
초판발행 2005년 6월 20일

출판등록 제13-412호
150-037 서울시 영등포구 영등포동 94-97
Tel: 2677-5890(代) Fax: 2636-6393
www.sowha.com

ISBN 89-8410-277-6
ISBN 89-8410-273-3(세트)

값 9,000 원